行走在语文路上

程一凡◎著

西南交通大学出版社
•成都•

图书在版编目（CIP）数据

行走在语文路上 / 程一凡著. —成都：西南交通大学出版社，2017.10
ISBN 978-7-5643-5837-2

Ⅰ. ①行… Ⅱ. ①程… Ⅲ. ①中学语文课－教学研究
Ⅳ. ①G633.302

中国版本图书馆 CIP 数据核字（2017）第 250548 号

XINGZOU ZAI YUWEN LUSHANG
行走在语文路上

程一凡 著

责任编辑	郭发仔
助理编辑	罗俊亮
封面设计	严春艳
出版发行	西南交通大学出版社 （四川省成都市二环路北一段 111 号 西南交通大学创新大厦 21 楼）
发行部电话	028-87600564　028-87600533
邮政编码	610031
网　　址	http://www.xnjdcbs.com
印　　刷	成都勤德印务有限公司
成品尺寸	170 mm × 230 mm
印　　张	21.25
字　　数	366 千
版　　次	2017 年 10 月第 1 版
印　　次	2017 年 10 月第 1 次
书　　号	ISBN 978-7-5643-5837-2
定　　价	65.00 元

他　序

我国语文教育界，活跃着一支充满活力与激情的语文教研员队伍。他们有着多年一线教学实践的经历，熟稔语文教学，积累了丰富的教学经验；同时又勤于学习，善于思考，理论水平高，研究能力强，热爱祖国母语，对语文教育一往情深，有着教育工作者的理想和情怀，能够总结教学经验，把握教学规律，反思教学得失，更新专业知识，提升教育理论，并逐步形成自己的教学风格和教育教学思想。作为教研员，他们往往还有着较强的领导力，或通过听课评课，或组织教研活动，或开展课题研究，进行传帮带，指导青年教师专业发展。一位优秀的语文教研员，往往就是一面旗帜、一支火炬。在他们的引领点燃下，一大批有追求的优秀教师聚拢在一起，切磋琢磨，交流研讨，而且不断推出新的研究成果，成就了一批又一批优秀的语文教师，使所在地区的语文教育教学研究蔚然成风。从这个意义上，可以说这样的教研员就是“老师的老师”。四川省成都市教育科学研究院程一凡老师就是这样一位优秀的语文教研员。

程一凡老师的家乡是著名的“巴子别都”古城丰都。“鬼城”丰厚的人文底蕴，神曲之乡、灵魂之都的丰都名山，浩浩汤汤、滚滚东逝的长江三峡流水，神奇秀美的自然风光，养育了他，使他兼有山的沉稳和水的灵动。他大学毕业后最初被分配到重庆一所山区学校任教。硬是凭着坚忍不拔的不懈努力，由农村山区学校到县城中学，然后又由县城到省城，再由省城中学调到成都市教育科学研究院，一步一个脚印，稳扎稳打，步步为营，实现了他在语文教学教研路上的“四连跳”。近年来，程老师在工作之余，笔耕不辍，先后发表语文教研论文百余篇，主编、参编语文教育类图书数十种。他的教学科研成果多次获奖，指导的多名青年教师获全国或省级教学大赛特等奖、一等奖，还经常担任全国、省级教学大赛评委或评课专家，在全国各地作专题讲座。所谓一分耕耘，一分收获。他先后被评为全国优秀教师、全国中学语文教学先进工作者、成都市特级教师、四川省特级教师，被聘为人教版课程标准中学语文实验教材培训专家、四川师范大学等多所高校“国培”专家，自然是水到渠成、实至名归。可以说，程老师的语文之路既是艰辛的，也是顺畅的，他的语文人生充满酸甜苦辣，也颇多精彩，很值得青年语文教师学习借鉴。现在，他把自己从事语文教学与研究 30 多年实践与思考成果加以整理，结集出版，这是一件可喜可贺的事情，作为老朋友，我为程老师这部《行走在语文路上》的出版祝贺、点赞！

四川成都一向被称为天府之国，山清水秀，人杰地灵。古有司马相如、扬雄、陈子昂、李白、三苏、杨慎，今有郭沫若、巴金、流沙河、魏明伦等著名作家、诗人。抗战期间，四川曾是我国大后方，语文界前辈叶圣陶、朱自清、吕叔湘等“烽火漫天走巴蜀”，在这里为我们留下了《精读指导举隅》《略读指导举隅》《国文教学》和《中国文法要略》等语文经典名著。如今在四川语文界，活跃着一大批语文青年才俊，他们富有思想，勇于探索，敢于实践，在语文教育教学道路上，不断地前行着，探索着，批判着，建设着，收获着。记得 2014 年《语文教学通讯》曾发表《在语文教学探索的旅途中愉悦前行——四川省成都市高中语文教学研究方阵巡礼》，我曾应邀为他们写过如下一段点评文字：

记得当年在西南师范大学（今西南大学）读研究生时曾随李运益先生访学到苏州大学，先生用他那浓重的四川话说“我们从‘天府’到‘天堂’，是来学习的”，就已感觉到四川人的那种大气与自豪。后来因为内子的关系，逐渐对四川尤其成都有了更多认识。这里不仅以其山清水秀，物产丰富，美景美食美酒让人乐而忘返，更因为武侯草堂、金沙青羊的丰厚文化，享有“来了就不想走”的美誉。成都语文教研方阵更以其雄厚实力，斐然成就，活跃在语文界。无论是程一凡的让语文伴随生命成长，邓文光的体验式学习，黄明勇的玩语文，还是龙晓彤的智慧引领学生成长，易晓的学思行走，无不以他们饱满的热情、坚定的意志，倾情语文事业，乐于教书育人，追求知识智慧，演绎精彩人生，不仅生活得意兴盎然，而且充满幸福尊严，践行着陶行知“千教万教教人求真，千学万学学做真人”的教育理念，诠释着滋兰树蕙，甘为人梯的教育真谛。

这部《行走在语文路上》就是程老师长期沉浸在语文教育教学思考探索的结晶。全书共分五部分，分别为“理念篇”“教师发展篇”“课堂篇”“作文篇”“课例点评篇”。其中既有他对语文教育教学若干问题的深入思考，也有他的语文课堂教学精彩案例的展示。我们从中可以看出他对语文教育的热爱与坚守，守正与创新。他在自序中说：“要想成为一个富有个性、创造型的教师，就应该在学习他人的基础上，寻求适合自己的路子，勇于探索，加强实践。只有这样，才能够闯出一条属于自己的路。一个‘消费型’的语文教师，永远只能是跟在别人的后面亦步亦趋。”当然，书中有些观点不一定都能站得住，所用材料还有可推敲之处，但我坚信两点：对读者来说，作者对语文新课程的反思，对教师发展的思考，对课堂教学的探索，对作文教学的尝试，一定会给广大语文老师带来多方面的启迪；对作者来说，他仍然会义无反顾地倾心语文，坚定地行进在语文教研的道路上。

顾之川

2017 年 9 月 18 日

于京东大运河畔两不厌居

（顾之川：人民教育出版社编审、课程教材研究所研究员、中国教育学会中学语文教学专业委员会理事长）

自　序

快乐行走在语文教学的道路上

我在语文教学教研生命的体验中，一路风雨兼程，经历了从区、县中学到省城重点中学再到成都市教育科学研究院的“四级跳”，过程曲折而丰富，收获颇多。这让我对语文及语文教学有了更深刻的感受。

环境：快乐面对，成就自我

20 世纪 80 年代初，我大学毕业，怀着对教学的美好憧憬，期盼着站在讲台的那一份激动，等待着分配。后来听说被分配到重庆市丰都县远离县城的一所山区中学，心里的那份激动早已烟消云散。带着失望的情绪来到学校后，我心里又凉了半截。这里远比我想象的差。学校坐落在远离山区场镇的山坡上，需要爬一大段较陡的坡，再走一段缓坡才能到达。校园不大，房屋比较陈旧，操场与校园有一定距离且是异形。而且这里的老师还要不定时带领学生到山下背煤作为食堂燃料。从这一切可以想象到我当时那种失落的心情。好在校园周围有不少常年葱茏的大树，衬托着整个校园静谧而生机勃勃，给了我些许安慰。在这样的环境里，我一待就是五年半。

面对这样的校园环境，我犹豫过、彷徨过。但是，不能改变的现实又逼着我去适应。于是我不断地调整着自己的心态。随着与老师和学生的相处，我的认识有了一些改变。山区孩子淳朴、踏实，听话，他们有着一颗颗跳动着的纯洁的心。这一切，不断地改变着我的心情。于是，我选择了快乐地面对，从此我感到了一种从未有过的轻松。于是教学更加投入，上课心情更加愉悦，教学方式更加多样，效果更加明显。课余，与学生一起打球，傍晚，拉拉二胡，沉浸在美妙的旋律中。晚上，全身心地备课，钻研教材，思考教法。一天的生活，充实而愉快。在后来四川省（当时重庆还属四川）首届教师教材教法考试中，竟然考了全县语文第一名，当年被县教育主管部门聘为全县语文教师教材教法考试的指导教师，为全县语文教师上课。如果自己没有快乐地面对当年较差的环境，或者只是埋怨，或者只是敷衍，那么就不可能有这一结果。后来，又负责学校团委工作，与学生接触更多。办板报，搞宣传，排演节目，在指导中参与，在参与中提高，工作干得有声有色，得到了区团委和县团委的肯定，被评为涪陵地区优秀团干，被选为共青团丰都县委委员。一个普通学校的教师，仅用几年的时间，便获得如此荣誉，可以说是对我的最大鼓励。

这一段工作和教学经历，让我明白一个道理，不论面对什么环境，只要你快乐地面对，你就会有一种热情，你就会静下心来思考，你就会全身心投入，你就会悦纳自己的学生，你就会有收获。看着学生的进步，看着学生的成长，看着三年后他们带着满意的笑容向我告别的时候，我十分欣慰。我感谢这一段经历。我的起点虽然是山区中学，但这里独特的环境与学生群体，让我获得了城市无法感受到的美好。山区及孩子给了我淳朴和灵气，锻炼了我的坚强，磨砺了我面对不同环境的意志。

阅读：点面结合，广泛吸纳

80 年代初期的农村中学条件有限，学校订阅的书籍不多，尤其是专业书刊有限，于是我自己订了当时较有影响的语文刊物，如《语文教学通讯》《中学语文教学参考》《语文教学与研究》《语文建设》等，这些都成了我知识上的“加油站”，为我的教学工作奠定了基础。让我欣慰的是，在我宿舍的对面就是学校图书室，虽然简陋，但也有一些与语文有关的报刊杂志。是那里，给了我阅读的空间。在有限的天地里，我不断地从书籍中吸收营养。我很感谢那一段生活，感谢那一狭小的阅读空间，不断地充实了自己，增强了我的教学底气。

调入县城和省城重点中学工作，条件变了，学生变了，要求更高了。学生的需求和家长的期望非常高，只靠原有的知识积累和教学经验是永远不够的。对知识的渴望也越来越明显，阅读自然成为了工作中重要的组成部分。好在学校图书室的书籍多了，不但有很多专业书籍，而且有很多有关教育教学理论的书籍。这段时间，我尽情地在书籍的海洋里遨游，吸收知识的营养。

到了成都市教育科学研究院，由于教研员这一特殊的角色，我更加感到了知识和能力上的不足，必须进一步充实自己，提高能力，阅读就显得更加重要。于是，借助教研室这样的平台和优势，加强阅读，不仅大量吸收专业知识、理论知识，阅读文学作品，而且大量地阅读教学研究方面的书籍，丰富了知识储备，提升了自己的语文综合素养，为教学教研工作打下坚实的基础。

名师：虚心研读，超越自我

在调入县城和省城重点中学工作后，见到的、看到的、学习的东西更多了，视野更加开阔了。在不断地听课交流中，看到了自己更多的不足，发现了教学中存在的更多问题。于是，我更加喜欢上了语文报刊杂志，知道了于漪、钱梦龙、陈钟梁、魏书生、宁鸿彬等语文界前辈，被他们先进的教学方法和精湛的教学艺术所吸引。他们先进的理念，创新的视觉，大胆的课堂教学改革，给自己以强烈的思想冲击和震撼。自己不断地从前辈们的教学实践和教学感悟中，获取了书本中无法得到的知识和教学的艺术。对此我还不满足，又对崛起的新一代教师产生了浓厚的兴趣。于是，又读程红兵，研李镇西，看程翔，思李海林。听他们的课，看他们的文章，悟他们的思想，析他们的教学设计，品他们的教学细节，思他们的教学行为。他们先进的理念，创新的实践，开放的思维，无不冲击着我的大脑。从他们身上，我看到了自己欠缺的是什么，需要补充的“营养”是什么。于是，在不断向名家学习过程中，我成了一个“不安分”的人，不喜欢做教参的“奴隶”。在应试教育越演越烈的八十年代末和九十年代，自己小心谨慎地进行了课堂改革，追求庄谐并重、美教活教的风格。在教学中取得了一些成绩，受到了学生的欢迎并得到了社会的认可。

行走在语文路上，我清醒地认识到，自我的教学实践体验、探索，是自己成长的最根本的要素；而拜读名师是我提高教育教学效果少走弯路的必要途径。从他们身上我们可以吸收教育教学的“营养”，不断地充实自己、完善自己、超越自己。一路走来，我都很快乐，是因为我心中有名师的陪伴和指导。

课堂：营造生命共舞的场所

一个教育者，可以跟在别人后边亦步亦趋走完自己的人生，但是回过头来，没有值得自己回味的地方，没有自己值得骄傲的地方，也是一种遗憾。真正的路子是自己走出来的，没有谁能够代替。创造性的课堂是富有个性的课堂。最初的我，就是一个亦步亦趋的人，没有经验，只守着一本教科书，一本教参，以课堂为惟一教学活动范围。起初那段时间，我深受应试教育思想的影响，课堂教学更多的是围绕着考试转，只以为把语文知识教给学生，学生能考个高分就行。学生的语文综合素养很少考虑。看不到语文的丰富性，落实在语文教育的行动中，就只注重书本知识而不重视社会实践。这一封闭、片面的教育思想指导的结果，是将生动丰富的语文课变成了枯燥无味的应试课，忽略了学生这一学习的主体。学生成了接受知识的容器，没有了鲜活的灵性，丧失了鲜明的个性。可以说，那段时间，我对语文教育的认识是混沌而模糊的。后来，我对自己的语文教学进行了一定的反思，明确了课堂才是教学的关键，于是进行了一些教学内容和方式上的改革实践，赢得了学生和同行的认可。

在以前的教学中，自己曾“不知天高地厚”，认为“青年教师应闯出一条属于自己的路”，至今虽然无多大成就，但是却也为之不断地努力和追求过。一路辛勤耕耘，一路收获。在这种思想的驱使下，我不断地去思考，并在实践中摸索，逐渐形成了博、实、深、活、情、趣、美的教学认识。

博：强调知识的广博。用自己的渊博知识与学生进行智慧的对话，引导学生广泛地阅读，吸取知识，充实自己的文化底蕴。

实：讲求语文教学的实际效果。语文不是空中楼阁，不是虚无缥渺，而是实实在在的语言素养训练，让学生能正确掌握并运用祖国的语言文字。

深：主张语文教学应让学生对课文理解有深度，对生活的感悟有深度，尤其是思维的层次要有深度和广度，而不是停留在表面的肤浅的层面。

活：一是课堂要活，二是语文教育要冲出“围墙”，以课堂教学为轴心向生活的各个领域拓展、延伸。实现开放式教学，引进生活的活水，鼓励思维的碰撞，体现思维的灵活性，让学生这一鲜活的个体具有鲜活的思想，为学生的终身学习打下基础。

情：主张营造教师情、学生情与作者情三情融合的课堂氛围，让课堂成为师生真诚的情感交流和心灵交流的场所。在民主、平等的氛围里，让学生放飞心灵，思维能在老师的引导下自由飞翔。

趣：课堂上，突出讲解的幽默、风趣，追求庄谐并重，让学生在轻松的环境下学习，避免造成压抑的学习氛围。

美：追求“美教活教”的教学境界，让学生“乐学”“愿读”。

在对教学探讨的过程中，对语文课堂，有了更进一步的认识和体会。

语文课堂，是一个充满了智慧的场所，是师生生命价值释放的场所，是知识、思维相互碰撞之空间，是充满灵气、充满生机之空间。既是教师引导学生与课文作者心灵交流的场所，更是师生之间、生生之间的心灵对话的空间。

语文教学应是师生生命共舞的活动，是在生命欢舞中提高双方生命质量的过程。语文教学不能让充满灵气的学生对母语的学习产生厌弃感，而应让学生感受到书本中那一个个跳动的文字就犹如一个个跳动的音符，犹如在聆听一曲优美的歌曲，感受美妙的旋律，获得美的享受。

在语文实践的路上，我有幸被人教社聘为课标实验教材的培训团专家成员。在全国各地培训骨干教师的过程中，我结交了很多同行朋友。与他们交流的过程，让我对语文有了更深刻的感受：

要想成为一个富有个性、创造型的教师，就应该在学习他人的基础上，寻求适合自己的路子，勇于探索，加强实践。只有这样，才能够闯出一条属于自己的路。一个“消费型”的语文教师，永远只能是跟在别人后面亦步亦趋。

教研：提高教学生命质量

教学之初，我并没有教研的概念，后来有所认识，但总认为不是自己的事，因此，多年来为教而教，更是为应试而教，多停留在经验上，缺乏理论上的学习和思考，在科研方面还处在浅层次上。这导致我教学的视野狭窄，教学行为欠理性反思，教学层次不高。

随着教学时间的推移，我总是觉得课堂存在一些问题，需要改变。于是我订了当时较有影响的语文刊物，并认真地阅读刊物上的文章，细细揣摩别人是怎样思考教学的，是怎样进行研究的，尤其是怎样找准思考的切入点的。同时，也阅读一些教研指导文章。于是我渐渐地萌生了进行教研的念头。起初，只是默默地反思自己的教学，针对教学中的问题进行思考、分析，着眼点小，但很实在，并根据课堂的变化情况撰写文章，并不断有教研文章见诸报刊。

随着教研经验的积累，思考的角度不断扩大，研究涉及的面也更加广泛。尤其是到了省城中学和教科院后，由于条件的改变和视野的扩大，教学研究的力度加大，更加有意识地加强了教学反思和教学研究的实践，并运用相关的理论和科研方法进行了课题实验。

一路行来，自己不断地给自己找事做，虽然牺牲了很多休息时间，但是感到很充实，收获颇多。在《西南师范大学学报》《上海师范大学学报》《语文教学通讯》《中学语文教学参考》《中学语文教学》《语文建设》《作文教学研究》《阅读与写作》等20余家国家级、省级报刊上发表教研文章100余篇，在作文序列、作文训练思想、素质教育、语文美育、新课程改革、课堂教学组织形式、文体教学、课堂教学艺术、作文创新能力培养和高考命题评价等多方面进行了探索。所参研的科研成果，获省、市人民政府和教育部门科研成果一等奖；被邀请参加了一些全国语文教学研讨会，并作专题发言，或在一些全国和省级语文教学大赛中担任评委和作评课专家。这样更有幸认识了全国语文教育专家，开始更广泛地与专家及同行交流、切磋，这对我的教学思想和教学方式产生很大影响，提升了我的课堂教学艺术。

我认为，教研对一个教师的成长很重要，是提升教学层次的重要途径，教研并不是高不可攀，只要从自己的教学困惑和体会入手，着眼于实际，进行校本教研，参与一些课题研究，对自己的教学都会有促进作用。

作为一个语文教师，不能只当“教书匠”，应努力向“专家型”“科研型”方向发展。不能停留在经验上，更不能停留在为应试而教的层面上。应加强现代教育理论和科研专题的研讨，明确科研的内涵和方法，提高自己的科研能力。教学中，自己要不断地给自己找事做。多结合自己的教学实际，寻找突破口，加强反思，进行校本教研，这样，才能不断提升语文的教学层次，促进教学质量的提高。

倾听：悦纳意见，完善自我

语文教学路上，教师如果仅仅认真上课和埋头做事，是远远不够的，教师必须多与他人进行交流，善于听取他人的意见。乐于倾听，是提升教学层次不容忽视的有效途径。反思自己的成长和进步，离不开主动地倾听他人对自己教学的感受和意见。要乐于倾听同行的发自肺腑的声音，更要乐于倾听学生的真实感受。教师的成长，有多方面因素的影响，而往往容易忽略的是自己的学生。我的经历告诉我，教学生活中最大的收获并促我不断反思自己教学的原因之一，是假期与毕业后的学生的心灵对话。他们中有本科生、研究生、留学生、教师，年龄最大的甚至与我相近。在与他们谈各自的见闻、生活的感悟之余，就是听他们对我教学的“评头品足”。这时的交谈他们没有顾忌，原来当学生时不敢说的话现在可以说。这时的心灵吐露是真实的，是弥足珍贵的。当他们多年后还津津乐道于某节课给他们留下深刻印象时，这是对我的极大鼓励；当他们直言或者含蓄地指出我的教学方式还可以商榷时，我听出了善意的批评和建议，这促使了我去认真反思和总结。在这种倾听和反思中，自己的教学艺术和教学境界，得到了新的提升。

行走在语文教学的道路上，虽然路途并不平坦，有时甚至会跌倒，但是快乐面对，愉悦前行，享受路途风景，则可以收获一路阳光。

值《行走在语文路上》出版，以此代序。

程一凡

2017 年 8 月于耕耘斋

目　录

理念篇

教师发展篇

课堂篇

作文篇

课例点评篇

理 念 篇

教育关系着人的培养，而人的培养又受制于教者的理念。教者不同的教育教学理念会带来不同的教学行为，不同的教学行为又会带来不同的教学效果。因此，教育教学理念关系着学生的成长，关系着学生的终身发展。在新的课程改革背景下，教育教学理念不能忽视。作为教师，应该拥有先进的教学理念，才能更好地去培养对社会有用的人。

我的语文教育观

基础教育作为一种有目的、有计划的活动，是一项大的系统工程，它依靠各学科来支撑和完成。而中学语文教育是这一系统中最重要的子系统工程。这一子系统工程的完成，最终达到“优质工程”，必须以正确的中学语文教育观为指导。没有正确的语文教育观，就会导致语文教育改革理论上和实践上的模糊、片面、偏执、摇摆。而我的中学语文教育观却经历了一个由模糊、混沌到清晰、明确，由片面到全面，由肤浅到深刻的认识过程。

80 年代初，刚踏上教育岗位，带着教师的幼稚，没有经验，那时我的语文教育观是模糊的，只守着一本教科书，一本教参，以课堂为唯一活动范围，只以为把知识教给学生，学生能考个高分就行，而学生的综合素质则很少考虑。80 年代后期到 90 年代中朝，虽然对语文教育的问题有了进一步认识，注意到了主体问题及能力层次，也注意了听说能力与读写能力并重的实践，但由于应试教育愈演愈烈，受到应试教育思想的影响，语文教育中更多的是围绕高考转，致使忽略了其他教育因素，看不到语文的丰富性。落实在语文教育的行动中，则是只注重语文的知识传授而不重视语文能力的培养；只注重教师灌输而不重视调动学生潜力；只重视书本知识而不重视社会实践；只重视教书而不重视育人。这一封闭、片面的教育思想指导结果，是将生动丰富的语文课变成了枯燥无味的应试课，忽略了学生这一主体的存在，学生只是被动地学习，成了接受知识的容器，鲜活的灵性没有了，个性得不到重视。到 90 年代中后期，随着学习的深入，逐渐看到了社会上对于语文教育的批评，也阅读了《审视中学语文教育》等书对语文教育的尖锐批评，于是对传统的语文教育及自己的语文教育进行了深刻的反思，并针对语文教育现状和自己的实践体会，加强了语文教育研究，剖析了问题，寻找了出路，新的语文教育观逐渐形成。尤其是学习了先进的教育理论和课改新理念，在新的教育观、新的理念、新的思想的注入下，观念受到了极大的震动。使自己能够站在新的高度，着眼于学生语文素养的培养，立足于社会生活及语文发展的方向，注重普通公民和民族素质的提高，并进一步通过对近年语文教育的总结、辨析、扬弃、革新，新时期新的语文教育观在头脑中更加明晰了起来，形成了以高扬学生主体、容纳百川的立体语文观、人文观、终身观、能力整合观、整体发展的质量观为核心内容建构起来的语文教育观。其前提是教师应由“教书匠”转变为“专家型”，“经验型”转变为“科研型”。下面对我的语文教育观作一简要阐述。

（1）高扬学生主体。《学会生存》一书指出：“未来的学校必须把教育的对象变成自己教育自己的主体。受教育的人必须成为教育他自己的人，别人的教育必须成为这个人自己的教育。”在呼唤“人”的回归，张扬个性，发展创造力的今天，教育最重要的特征就是充分尊重、发挥人的主体性。而语文教育本身就是一种主体性相当强的实践活动。因此，在语文教育实践活动中，必须以高扬学生这一主体为重点。学生的主体性主要表现在主动性、独立性和创造性上。在培养主体性上，要处理好“教”与“学”的关系，教师要挤掉水分，成为导航者、帮助者、学习者和组织者。让学生活动，变单向交流为双向、多向交流，真正把课堂还给学生。要体现教学民主，注重平等交往，创造一种自由、宽容、理解、和谐的民主氛围，尊重学生，关爱学生，唤醒学生的主体意识，让学生成为学习的真正主人。创设多样化的情景，用激励的方式去调动其主动性，从而让学生在语文学习中能积极、主动、自觉地参与。只有主动参与，才能促进主体性发展。同时将问题、学习的主动权交给学生，相信他们的能力，激励他们去行动、去培养他们的独立性。只有具备了学习的独立性，才能有成功的体验，学生的个性潜能才得以开发，从而促进学生主体性的进一步发展。语文教育中更重要的是引导学生去质疑，进行求异思维，大胆批判，鼓励其发表独立的见解。这样，学生的智慧之火就会被点燃，从而培养学生的创造性，使学生的主体性发展到更高层次，个性得到最大发展。如果做到了这几点，我们的语文教育就能够促进学生主动、活泼地发展，使学生的主体能力、主体人格得到发展，从而培养学生的语文核心素养。

（2）容纳百川的立体语文教育观。语文教育只守住学校课堂，培养出来的学生视野狭窄，适应能力差，必将随社会发展而淘汰。因此，必须树立容纳百川的立体语文教育观。语文教育的特征就在于语文是一个包罗万象的学科，它不等于语文课本本身的教学。语文教育家刘国正说过：“语文天然是与生活联系在一起的。”美国教育家科勒涅斯也说过：“语文学习的外延和生活的外延相等。”点明了语文学习与生活的关系。语文教育应冲出“围墙”，以课堂教学为轴心向生活的各个领域拓展、延伸。实现开放式的教学，课内教材与课外书籍阅读结合，必修课与选修课结合，同时开展多样的活动课。课堂上，可以引进生活活水，选用时文；可以开展丰富多彩的活动，如创办文学社、编课本剧、辩论会、读书报告会、诗歌朗诵竞赛、影评以及书法展示活动等；可以组织学生看电视“新闻”，让学生关心时事；可以走进生活，走进社会，走进自然进行实践活动，如社区调查、参观游览、与各层人士交流，并写调查报告和建议，等等。这样有意识地全方位地将学生的语文学习引向更广泛的生活背景之中，由封闭走向开放，由单一走向多元，使语文教育真正成为一个面向社会的开放系统，纳课内课外于一体，融学校、社会、家庭为一体，拓宽学习语文的渠道，让学生在学习语文中认识生活，同时在生活中学习语文。这种大范围、多层次的语文学习，将会为中学语文教育带来活力，既能调动学生学语文的积极性，增长知识，又能提高学生的语文综合能力，使学生的语文素质与社会的不断发展合拍，为其终生学习打下坚实的基础。

（3）着眼于“终身语文教育”。现代教育的目的之一是让学生学会认知、学会学习。语文教育只有“教”而无导“学”，则会使语文走向尴尬的境地。因此，语文教育应该树立“着眼学生终身发展，培养适应社会发展的语文能力”的观念。要做到这一点，语文教育要摒弃急功近利的思想，走出短期行为的误区。扎实知识，培养技能，更要培养学生良好的自学语文的习惯，教给学习的方法，力求活用，培养学生形成独立学习语文的真正能力，让学生能够逐渐摸索学习语文的门径，使其能够主动探索教师未教过的知识，让学生会学、善学，有吸纳新知识、鉴别新知识的能力和技巧，让语文教育使学生终身受益。

（4）加强能力整合。重读写轻听说已在语文教育中是不争的事实。在这一教育思想的导向下，语文教育更多成了读写教育，听说多被放弃，学生不善说，不会听，致使学生在语文能力上得了严重的“贫血症”。这样教育下的学生永远不能适应现代高速发展的社会，岂不引人深思？因此，在当今强调语文核心素养的现实背景下，着眼于学生语言文字的积累和应用，着眼于学生创造性思维的培养，是非常重要的。而听说读写能力是语文的四大能力，绝不能偏废，不能只是停在口头上，哪怕是应试教育依旧盛行的今天，都应该在行动上实践。随着21世纪高效率、高社交化的发展，人们接受信息和输出信息的频率，听和说明显高于读和写。因此，听说读写不能偏于某一方面，它们是一个综合能力，是相互依存、相互促进的整合关系。就其实质而言，“说”实质是“写”，只不过是口头语言；“写”实质也是“说”，只不过是用笔在“说”而已。“听”与“读”也是同样的道理。学生听说基础好，就能够提高他们的读写能力，读写能力强，又能促进听说思维的发展。真正培养学生能够恰当理解和运用祖国语言文字，能听、会说、善读、长写，是我们语文教师的责任。为此，教学中要加强听说读写能力的训练，互相渗透，使其整合性得到体现，为全面落实学生的语文核心素养的培养提供根本保证。

（5）贯穿人文教育，让学生成“才”成“人”。“没有人文，就没有语言这个工具；舍弃人文，就无法掌握语文这个工具。”只重知识教育而忽视了学生心理人格和个性的培养，只重技能的传授而忽视了学生自身的需要，缺乏人文的关怀，是语文教育的失败。教师要有“以人为本”的理念，提高自身的人文修养，注重平等交往，关注“人”的精神和需要，借助语文丰富的人文教育因素、审美因素，借助传统的民族文化精髓、时代改革的浪潮等人文因素，加强对“人”的关怀和关爱，渗透协作精神，引导学生在语言习得过程中确立主体意识，陶冶良好性情，于潜移默化中促进学生对语言载体背后民族文化意识的认同，并将这种文化精神内化为自己的行为。用教师高尚的人格、敬业的精神、对学生的尊重，去影响学生的心理，从而健全学生的文化人格，提高人文素质。让学生在提高语文能力的同时，既有民主平等的意识，求实创新的态度，又能正确认识人的价值，处理好人与人、人与社会、人与自然的关系，让学生既成“才”，又成“人”，让学生成为一个具有丰富内涵的“文化人”“文明人”。

（6）整体发展的质量观。当今的教育更多的是升学教育，并以此去评价学校教学效果和教师的劳动价值，然而这具有很大的片面性。在这一质量观的作用下，学校丰富的语文活动减少了，教学中更多关注的是语文尖子生，不少学生受到了冷落，学生语文素养的全面发展成了一句空话。因此，我们必须转变并树立正确的语文质量观。一方面要坚持语文教育质量的全面性，根据新时代对人才综合素质的要求，面向全体学生，立足语文学科特点，加强情感、意志、知识、智能、个性和创造性的教育，让学生在多个方面都得到发展。另一方面，要有教育质量的发展观。让学生在学校获得自我学习的能力，形成综合的素质，为今后走向社会后的终身学习打下坚实的基础。

语文教育是一项综合性的教育，培养的学生也应该具有语文综合素质。在当今强调培养学生核心素养的特殊时代，我们必须对语文教育进行深刻反思，跳出原有的旧观念，由封闭的单一的教育转向开放的、民主的、全方位的教育，充分发挥语文“教文育人”的综合效应。在夯实基础、培养技能的基础上，借助人文性、情感性、审美性、艺术性、开放性的特点，陶冶情操，净化灵魂，启迪思维，发展智力，培养个性，发展创造性，使语文获得新生。

语文有语文自身的学科特点。语文课堂，是一个充满了智慧的场所。语文学习的过程，既是一个心灵陶冶的过程，也是一个精神享受的过程；既是一个言语习得的过程，又是语文素养提升的过程，更是一个促进自己生命成长的过程。

幽默、风趣、生动、形象，是语文课的外在形式；广博的知识是语文课的血肉；人文的内涵、心灵的对话是语文课的灵魂；情感的流淌、创新的体现是语文课的核心。抓住了形式，才能使语文课出彩；抓住了血肉，才能使语文课丰满和充实；抓住了灵魂和核心，才能使语文课升华，富有生命。

语文课堂教学组织形式的变革

《中国学生发展核心素养》强调以培养“全面发展的人”为核心，突出文化基础、自主发展、社会参与三个方面。落脚在语文上，其学科核心素养主要是语言建构与运用、思维发展与提升、审美鉴赏与创造 、文化传承与理解四个方面。学生这一核心素养的提出，为教育工作者提出了新的挑战，尤其是基础教育工作者，需要进一步变革教育理念，才能跟上形势，语文学科更应如此。学生核心素养的培养，课堂教学是主阵地，作为实施语文课堂教学目标路径的教学组织形式，改革和创新自然显得非常重要。

当今时代，社会的多元性决定着教育的多元性，教育的多元性必然带来学习方式的多样性。课堂教学的组织形式也必然走向改革和创新。因为新的课程改革以其新的教学理念必然冲破课堂教学旧有的组织形式一统天下的格局，课程改革呼唤多元的组织形式，而组织形式的改革和创新必须与课程改革深化相呼应。

在谈改革与创新之前，先对课堂教学组织形式这一概念作一个说明。目前对此没有一个统一的说法，不同的课程专家都有自己的理解，但基本内涵是相近的。所谓课堂教学组织形式，就是依据一定的教学思想、围绕既定的教学目的和教学内容、凭借一定的教学主客观条件，师生相互作用的方式、结构与程序。它是为提高学生语文综合素养服务的。组织教学活动方式不同，结构不一样，所获得的教育教学效果也不一样，因此，课堂教学组织形式应加以重视。

中学语文课堂教学组织形式的改革与创新，可以是多方面的，具有一定的灵活性。下面就几个方面谈点看法。

一、利用信息技术交互功能组织教学

教育教学改革离不开教育现代化。随着课程课改的深化，课堂教学方式的改革力度越来越大，新的信息技术的有机融入越来越现实，发挥的教学优势越来越明显。课堂教学组织形式中，我们可以与信息技术有机整合，充分利用它的多向交互功能来组织教学，为语文教学服务。除了常规的多媒体的整合，还可利用具有一定互动功能的白板来增强教学效果。有条件的，还可利用最新的信息技术来组织教学活动。

借助这些最新的技术组织教学，可以通过数据采集和分析，将学生的思维过程具象化地呈现出来，及时反馈给老师。教情、学情直观呈现，每一个学生的知识短板“一目了然”，学生在数据的支撑下学习更加“有的放矢”，这样就能增强学习的效度；可以随时利用教师资源、学生资源和网络资源，拓展学习的宽度；可以及时进行师生互动、生生互动，达到多维度的思维碰撞，进行深层思考，提升思维的深度。同时还可以增强课堂趣味性，提高学生的参与度。

借助信息技术多向交互功能组织教学，是未来课堂教学改革和发展的方向，作为语文教师，可以根据条件尽快适应新的信息技术的应用，成为课堂教学组织形式改革的弄潮儿。

二、立足情境下的教学组织活动

情境教学是指在教学过程中，教师有目的进入实地场景或引入或创设具有一定情绪色彩的、真实的生动的具体的场景，以引起学生一定的情绪体验，从而帮助学生进一步理解教材，并使学生的心理机能得到发展的教学方法。心理学认为，情境对人有直接刺激作用，情境教学活动，能引起学生积极的情感体验，帮助学生在愉快的教学氛围中迅速而准确地接受新的语文知识。它的特点往往是让学生先感受而后用语言表达，或边感受边促使内部语言的积极活动。这一教学组织活动过程能直接提高学生参与学习的积极性，在主动、快乐的学习中，解读文本，建构知识。

立足于情境下的教学组织活动，可以创设不同的情境组织教学，这里主要谈两点。

1. 现场情境下教学组织活动

“大语文教育”理念告诉我们，在生活中学习语文，感受语文，应用语文。在生活中学习语文的价值是多元的，我们的教学组织方式也可以多元，可与现实生活结合，可以根据特定的教学内容和实际需要，将课堂延伸到课外，搬到与文本有关的现实的场景中进行教学。这种场景是真实的，可感的，直观的，将教材的内容恰当地植入这一情境中，更能调动学生的情绪和参与的热情。学生在这种学习的氛围里，精力更集中，思想更放松，思维更活跃，效果更明显。

四川师大附属第一实验中学王保兵老师在上《茅屋为秋风所破歌》一诗时，就将课堂搬到了杜甫草堂。在草堂这一特定情境上课，王老师主要设计了以下几个活动：① 带学生参观杜甫草堂；② 让学生谈现场参观感受；③ 让学生诵读、领会诗歌；④ 让学生谈学习诗歌后的感想体会。王老师充分利用地方资源，让学生在草堂特定的情境和氛围中，结合教学内容进行灵动的教学，对诗歌的理解达到了一定的深度，对诗人的认识上升到了一定的高度，获得了意想不到的效果，这是课堂教学组织形式创新带来的结果。

2. 依据课堂情境创设组织教学活动

语文课涉猎广泛，天文、地理、历史、科学、物理、化学无所不包。有的适合教师讲授，有的适宜合作交流，有的适合课题探究。有的课文则因为特有的语文元素——或情感的浓烈，或生活的真实再现，或画面的逼真，或场景描绘的真切——运用其他的教学组织活动方式难以达到最佳效果，就应选用特定情境下的教学组织方式。比如教学戏剧，在学生预习、揣摩人物性格和语气的基础上，通过语言描述情境与音乐背景营造的氛围，让学生进入角色表演，去感受人物形象，去体会人物的情感，去把握人物的心灵。这个过程，师生可一起登台表演，成为其中的一角色，老师的直接参与，对学生是极大的鼓励，会极大地促进其学习积极性。在教学诗歌时，可以采用多种朗诵形式，创设情境，让学生在抑扬顿挫、轻重缓急的情感体会中，走进诗人的内心，把握诗歌的内涵，获得美感享受。教学文言文如《项脊轩志》时，可抓住文章中“喜”“悲”情感这条主线，营造一种特定的情境，调动学生潜在的情绪，引导学生深度体会文中作者对亲人浓烈的情感，从而受到传统美德的熏陶。

三、听说读写全方位组织教学

语文是一门实践性很强的学科，要注重与生活、与社会的联系。因此，语文课堂要开放，一方面要抓好学校课堂活动课程、组织小组，如文学社、科技小组，开展演讲、故事会、朗诵会，办好文学社刊、手抄报等；另一方面，就是要冲出“围墙”，以课堂教学为轴心，向学生生活的各个领域开拓、延伸，引导学生走向社会大课堂，开展一些社区调查、联谊、采访、影评、文字纠错等活动。这样，使得语文教学成为一个面向社会的开放系统，纳课内课外为一体，熔学校、社会、家庭为一炉。学生在学习语文中认识生活，同时在生活中学习语文。这一听说读写相互渗透、相互促进的整合，不但使语文教学显得活，激发了学生学语文的积极性，增长了知识，而且在多层次、多范围的活动中，培养了学生的语文素质，增强了他们的社会适应能力。

请看案例：

综合性学习：成长的烦恼

活动过程（其他设计版块略）：

1. 布置活动要求

（1）明确活动目的（略）。

（2）活动指导。

请同学们以小记者的身份，采访自己周围的成年人，采访前，一要确定采访对象；二要清楚采访的内容，可事先设计好一些便于沟通的话题，例如：你在少年时曾有过哪些烦恼？当时最大的痛苦是什么？你是怎样对待的？现在重新审视，你怎样评价当时的那些烦恼？岁月是如何改变你的？等等。

2. 学生或分成小组展开采访活动，或自己独立活动

3. 组织交流（先小组内进行，然后全班交流）

（1）用流畅的语言介绍采访的过程，并说出自己在采访中的感受。

（2）用下列说话方式介绍自己采访到的烦恼：

有过什么烦恼——如何对待这些烦恼——我的感受。

（3）学生讨论：在采访到的烦恼和解决烦恼的方式中，哪一个处理得最好，如有不可取的，请为他献上一策。

4. 书面作文

或以采访的过程为内容作文，或以某一烦恼的解决过程为内容作文，但都要写出自己的感受和体验。

这是成都市温江区教研室针对教材综合性内容设计的一项学习活动，这一设计将课外教学空间与课内教学空间有机结合起来，既有课外的采访，又有课内的交流，还有写作的体验。这种教学空间的组织方式就比局限于课堂内进行空洞的指导更显得丰富多样，学生的收获更实在，更有价值。当然，这种教学组织形式不能滥用，而要选择适合的内容。

四、师生共同组织教学

多年来，在教学活动中，教师一般都是以教学者、组织者、引导者、讲授者的角色出现。在课改进入十几年后的今天，仅仅以这种方式组织教学是不够

的。学生始终都是处在被动的角色进行活动，这实际上是在老师思维操控下活动的。随着课改的深化，认识的深入，教学行为也有更多的变化。其中教学的主角也可根据需要变化。古人云："教学相长。"师生角色可以转换，让学生也成为教学组织者、讲解着、引导者，让学生体会教师角色，师生共同成为教学的组织者。在教师的指导下，学生在课下钻研的基础上，课上进行文本的解读，组织同学进行讨论。借助这种方式，让学生得以锻炼，看到自己的潜能。老师作为倾听者，站在学生的角度思考问题，体验学生的生活。一方面在角色转换中去反思自己的教学，改进自己的方法；同时，根据学生的讲解，发现其亮点，借以鼓励，提高学生讲解的信心；一旦发现问题及时纠偏，让学生能及时修正自己的问题。在教师讲解时，学生也作为倾听者，去感受老师的风采，吸收其长处，并借此反观自己，学会反思。对不如意的地方敢于向老师挑刺，敢于质疑、善于辩驳。以师生角色转换的方式组织教学，对师生双方都是一种促进，一种成长。

苏霍姆林斯基说："学校里的学习不是毫无热情地把知识从一个头脑里装入另一个头脑里，而是师生之间每时每刻都在进行心灵的接触。"在教学中，根据需要，适当兼顾这种教学组织方式，不但可以让师生之间进行心灵的接触，而且还可以逼着师生认真准备，认真讲解，更能促进学生能力的培养，学习效果的提升，而且也为学生终生学习打下基础。

五、以读书论坛形式组织教学

作为语文老师，应该有担当，应该肩负起读书引领的重任，有意识地组织学生读书，读好书。这是一件大功德的事。我们可以以新的《全日制义务教育语文课程标准（实验稿）》《高中语文课程标准》为指南，以考试改革为契机，以评价看重学习过程为动力，在教学组织活动上，大胆开展读书活动。抽出课堂学习语文的时间，挤出课余的空间，让学生读书。在方法上，除提倡适当的海量阅读外，要根据教学的实际，结合教材中的名著，推荐一些书籍，进行指导阅读。在空间上，可以每月拿出一定的课时，让学生走进图书室，在教师指导下进行自由阅读；可以推荐书目让学生到图书馆去学习。让学生通过多种渠道读书，去吸收营养，拓展文化视野，积累语感，提升阅读能力。

为了能够落到实处，并能引起学生的阅读兴趣，可以开展年级或班上的读书论坛活动。为了提高阅读的价值，可以采用教师、学生、家长共读一本书的形式。先独立阅读，然后写出感受或体会，最后以论坛集中的形式展开交流。论坛交流方式，可以采用教师读书汇报课、规定发言（学生、老师兼顾）、自由发言、自由评论等组织方式进行，让学生参与面更广，思维交锋更深。这个读书活动组织方式，也可以采用读书论坛比赛方式进行，可以评奖，由学生、老师、家长代表组成观察团和评委。这样的阅读，学生有兴趣，老师、家长和孩子能够相互促进。营造这样一种读书的氛围，目的在于有效推动阅读，拓展学生的文化视野，厚实其文化底蕴。

六、“对对碰”方式组织教学

现行形势下，我国是以班级授课制为主，班额大，人数多，差距大。每个班的学生组成不一样，每个人的语文学习习惯不一样，学习的效果自然也不一样，有的成为语文尖子生，有的成为语文学困生。集体授课，难以照顾差距，班级授课制的局限也暴露了出来。面对这样的情况，课堂教学组织活动只停留在小组同学互动、全班学生集体互动和师生单一互动上，是永远满足不了学生个性学习需求的，教学效果的提升也是有限的。在此基础上，我们可以拓展一下教学组织方式，适当采用“对对碰”的教学组织方式，借用生活中“一对一”“一帮一”的方法，来提高学习的效果。“对对碰”由两人组成，结成对子。组成的方式，在老师明确组成人员要求的基础上，可以根据学生的语文能力、学习习惯和自我控制能力，采用学生自荐和教师调整相结合，立足将语文学得好的学生与语文学习相对弱的学生结成对子，有帮学价值，实施真正的有实效的帮学活动。“对对碰”帮学一段时间后，可适当按照灵活性原则，根据学生学习知识掌握情况和能力提升的变化，对配对进行适当的调整，调整到更适合更对口的位置上。这种组合，在语文课上，可以打破班主任统编的座位，语文课根据需要可以形成独立的对接座位。只要实施有序，好的习惯到位，不会影响课堂秩序。在课堂组织活动的推进中，教师在全班、小组学习的基础上，应给出恰当的时间，让“小老师”带动“同学”进行学习，在对接中交流，在对接中解决大班或小组无法解决的问题。这样的帮学活动，更有针对性，一方面让语文学困生在同学直接的帮助下，集中精力集中时间有针对性地解决存在的问题，让学困生体会进步的感受，享受一定的成功喜悦，增强他们的自信心。同时，让优生在帮扶中，不断促进自己去思考，去梳理，去表达，去解决问题，实际上也是在提升，在成长，也能享受到成功感，这是双赢。当然，在这个过程中，教师要适时观察，加以引导，养成习惯。当学生一旦具有了主动的自然的一对一帮扶的意识，那帮扶的推进就会延续，“对对碰”帮扶的价值就会得到显现。

语文课堂教学活动是新课程深化改革重点关注和改革的内容之一，而优化语文课堂教学组织形式是课堂深化改革的主要保证。我们应领会课程深化改革的精神，加强探索，结合语文教学内容和学生的具体情况，在课堂教学组织上进行创造性的变革，以使语文教学获得实效。

新课程理念下的教学活动要处理好七种基本关系

新课程理念下的教学活动必定有别于传统教学活动，由重结论向重过程转变，树立发展意识。重过程是恢复学生认识的本质，学生获得探索新知识的经历和学习知识过程中的情感体验是非常重要的。要使教学活动能更好地体现新课程理念，发挥其应有的作用，必须处理好以下基本关系。

一、课程与教学的关系

教学是指教师引导学生进行的以特定文化为对象的教与学相统一的活动。特定的文化对象实际上主要就是指课程。

教学与课程的关系是新课程教学改革必须首先摆正和处理好的一对关系。新课程改革理念下的课程是多方面的，既有国家规定的课程，也有地方确定的课程，还有校本课程；既可以是教材，也可以是教师的理解、学生的体验。课程与教学的关系，课程观是主导因素，它决定教学观，并因此决定教学改革的深度、广度，教学就应该重视并落实这些课程。当然，这只是认识的一个方面。从新课程要求看，教学不只是忠实地实施课程计划（方案）的过程，而应是课程创生与开发的过程。这是新课程所倡导的发展的课程观和教学观。这正是我们在具体的教学活动中要处理好的。正因为如此，教学过程才成为课程内容持续生成与转化、课程意义不断建构与提升的过程。这样，教学与课程相互转化、相互促进，彼此有机地融为一体，课程也由此变成一种动态的、生长性的发展过程。只有这样，课程与教学相互作用、有机整合，课堂教学才会发生根本性的改变。

二、教师与学生的关系

师生关系，即教育过程中教师与学生之间产生的一种人际关系。在学校众多的复杂的人际关系中，师生关系是一对最基本的关系，它制约着师生之间的全面合作程度，对提高课堂教学质量有着举足轻重的作用。刘雪利老师认为：

"师生关系是教师与学生之间心理的关系和距离，师生关系反映了教师与学生、教师与集体（班）寻求满足其需要的心理状态。因此师生关系的变化与发展决定于双方需要的心理状态即决定于双方需要满足的程度。"（《教育科学研究》2001 年第 12 期）这从心理学的角度上阐释了师生关系，使我们对师生关系有了更深刻的认识。

师生关系直接关系着课堂效果，我们必须认真对待。可以说，新课程下的教师和学生的关系较之传统发生了根本变化，由不平等、不和谐向平等、融洽转变。教师不再是高高在上、知识的绝对权威，学生也不再是被动地接受。师生双方是一种民主、平等、和谐、宽松、愉悦、互动的师生关系，而活泼、融洽的课堂气氛便是师生间朋友关系、伙伴关系的体现。"为了每一位学生的发展"这一新课程的核心理念，要求教师应从学生的发展出发，了解每个学生的学习水平和心理特征，重视他们的学习需求，尊重每一个学生的人格、差异和选择。尤其是对那后进生，教师不仅不能歧视，相反要以饱满的热情，十二分的耐心，适宜的方法，启发诱导，及时发现他们身上闪光的东西，及时予以表扬和鼓励，让学生随时感到老师很在意他们，关爱着他们，使学生在心理安全和心理自由的氛围下产生主动参与、乐于体验的强烈愿望，从而出现师生和谐共振的场面。这样才能为激发学生创新思维的火花创造条件，才能使学生自主学习、积极参与成为可能。

良好的师生关系，意味着平等对话、参与、构建，不仅是一种教与学的活动方式，更是弥漫、充盈在师生间的一种良好教育情境和精神氛围。师生一起分享、理解、体验生命的价值和自我的价值，这样才是新课程下的新型师生关系，教师与学生才能多向互动、共同发展。

三、教学目标的落实与学生的心理需求的关系

一堂课如果没有教学目标，教学就会失去方向。那么什么是教学目标呢？"教学目标是通过具体教学活动所要达到的具体教育目的，或者说是具体教学过程所期望学生发生的具体变化。"（刘振山《教师手册》，华夏出版社，2002 年）教学目标具有一种规定性，要让学生在学习过程中从一种状态变成另一种状态。课堂教学从目标要求开始，最终又以目标达成为归宿。教师在教学设计中，往往通过目标的分析来确定教学内容的安排次序，课后又是通过目标的检测反馈作为考查教学效果的直接依据。新课程以课程目标和内容目标为依据来确定课

时教学目标，它同样在课堂教学中起着第一位的作用。

教学中要注重定向调控。语文定向控制就是一种目标的控制。教学中学习方式的多样性和学习内容的丰富性，是学生的心理需求。这种“心理需求”总是为完成一定的目标而进行的，正如“放风筝”要展现它的风姿必须由操作者借助“线”来控制一样，如果无的放矢，就会导致其漫无边际地乱飞。教学中的“放”，既要让学生放开脚步自由走，同时还要与放线人有机配合、协调一致，朝既定目标迈进。这就要求教师在“放”前将本次教学目标的有效信息输送给学生。这样，才不至于使无效信息干扰甚至淹没了有效信息。然后，老师在此目标控制下放开，让学生自己去感知、体验、思辨、合作、质疑、探究、交流，并根据学生讨论、发言等途径反馈的情况（尤其是对活动目标、内容、开展的方式存在误解时）进行及时处理，对失控情况进行及时疏导、控制、引领，使课堂教学始终不偏离大方向。然而，在利用新课程进行实际教学时，往往难以做到这一点，有时会走向两个极端。一是过分强调重视学生的心理需求，导致教学目标游离于课堂之外，认为课堂教学不必过多去考虑教学目标的要求，学生想知道什么就教什么，想怎么学就怎么学，导致教学内容的散乱。这是误解了新课程提倡的课堂教学的开放性。二是只注重教学目标的落实，而忽略了学生的心理需求，致使教学效果较差。

因此，教学中要善于处理好两者的关系，要结合学生的实际情况和心理需求，根据内容目标和课程目标，确定好恰当的教学目标，在强调教学目标的前提下，重视学生的心理需求，尽量将二者有机结合，并照顾到学生的个性差异。

四、自主学习与合作讨论的关系

新课程改革强调自主、合作、探究的学习方法，但在具体的教学行为中很多教师往往把握不好自主学习与合作讨论的关系。自主学习从狭义上讲是学生独自阅读，独自提出问题、分析问题、解决问题的学习方式。它有利于培养学生独立分析、解决问题的能力。合作学习强调的是学生与学生之间（而不是单个学生）在小组中通过相互讨论，解决小组各个成员在学习中遇到的困难，或者是共同研究解决某个课题。它有利于调动全体学生的学习积极性，激发学生的参与热情。但在具体的教学中，很多老师对两者的关系往往把握不好：或是合作学习代替了自主学习，一堂课热热闹闹，全是讨论，看不到自主学习，自主学习成了一句空话；或是合作学习成了形式、过场，除了老师讲解外，就是学生自己看书思考，然后让学生进行几十秒钟的合作交流，匆匆收场，体现不出合作交流的价值。

应该指出的是，自主学习与讨论分享、合作学习二者之间本身是没有矛盾的，它们之间并非是孤立的，而是相互作用的。因为任何交流、合作都是建立在自主学习的基础上的。学生如果不能独立思考并尝试去解决问题，没有切身体会，在讨论时又能讲出什么来呢？这必然使讨论成为没有目的、没有结论的漫谈。有的老师上课时不管问题的难易程度和学生能力上的差异，一味地让学生自主学习，也没有学习后的讨论、合作、交流，学生自学后收获很少，有的甚至根本没有收获。也有的教师喜欢把什么问题都放到小组进行讨论，一节课讨论了六七个问题，看起来很热闹，却没有解决什么问题，更谈不上能力的培养。这两种方式把自主学习与讨论分享、合作学习隔离开来甚至对立起来的做法是非常错误的。

教学中应将二者有机结合，充分体现两种学习方式的价值。首先，明确学习要求，让学生根据要求进行自学；然后，让学生进行合作交流，鼓励学生自己能解决的问题尽量自己解决，不能解决的问题在小组中进行讨论；最后以小组的名义在全班呈现学习的成果。这样就能充分发挥个人的特长和集体的优势，让学生分享到学习的快乐。

五、接受性学习与其他现代学习方式的关系

《全日制义务教育语文课程标准》在“课程的基本理念”第三条明确提出：“积极倡导自主、合作、探究的学习方式。”这告诉我们：现代语文学习方式的主旋律，就是自主、合作、探究，其过程是一个体验过程。单一接受性的学习方式向现代学习方式的转变已是必然。现代语文学习方式的内涵是在现代教育理念下，以学生的发展为本，保证每一个学生的语文学习权、发展权，以学生为学习的主人，扬弃单一的、被动接受的、封闭的学习方式，换之以充分发挥学生主体意识的主动的、发现的、探索的、合作的学习行为和认知取向，注重学生对知识的积极建构，从而培养学生的创新精神和实践能力，为其终身学习打下坚实的基础。

语文学习方式的这一变革，既是现代语文课堂教学改革的核心，也是语文课程改革的亮点。这是对语文传统学习方式的现状及弊端深刻反思的结果，也是培养现代人才所需要的。

现代教学论认为，学习方式是决定学习质量的重要环节，影响着学习的兴趣。国内外学者也通过大量研究表明，不同的学习方式会产生不同的结果。只有从根本上改变旧有的学习方式，采用优化的学习方式，才能提高教学质量，才能促进学生创新意识的培养和实践能力的发展。学生学习与发展的好坏受多种因素的制约，而主要因素是看其参与学习的过程及学生的实践体验。要让学生主动地参与学习的实践,所提倡的学习方式就应该能够引起学生的学习兴趣，促进学生的积极思考。而那种被动的、机械记忆的学习方式恰恰抑制了学生对学习的兴趣，进而制约了学生的思维发展，这样的课堂效果所带来的教学质量是可想而知的。现代学习方式正好扭转了这一局面，能最大限度地激发学生的学习积极性，必将让其积极地参与整个学习活动之中，主动地探究，能动地学习，真切地体验，并积极内化，从而训练学生的思维，发展学生的能力，从而提高教学质量。

但我们不能因此而全盘否定接受性学习。正是由于现代学习方式的重大变革，我们更应该处理好它与传统的接受性学习的关系。

接受性学习具有它的有效性和合理性，对学生具有自身特定的价值，在传承文化中起着重要作用，它是探究性、创造性学习的前提和基础。我们在强调现代学习方式的同时要明确接受性学习方式仍然是现代学习方式之一，不能在提倡其他学习方式时又走向另一个极端。我们反对传统的接受性学习是要反对那些过于强调接受学习、机械模仿且不加理解而死记硬背的学习方式，而并不是要完全放弃。因为每一个学科都有许多陈述性的、事实性的知识，这些知识更适合于运用接受学习的方式来进行，这样才能在较短的时间里尽可能获得更多的知识。至于怎样运用这种方法则要根据具体学科、具体内容来决定，只是，我们需要继承并创造性地运用接受学习的方式，避免接受式学习的弱点，使学习变得更丰富、更有趣，从而体现现代的学习理念，让接受性学习为现代学习服务。

因此，接受性学习与其他现代学习方式应该有机结合，避其所短，用其所长，这才是学习方式的理想选择，这样才能有效培养学生的综合语文素养。

六、课堂纪律与宽松、活泼的课堂氛围的关系

课堂教学活动中出现什么样的状态才符合语文新课标精神？这个问题值得我们认真地思考。因为这是处理好课堂纪律与活跃氛围的关系的基本前提。

传统的课堂上，教师往往以“我”为中心，高高在上，为维护自己的权威，过分强调课堂纪律，一味地强调学生只能坐端正，专心地听讲。学生在课堂上是不能随便插话和回答问题的，更不能随便地提出问题。这就剥夺了学生与教师平等参与课堂教学的权利，压抑了学生的求学动力，扼杀了学生的创造潜能。这样的课堂是无法培养出具有开拓精神和创新精神的人才的。这与新课程十分强调创设民主活泼的课堂气氛格格不入。新课程提倡让学生在民主、宽松、和谐的氛围中学习，以便利于提高学生参与学习和探索的积极性。对于具有丰富人文性的语文学科来说，这样更有利于创造性地解决问题，促进学生个性的良好发展。

当然，提倡宽松、活泼的课堂氛围并不是不要课堂纪律。因为初中生的自我控制力还不够强，如果为活泼而活泼，没有一定的纪律约束，随意打闹，毫无章法，必定会影响课堂的正常教学秩序，必然导致课堂教学质量的低劣。因此，必要的课堂纪律，即一些必要的规程和制度还是要的。要制定出有利于课堂教学的制度和行为规范，作为师生共同遵守的准绳。其行为规范可以通过师生共同协商来制定。当然，制定课堂制度时，要考虑所确定的行为要求是否有利于学生的身心发展，是否会影响到学生参与学习的热情，是否体现了对课堂成员的尊重，是否科学有效、切实可行，不合理的规则必须废弃。总之，该严肃则严肃，该活泼则活泼，关键是要把握好“度”：严而不死，活而不乱。有的老师在课堂上为活跃气氛，将充满悲情的课文上得哄堂大笑，这是对课堂教学改革中生动活泼的误解。

七、课堂上“动”与“静”的关系

新课程强调合作、探究的学习方式，重视课堂内容的生成性。这必然产生动与静的矛盾。教学中我们必须辩证地看待这一矛盾。要提倡开放式的、灵活变通的教学。课堂上鸦雀无声，气氛沉闷而毫无生气，这既是课堂教学的大忌，也是教学艺术的大忌。新课程理念下的教学应该使课堂教学具有动态性。在设计课堂教学时，教师要注意教学内容的“动静结合”。所谓“动”，是指在课堂教学中教师运用启发式的教学原则，采用合作交流的方式，让学生多动脑、多动口、多动手，要敞开思路，广开言路，让每个学生都有“表现自己”的机会。所谓“静”，是指由于某种教学目的需要，在课堂教学中有意安排短时间的宁静状态（包括自主学习的要求）。“静”的目的最终还是“动”，即让学生冷静地思考问题，为互动交流作准备。好的课堂教学态势，应该是既要有动，又要有静。当动则动，当静则静，动静结合，这才符合新课标理念对课堂教学的要求。

实施新课程时，要处理好各教学要素的关系，需要我们去思考、去总结。除以上各组关系之外，我们还要处理好统一要求与学生发展个性的关系，处理好教师的指导作用与以学生为学习主体的关系，处理好教材与创造性的关系。

平等对话　共同发展

《全日制义务教育语文课程标准》在“教学建议”中指出：“语文教学应在师生平等对话的过程中进行。”这是对传统语文教育反思的结果，是语文课程改革的一大进步。如何理解它，将直接影响到具体的教学行为，进而影响新课标理念的贯彻。为此，本文就其内涵、原则和怎样对话做一探讨。

一、语文教学中师生平等对话的内涵

语文教学应在师生平等对话的过程中进行，是以现代对话理论作为基础的。以对话理论来看，作者与读者的关系，教师与学生的关系，就其本质而言，体现的是人与人之间的精神联系，语文教学行为也意味着在教师与学生之间确立了一种对话和交流的关系。这种对话和交流是双向的、互动的。语文教学的流动过程，就成为思维碰撞和心灵交流的动态过程，也即体现着互为主体之间的关系，并由此共同营造出一种对话教学氛围。而传统的语文教学，是在以教师为中心、课堂为中心、教学为中心思想指导下建立起来的课堂教学，整个教学体现的是语文教师权威、知识本位的价值取向，教学最大的问题就是师生之间缺乏真正意义上的沟通，它忽略了语文教学的本真意义——交往与对话，很少关注学生的反应，学生没有真正意义上的对话权。

可以说，新课标提出的平等对话是对过去教师权威的一种反叛，是与独白相对的一种言语形式。其对话的关键词是“平等”，而“平等”强调的是人格意义的平等，把教师和学生看成是同等意义上的“人”，平等的“人”。因为从“知”的角度讲，教师和学生只是先知与后知的关系，不存在地位的高低尊卑关系；从“情”的角度看，学生与教师一样具有独立的人格，有个体体验，有独特的内心世界、有自主的选择权利，有自己情感倾向。因此，教师与学生之间人格是平等的。语文教学的过程就是在平等交往中的对话。这种对话，并不能简单地理解为语文课堂上的师生问答，还意味着师生共同参与、倾听、表达、探讨、沟通、评价、欣赏、分享，强调的是师生心灵的相互沟通，每个人都有所“听”，有所“思”，有所“说”。师生之间相互尊重、信任，在对话主体各自向对方的“精神敞开”和“彼此接纳”中，围绕有关内容，进行理性的碰撞和情感的交流，通过多向沟通，共同学习、共同分享对话的收获。这样就将过去“教师为中心”的师生之间的“我—他”关系，变成了师生之间的“我—你”关系。正如巴西著名教育家弗莱雷所说，“通过对话，学生的教师和教师的学生不复存在，代之而起的是新的术语：教师式学生及学生式教师。教师不再仅仅去教而且也通过对话被教，学生在被教的同时，也同时在教，他们共同对整个成长过程负责。”可见，新课标提倡语文教学应在师生平等对话的过程中进行，其目的不仅在于去构建语文知识，发展语文能力，更在于在对话的学习过程中，师生共同提高，共同发展；同时，让学生学会学习，形成乐与他人合作的意识，培养协作、团结的精神和民主行为的能力，最终提高语文综合素养。

二、语文教学中师生对话的原则

1. 民主、平等原则

在语文教学中，教师和学生的关系就是教学中最基本的人际关系，这种人际关系方式的如何体现，将直接制约着师生的思维和行为方式。传统教学中师生之间体现的是一种不平等的权威依从关系，学生的人格不平等，学生只是被动地学，很难被尊重。而新课标提倡教学平等对话就是要改变这一不足，形成一种新型的关系。与传统的师生不平等教学状态相比，对话状态的语文教学，则是在师生相互平等的前提下开展的。民主、平等就是语文教学对话的首要原则。教学中必须建立这样一种师生关系，给学生心理安全感和心理自由感。要尊重学生的独立人格，将学生看成学习的主人，为学生提供一个公平参与的机会，提供交互式的对话学习平台，使学生在心理安全和心理自由的氛围下有主动参与、对话体验的机会和愿望，产生师生和谐的对话场面。

2. 沟通性原则

沟通，是对话的基础。教学中能不能对起“话”来，关键在于教师与学生能不能进行心灵的沟通。作为语文教师，要善于去体会学生作为独特个体的需要和情感，从而充分信任学生，尊重学生，而不是把学生看成年幼无知、问题众多的人而强迫其服从自己的意志，接受自己的知识。新课标强调教学中的对话，突出的是师生之间的沟通，这种沟通不仅仅是师生之间通过语言进行一般的交流和争鸣，更应体现的是师生之间在民主基础上进行的平等的心灵沟通，教师要有宽容大度的胸怀，这样，师生之间真诚地倾听，相互地包容，真正敞开自己的心灵，彼此在对话与理解中接纳对方。在此愉悦的心灵的沟通中，使语文教学中师生之间的对话走向心灵的深处，获得最佳效果。

3. 适度性原则

科学性原则是就教学中师生对话的话题而言的。教学中对话氛围营造起来后，要使对话能够延续下去，对话的内容就应体现适度、适当，并有探讨的兴趣和价值。如果对话内容超越了学生现有的知识能力水平，即难度过大、过高，学生难以展开对话，就会挫伤学生对话的积极性；如果对话的内容太低而缺少价值，就不能满足学生的要求，也不能吸引学生对话的兴趣。因此，要展开语文教学中的对话，教师在话题的设置时必须从教学的实际内容出发，从学生的接受能力出发，找准师生能够相互沟通、深入对话的切入点，体现适度性，这样学生才会乐于参与、乐于对话。

4. 开放性原则

要走进新课标提倡的语文教学的对话之中，就应该体现教学对话的开放性。教学中，在把握教学内容的基础上，应体现以下几个开放：一是对话形式的开放，形式自由；二是对话内容的开放，在把准教学目标的基础上，对话话题不能仅来自于教师，应该允许学生有自己的思考，允许有自己的个体体验和理解；三是对话场景的开放，即教学对话不局限于课堂，打破语文与生活之间的“厚障壁”，让语文课堂与社会生活课堂结合，使对话在多元的开放性中体现其价值。

5. 过程生成性原则

语文教学的师生对话，虽然也关注结果，但关注的重点却在于对话的过程，关注的是这个对话过程中的学生的对话实践、对话体验，是让学生在对话的过程中学习对话，学会对话，在对话中生成，在生成中构建，在构建中发展。教学中，教师要尽可能创造对话的情景，提供对话的实践，提高对话过程的质量，让学生在饶有兴趣的对话中不断地生成与发展，从而获得语文综合素养的提高。

三、怎样进行教学对话

（一）营造一个多元而真诚的对话空间

1. 营造和谐、民主、平等的教学氛围，唤醒学生的对话意识

前面已说过，新课程提倡教师在人格上与学生平等，因此，教师必须尊重学生的人格，要营造一个和谐、民主、平等、真诚、信任、互动的对话氛围，否则，就没有真正意义上的对话。要做到此，教师要从传统的高高在上的权威地位中走出来，放下架子，避免语言的霸权，归还学生的话语权，努力缩短与学生的心理距离，以平等的姿态和亲和的语言与学生对话，让学生感到亲切；以热情而尊重的态度对待学生的看法，让学生乐于对话，真正唤醒学生的对话意识。

2. 具有悦纳宽容的态度

教学对话是通过交谈和倾听而进行的相互沟通。对话中，对待学生的态度，将对学生的对话情绪产生直接的影响。而对话中的悦纳宽容态度，可以使对话走向深入。“悦纳”体现的是一种愉快地接纳，在倾听学生的话语时不能心不在焉，不耐烦，而应认真倾听；而“宽容”则能在对话中容纳下学生不同的观点（即使是相反的观点），允许出错，对极端的观点能加以巧妙地引导。同时，配之以认可的态势语言，让学生感到老师乐意与我对话，体会到对话的一种和谐感、兴奋感、愉悦感。在悦纳宽容的态度下，促进师生对话的和谐、持续地发展。

3. 目中有全体学生

教学对话中，教师目中应有全体学生，不能重视一部分，放弃一部分，不能关注一批，忽略一批，而要让不同层次的学生都积极思考，提供公平的对话机会。同时，要乐于与不同层次的学生对话，让每一位学生都感受到老师的关爱，乐于参与到对话中来。因此，教师的每一个眼神，每一句话，每一个动作，都应该让学生感觉到老师在关注自己，没有忽略自己。这样才能使新课标中提倡的教学对话落到实处，健康发展。

（二）实施语文教学对话的途径

语文教学内容是多元的，教学对话也是多元的，自然教学对话的途径也是丰富的。

1. 课堂教学对话是主渠道

课堂是语文教学的主阵地，更是语文阅读教学开展师生“对话”的主渠道。《全日制义务教育语文课程标准（实验稿）》在“教学建议”中指出：“阅读教学是学生、教师、文本之间对话的过程。”这是语文教学对话的重要组成部分。要使师生在教学中对话达到完满的效果，首先是教师和学生各自与文本的阅读对话，与作者进行心灵与心灵的对话，而后师生之间要善于借助文本这一中介，开放课堂，进行教学对话，将学生与文本的对话、师生之间的对话、生生之间的对话激活起来，让课堂真正成为一个多元的立体交叉的对话场所。

课堂教学中的对话要高质量完成，应注意以下几个方面。

（1）巧设话题。

找准有价值的对话话题，才能搭建好对话的舞台，才能提高阅读质量。语文教学中师生对话话题一般分为三种。一是预设式对话话题，即教师根据学生对象、文体特点和教学内容设计好对话内容。二是生成性对话，即课前没能预设到的而在教学过程中因为师生新的感悟和思维的碰撞临时形成新的话题，由此而开展对话。三是根据学生的独立阅读和思考，质疑问难，就学生的问题而产生的师生对话。

王尚文教授指出：“在阅读教学中，……教学不是告知、传递、赠送，而是设计导致学生产生某种感受、理解、体验的‘碰撞’，让碰撞去产生它本身内必然产生的效应。”为了使教学的对话更有质量，不论哪一种对话都应该设置好对话主题。如重点问题、难点问题、焦点问题、疑点问题，尤其是牵一发而动全身的问题和学生在理解感受上的困惑问题。教师要善于设计“碰撞”点，激发对话期待，营造阅读氛围，引导学生通过对话去深入地理解，必将提升学生的思维层次。

教学中设置的对话话题应突出趣味性、适度性、开放性、启发性的特点。话题的有效设置和特点的把握，能够有效地激发学生潜在的对话欲和表现欲，使学生积极地参与其中，从而获取知识，提高能力，增长智慧。在这里需要特别指出的是，话题的设置尤其要注意动态的变化，在交互对话的碰撞中不断地生成新的话题。这样，才能带来对话的真正价值。

（2）换位思考

要想了解学生、走进学生的心灵，去把握住学生的思想跳动的脉搏，就应该在对话中进行换位思维，即让双方各自站在对方的立场上思考、说话、做事。

教师多站在学生的角度考虑，处在这样的年龄特点、能力层次会怎样看待问题？处在这样学段的学生有怎样的心理特点？会有怎样的承受能力？常常这样思考，就会在对话中心存宽容之心，尊重学生的个性理解和体验。设置话题时也就更具有针对性、可交流性和实效性。同时，让学生也多站在教师的角度思考，甚至根据情况让学生来设计课、上课，组织教学内容，设计话题，选择教学方式，借助这一过程让学生来体验教师角色。

通过换位思考，可以促成师生双方进一步了解和理解，使新课标中语文教学对话得以有效地开展。课堂教学过程中，学生也会因为对话实现了师生真正意义上的平等而变得兴奋、活跃，主动参与程度就会大幅度提高，思维就会被激活，就能达到语文对话教学的目的。

2. 借助写作进行心灵对话是有效途径

语文教学中师生对话强调的是过程，而这个过程不要仅仅局限在狭窄的范围里。写作是学生心灵和情感的倾诉与释放，是师生沟通的书面形式，这正为师生心灵对话搭建了一个大舞台。教学中要把握好这一对话的“园地”，去共同耕耘，获得丰收。

要做到这一点，要提倡学生自由作文，鼓励个性化，形式不拘，如周记、随笔、读书札记等。让学生的情感得以释放，对生活的认识得以倾诉，对读书的体会得以抒发。学生一旦释放、宣泄和自我展示，都渴望自己的作文能得到老师的关注和喜爱，并得到积极的回应。针对这一心理特点，教师就应该利用这一平台，以平等的交流者、欣赏者和热心读者的身份出现，用自己的心灵去感受学生的心灵，以自己的真诚去感受真诚，用欣赏的意识去捕捉学生作文中可贵的闪光点，让学生体验精神上的满足，以增强学生作文的信心，以实现人格对等上的灵魂交融以及相互信赖氛围下的心灵对话。同时，教师应是学生心理疏导的知心朋友，对学生作文中反映出来的种种心理问题和认识误区，或抚慰、或点拨、或疏导、或交流，给以真心的关爱。这样的对话就会拉近师生之间的距离。学生在写作时，心目中就有了一个朋友，一个可以倾诉、宣泄、交流的值得信赖的朋友；这样，学生就可能喜爱写作，就会乐于敞开心灵，抒写真情，与老师交流。学生在这样的写作教学对话过程中，就会逐步提高他们自己的书面语言表达能力。

3. 生活教学对话是有效途径

新课标强调在生活中学习语文，在生活中运用语文，在学习与运用中提高语文能力。因此，语文教学对话的过程，不能忽略学生的课外生活。语文课外活动是“对话”教学的生活舞台。教学对话中，作为教学的组织者、引导者，既要把学生已有的生活经验引进阅读中来，还要善于把学得的知识延伸到生活中去，开展丰富多彩的语文活动（如观察、调查、影评、文学沙龙等），注入时代的活水，调动学生对生活的感受。这样，师生之间就能以文本和生活为中介，进行生动而丰富的对话，师生间相互交流，相互质疑，相互碰撞，将对话者的视野引向更为广阔的现实世界，从课内到课外，又从课外到课内，形成一个不断循环而又始终开放的语文教学对话过程。真正在平等对话中增长知识，共同发展。

语文教学师生对话的途径是多样的，只要有语文现象的存在，就可进行对话。

当然，语文教学中的平等对话并不是忽略教师的作用，“教师是平等中的首席者，在交往中要有一定的预见性和引导性，教师的作用表现在对教育资料的选择加工以及对所选择的教育内容进行‘激活’，使它为学生所喜闻乐见，诱导学生参与其中”（瞿葆奎《中国教育研究新进展·2001》，华东师范大学出版社 2003 年）。

有一位大师曾说过：你有一个苹果，我有一个苹果，相互交换，每个人还是一个苹果，但如果你有一种思想，我也有一种思想，相互交换后，每个人则都有两种思想。这话很值得品味。语文教学过程中师生的对话，就是一种思想的交换。只要我们认真体会新课标相关精神，在思想上重视，在行动上落实，互动对话，畅所欲言，师生就能共享知识，共同发展。这样，语文教学就会出现生动活泼的动态局面，新课标语文教学得以师生平等对话的过程中进行，如此新课标理念就会显现出最大的价值。

现代语文学习方式下的课堂教学策略

教育必须以学生的发展为本，而学生的发展必须以相应的学习行为来保证。要做到这一点，每一个学科都应该共同努力，而语文教育更应该完成好新课程改革所赋予的使命。应借助课程改革的冲击力，抓住时机，来一场现代语文课堂教学的暴风雨，进行一次语文教育思想的革命，对传统的语文学习方式进行深刻反思，在批判中建设，在继承中革新，从而以现代语文学习方式的理念来确立现代的语文课堂教学策略。

一、现代语文学习方式的主旋律——自主、合作、探究、体验

社会的多元性决定着教育的多元性，教育的多元性必然带来学习方式的多样性。单一接受性的学习方式向现代学习方式的转变已是必然。学习方式作为学生在完成学习任务过程中所体现出来的基本的行为和认知取向，其优劣直接关系着教学质量的高低。

正因此，《全日制义务教育语文课程标准（实验稿）》在“课程的基本理念”第三条明确提出：“积极倡导自主、合作、探究的学习方式。”这告诉我们：现代语文学习方式的主旋律，就是自主、合作、探究。与他主学习把学习建立在人的客体性、受动性和依赖性的基础上相反，自主学习是把学习建立在人的主体性、能动性和独立性基础上，强调学生是学习语文的真正主人，学生有真实的体验，有选择学习的自由。合作学习是指在共同的目标下，从学习活动中的集体性出发，构建了以师生互动、生生互动、多向互动为基本特征的语文课堂教学组织形式。强调的是学习者全员的参与、相互的配合、积极的互动、资源的共享，通过共同的协作学习来完成相应的语文教学目标，并促进学生的个性与群体的协同发展。探究学习则是在教师的指导下，学生根据各自的爱好、兴趣、条件，从学科领域中选择学习对象，确定探究的问题，通过学生自主或与人合作地发现问题，借助调查、搜集与处理信息、表达与合作交流信息等探索活动，从而获得知识、方法，培养发现问题、解决问题能力的一种学习过程。

强调学生探索语文新知的经历和体验，让学生真正学会思考、学会创新，发展个性和特长，为终身学习打下坚实的基础。现代语文学习方式类型很多，以上仅就主要方式进行了阐释。这里要特别说明的是，接受性学习仍然是现代语文学习方式之一，具有一定的有效性和合理性，在传承文化上有着重要作用。只不过我们要创造性地运用接受学习，避免接受式学习的弱点，让接受学习为现代学习服务。

语文学习方式的这一变革，既是现代语文课堂教学改革的核心，也是语文课程改革的亮点。这是对语文传统学习方式的现状及弊端深刻反思的结果，也是培养现代人所决定的。可以说，语文学习方式的变革意味着课堂教学中人际关系的变化。

二、新理念学习方式下的现代语文课堂教学策略

语文学习方式的革命必须对语文教学方式进行彻底的革命，现代学习方式的价值的真正实现也必须探索相应的语文教学策略才能保证。新课标提倡学生主动地合作地探究地学习，但是受传统的学习习惯的影响，学生是不会自然而然地成为学习活动的主人的。在什么样的情境下学生才能自觉成为学习的主人，才能有学习的主动性，这就涉及了语文课堂教学策略的问题。

那么，什么是现代语文课堂教学策略？从心理学意义上看，策略就是计谋方法、谋略意识。而语文教学策略不能狭隘地理解为教学方法和简单的措施。我们这里所说现代语文课堂教学策略，就是在语文课堂教学活动中，教师根据学生特点、学习内容，依据现代学习方式，运用一定的心理学知识和教学理论去设计具体的教学情境，从而去解决实际问题并获得最大效果的谋略。这种策略将理论与方法有机结合，既是较高层次的教学方法，又是较低层次的教学理论，落脚点是解决教学中的实际问题，着眼于学生语文能力的发展，培养其创新精神和实践能力。这是语文课程改革中现代课堂教学必须思考的核心问题之一。

语文教学策略涉及方方面面，下面从上面所论及的现代语文学习方式来思考现代教学策略，择其要者进行探讨。

1. 学生主动参与、体验的教学策略

学生自主、合作、探究学习必须以学生主动参与、体验才能达到效果，主动参与、体验的关键是学生主体的参与度和体验状态。学生一旦参与、体验就

能满足他们的表现、合作、交流的欲望，促进积极的思维。而要做到这一点，需要教师外在的激励和培养。

（1）建立新型的师生关系，营造民主学习的环境，给学生心理安全感和心理自由感。即教师要放下尊严，要尊重学生的独立人格及其主体性，建立一种平等、和谐、互动的师生关系，要有师生是课堂教学情境的共同创造者、欣赏者的意识，促进学生主动参与。师生关系在前面“处理好七种基本关系”中有所论及，这里不赘述。

（2）精心组织学习活动。教师少讲解，重点拨、诱导，多给学生更多的自主权，使学生有选择学习内容、学习方法、学习伙伴的权利。学生就“可以尽情展现自由天性中最率真的一面，真切地感受到自己生命的尊严与价值，感受到生命情感的涌动和成长”（李朝晖《课程教学》），使学生的学习成为有效的、高效的学习。

（3）创设体验情境，获得感悟。针对不同的教学内容，设计不同的体验情境。比如创设分角色朗读、课本剧表演等情境，让学生借助原有的知识在不同的情境体验中去感悟，积累经验，内化知识，形成技能，升华情感，获得真实的收获。

2. 交往教学策略

现代语文学习方式提倡合作、探究的形式，就必须确立交往在现代课堂教学中的地位。因为教学是以促进学生发展为目的的特殊交往，课堂上师生间的交往是教的活动和学的活动的接合点，师生双方在教学中结成互为主体的关系。苏霍姆林斯基说：“学校里的学习不是毫无热情地把知识从一个头脑里装入另一个头脑里，而是师生之间每时每刻都在进行心灵的接触。”整个语文课堂是师生群体在多种形式交互作用的活动，充盈着师生之间的一种精神氛围，师生在交往过程中共同获得发展。要做到这一点，必须要有恰当的语文交往策略来实现。没有策略的引导，学生是难以主动通过交往进行合作的；没有合作，合作学习、探究学习就只能是一句空话，只能是写在《课标》里面的一个毫无实际价值的名词术语。因此，教学中的交往策略非常重要。

（1）优化教学组织形式。语文交往教学策略应以组内探讨、组际交流为主要教学组织形式。以“组内异质、组间同质”的原则把学生分成 4 ~ 6 人的小组，以确定共同的学习任务，凝聚组内成员的巨大力量，以保证每一个成员都能达到相应的目标。做好三点：第一，师生交往应有“合力”，这种交往必须是融洽的、坦诚的、平等的、开放的、互相包容、尊重和互相支持的；第二，生生交往，分工合作，体现互补，每一位组员都应担任学习中特定的角色，而且轮流担任，增强生生互动的有效性；第三，多向交往，强调互动，即全员交往互动，师生交往互动、生生交往互动、师师交往互动，让课堂信息交流网络体现出纵横交错的多维立体特征，交往者都能够真切地感受到自我价值的存在。

（2）语文课堂教学要构建新的空间形态。以现代学习方式的理念，根据教学内容的需要，将传统的“种田型”的空间形态（课桌椅的纵横整齐排列，学生横成行、纵成列，全体向着老师）适当地改变为“方块形”“半圆形”“圆形”等多种利于学生交往的开放式学习群体的空间形态，教师可以在组间巡视，了解交往学习活动的进展情况，随时与学生交流意见，及时针对学生难以解决的问题进行点拨。

（3）强调整体效果，使人人全身心参与。小组交往学习是建立在一定的共同目标之上的集体学习行为，小组成员的努力程度直接关系着共同目标能否实现。因此，对小组交往学习效果的评价应放在小组成员共同完成目标情况的评价上。

3. 问题教学策略

变革语文学习方式的目的之一，就是培养学生的创新精神和实践能力，为终身学习打下基础。而要做到这一点，语文课堂教学必须实施问题教学。问题教学策略，就是在设计教学过程中，从问题出发，有意识地去培养学生的问题意识，让学生勇于探究，敢于思考，大胆创新。然而，在中国传统教育教学之中，最大的问题是学生没有问题，更没有有价值的问题。这是教学的失误，无形中就钳制了学生的创造性。我们必须借现代语文学习方式改变这一教学现状，加强问题意识教学。

（1）创设宽松环境，开放提问时空，营造心理安全氛围，让学生敢问，唤醒学生乐问的主体意识。目前，有的语文课堂只是一种虚假的开放，让学生思考、讨论，并没有给学生真正意义上的思考时间，只是走一走过场。要让学生在自主学习基础上质疑，必须杜绝这种虚假现象。

（2）引导学生善于发现问题。袁振国先生在他的《教育新理念》中认为良好的教育、优秀的教师、先进的方法“就在于在没有问题的地方发现问题，在没有机会的地方发现机会，在没有道路的地方开辟道路，有问题虽然不一定能创造，但没有问题一定不能创造”。这一观点突出了问题意识的重要性。语文教学中要鼓励学生打破思维的定势，引导学生思维的发散和求异，善于在有疑或无疑中大胆质疑，不迷信权威，不盲从，不满足已有的答案，勇于发表自己的观点或与名家探讨。这样，就能使学生对大脑中已有的分类系统和固有的见解进行再思考，改变原有的先入为主的做法，打破传统经验的影响，让已有的信息进行重新组合，从而跨越成见的束缚，让创新的思想得以确立。

（3）加强体验，催生问题。语文世界，丰富多彩，要善于创设探讨的情境，不断提供探究的机会，让学生在具体的情境体验、探究中独立思考，在合作体验中进行思维的碰撞，催生问题，发现问题。让问题与思考不断反复，形成一种思考问题的习惯，在长期的良性循环之下，使学生的认识逐步深入，由量的积累引起质的飞跃，从而开拓创新。

4. 分层次教学策略

客观地说，学生接受知识的快慢，自主学习的理解层次，合作中的参与度，探究中问题的深浅，都千差万别。目前我国各地基本是分班授课制，一般情况下一个班学生在 50 人左右。这在我国现有条件下是无法改变的。可是集体授课却忽视了学生之间客观存在的差距，要让这么多学生在统一授课中都获得好的发展是根本不可能的，要使语文提倡的自主、合作、探究的现代学习方式发挥巨大的作用，使不同层次的人都能在愉快的学习中获得最大的发展，必须实施分层递进教学策略。

苏联教育家维果茨基的“最近发展区”理论认为，每个学生都存在着两种发展水平：一是现有的水平，二是潜在的水平。两种水平之间的区域被称为“最近发展区”或“最佳教学区”。认为教学只有从这两种水平的个体差异出发，把最近发展区转化为现有发展水平，并不断地创造更高水平的最近发展区，才能促进学生的发展。而分层递进教学正是根据学生学习中发展水平的可能性将全班学生分为多个层次，并针对不同层次学生的基础实施教学活动，使教学的各个环节、内容以及方法更符合同层次学生的知识水平和接受能力，从而保证整个教学与各层次学生的最近发展区相适应，并不断地把发展区变为现有发展水平，使学生的认知水平不断提高。

（1）分层策略：异质建组，合作学习。

把不同层次的学生分成不同组别，必须科学恰当。具体方法，在教师明确分层的目的之后，第一，教师根据学习成绩大致分层；第二，学生根据自己的具体学习情况自报层次；第三，教师根据平时对学生的综合观察及问卷调查与访谈情况进行具体分析；第四，从内在潜力与非智力因素看学生的发展；最后在综合分析的基础上比较客观地进行分层。由于层次相同，差距的心理压力减小，这就为合作学习提供了可能。当然，学生分层不是固定的，而是以动态发展的观点根据学生的学习变化随时进行相应层次的调整，鼓励学生由低层次向较高层次递进，增强学生学习的信心，避免分层次带来的负效应。

（2）目标策略：依层确定，分步达标。

由于学生知识的掌握、思维的层次、探究的深浅度等不同，教学目标自然不能统一。分层目标可根据学生的实际水平和发展潜能，将所学内容确定为基本目标、提高目标、发展目标。整体要达到基本目标要求，可以超发展目标，使目标层次与各类学生现有发展水平（最近发展区）相适应。同时又要为学生自主选择目标提供可能，让学生有自主学习权。层间目标难易的梯度不宜过大，让各类学生至少达到低层次目标，同时还要鼓励、激发、帮助他们向高层次目标迈进。

（3）操作策略：合分结合，自主互动。

在具体操作上，应做到合分结合，自主互动。首先是“合”。“合”主要在于面向全体，先在“合”中进行集体讲授，明确基本目标，进行思维上的启迪、方法上的点拨。然后在“分”的基础上再“合”，这次的“合”重在反馈、质疑、答疑、互动、整合、小结和提高。其次，在“合”的基础上“分”，分小组进行学习。分层次在要求上应有所区别，对高、中层次的组别目标应高一些，先采用自主学习与小组合作、探究学习结合，达到优势互补。对低层次的组别，目标可低一点（但是必须保证基本目标），先由教师进行有针对性地指导学习，培养学习习惯，所思考和讨论的问题要体现平缓的梯度，逐渐放手并提高目标，然后学生进行合作、互动学习，对未能解决的问题进行交流、讨论。真正让学生在同步异步差异互补的课堂教学环境中，其知识、能力层次得到相应的发展，并逐渐提高。

5. 评价教学策略

语文学习方式的改变，评价策略必然要有相应的改变。教师应着眼于语文能力的发展，以层次性、过程性、多元性、激励性等方面作为评价的策略。其内容不仅是知识、技能与其他多种能力，而且包括情感、态度与价值观。

（1）分层评价，体现公平。现代语文学习方式强调自主、合作学习，立足于给每一位学生提供展示自己的机会，使所有学生能够在已有的基础上获得实实在在的发展。因此，评价应分层看待，才能体现公平，利于激励学习。可以把个人评价改为小组集体评价，以小组总体成绩确定认可程度的依据，形成“组内成员合作，组间成员竞争”的新格局，使得评价的重心由鼓励个人竞争达标转向小组成员合作达标。同时，把学生的着力点定位在争取不断地进步与提高上，加强自己与过去的对比，只要比自己过去有进步就算达到了基本目标。另外，在测评中，可按好中差三个层次分成几个小组，将相近层次的同学安排在一个小组进行测验（测验的难度可以有所不同）。评价时，将优生小组的第一名，中等生小组的第一名及学困生小组的第一名所得的分值同等看待，这样让学生无一例外地看到自己的进步，这种“不求人人成功，但求人人进步”的评价理念，必将激发学生尤其是后进生的学习积极性，有利于学生在现有基础上获得最大的发展。

（2）定性定量结合，过程、结论评价并重，融入情感、态度与价值观的评价。学习结论重要，但是过程更重要。语文自主、合作、探究的学习方式更强调学生的参与过程、体验过程、思维过程。因此，在实施现代语文学习方式中，我们的评价必须将结论与过程结合起来，尤其是过程。同时要关注学生多方面的发展，将情感、态度、价值观纳入评价范围，着重评价学生在学习活动中参与程度、合作态度、探究精神、创新意识，看看是否在学习中主动发现、探索问题；是否积极与他人交流，是否努力地为解决问题去搜集信息、整理资料；观察其得出结论的过程。只有将定性（如兴趣、态度、情感）与定量（知识掌握）、过程与期末测试多方面的评价结合起来，才能使评价过程动态化、合理化、科学化、系统化。这样就能更好地发挥评价的导向功能。

（3）淡化名次排队，关注个性差异，重视鼓励，注重发展的评价。《全日制义务教育语文课程标准（实验稿）》指出：“在评价时要尊重学生的个体差异，促进每个学生的健康发展。”由于每个学生存在各方面的个体差异，学习方式会有自己的特点，学习结果也会丰富多样。所以评价中还须引入“个体标准”。即以每一个个体的现实基础和条件为依据，从发展、变化、进步的角度来评价。着重评价学生这一个体在学习过程中的行为习惯，学习方法的选择，学习的欲望，前后结果的对比。激励学生勇于尝试，勇于自我表现与张扬个性，鼓励冒尖，同时允许失败，不要吝啬对学生的表扬。在这种评价过程中，教师可将成长记录袋、表现性评价、情景模拟、成果展示等方法结合起来，它能促使学生在对自己过去、现在和未来的认识中增强自信，发挥创新潜能。

（4）体现评价主体的多元化。语文评价主体的多元化策略，指的是由教师、学生、伙伴、家长等多种角色共同担当评价的主体，对学生的不同方面进行评价。在现代学习方式的体验活动中，对其收获最了解的应是学生自己和学习合作伙伴。因此，在评价中，除了教师和学校评价外，更要重视学生的自我评价。方法可以让学生对照自己的目标，也可以在教师的帮助下根据外部评价指标进行，甚至可以让学生自拟测试题，自评检测结果。让每位学生对在现代学习方式中学习的体验、成长、收获、教训等多方面进行反思和作出客观的评价，有助于后面学习的改进和优化。同时，加强合作学习伙伴的互评，增强针对性，互相鼓励、互相监督、互相促进。另外，家长则可以根据对学生的观察、了解，看看学生在新的学习方式下的效果前后变化，学习态度有否转变等方面作出评价。可以说，通过恰当的自我评价，学生能够充分体验成长的乐趣，并由此产生自我激励的内在动力，促进自己更加积极主动参与学习，提高自我监控能力，进而培养学生自我发展的能力。而其他评价主体的参与，不仅增加了评价的客观性和全面性，而且促进了被评对象的积极反思与改进，从而在多向评价互动中促进学生的健康发展。

从现代语文学习方式来确立现代语文课堂的教学策略，是提高语文课堂教学质量的有效保证。以上仅从五个方面阐述了现代课堂教学策略，其他方面不能一一论及。只要我们在思想上高度重视，在行动上真正落实，深刻领悟现代语文学习方式的内涵，并结合学校的具体情况和学生的组成结构，着眼于学生终身的发展，就会形成适合自己学校特点的语文教学策略，从而真正带来现代语文课堂教学策略的可喜局面:培养出了具有可持续发展的富有个性的现代人，具有创新精神和实践能力的人。到那时，我们才能无愧地说：我们托起了明天的太阳。

提升教学效益要重视整合

现代教学着眼于学生的发展，突出学生综合能力的培养，这就需要整合教学。在当今知识爆炸并走向多元的社会，随着边缘学科的迅速发展，其知识往往不是单一学科的简单体现，各学科知识之间的交叉、渗透更趋明显。语文学科更是以得天独厚的条件，融哲学、历史、生物、物理、化学、天文学、伦理学等于一体。现代学习方式着眼于培养学生的语文素养，整合教学价值取向更显重要。语文整合教学策略就是将各学科知识看作是一个完整而复杂的整体系统，其核心强调的就是系统内各要素的整体协调，相互渗透，力求避免用孤立的、片面的、静止的、封闭的观点来认识问题和解决问题，而是用整体的、联系的、动态的、开放的、立体的观点来认识问题和处理问题。从而培养学生的整合思维意识，提高学生综合素质。

（1）教法与学法的整合。现代语文学习方式的目的之一就是让学生“学会求知”，培养学生终身学习的能力。“教学”，就是“教”与“学”的相互促进。然而，长期以来，“教”与“学”是分离的，只有“教”而无“学”。美国认知心理学家奥苏贝尔认为，好的学法往往是以好的教法为前提而获得的，好的教法又是为了保证好的学法得以运用而选定的。因此，教法和学法必须统一。语文教法要多样化，重点指导“学”，开展一定的学法课，激发学生主动探索知识的欲望，让学生在学中摸索学习规律，获得成功的喜悦；同时，让“学”的效果反过来优化教法，使教法更有利于指导“学”。这样有意识地将两种要素整合，就可以互相促进，互相优化，就能让学生在获得知识、技能的同时，达到叶圣陶先生的“‘教’是为了不教”的高境界，真正获得学会认知的能力，并终身受益。

（2）各学科之间的整合。在当今创新的信息社会，文科之间、理科之间、文科与理科之间知识的相互渗透在教材上及生活中随处可见。语文学科与其他学科知识的相互渗透更加凸显。比如，初中教材以“月亮”为话题的“探索月球奥秘”，以“女娲造人”为引子的“追寻人类起源”等内容，探究的触角可以延伸到历史、文学，延伸到地理、生物、天文、物理等学科知识。因此，语文教学中就应有意识地将各学科知识加以有机渗透，合理延伸，进行立体的开放的动态的整合教学，使学生多层次、多范围、多角度去感受、领悟，获得全方位的知识和技能，使形象思维和抽象思维能力都得到发展。

（3）课内外、多课堂整合。变革语文学习方式，目的之一就是为了培养在社会上具有竞争实力的人才。因此，我们必须真正树立“大语文教育”的观念，由封闭走向开放，拓宽学习语文的渠道。协同论原理告诉我们：系统内部各要素之间只有发生广泛的联系才能产生合作、协调、同步和互补的效应。而一个人所具有的知识之间的联系越多，整合越好，则思路越宽，思维越活，能力越能得到发展。因此，教学中应有意识进行课内外整合教学。在以学校课堂（第一课堂）为主的前提下，必须与课外语文活动（第二课堂）、社会生活课堂（第三课堂）有机结合。让学生加强体验，充实知识，获得实践能力。

这一观点在前面《我的语文教育观》“容纳百川的立体语文教育观”中有所论及，这里不再赘述。

（4）传统教学手段与现代教学手段的整合。随着信息社会的高度发展，原有的单一、落后的教学手段已远远不能承载瞬息万变的社会信息，难以满足现代学习方式中自主、探究学习的需要。语文教学要开辟新路，走向世界，必须充分利用现代教育技术的先进性和多种优势，与传统教育手段的整合，优化教学手段，拓展认识空间，加强直观感受，达到优势互补，并以此来提高教学效果。

教学中要有整合意识，并在实践中加以践行，拓宽教学的思路，提升教学的效益。

调控教学策略的几个要点

语文课堂教学过程，是一个对学生的学习心理过程和学习行为进行调控的过程。现代学习方式强调的是以自主、合作、探究为主的方式，具有开放性，而要获得这种学习方式带来的课堂教学效果和质量，如果不加强监控和调整，让自主学习和合作学习各自为政或放任自流，那么这种现代的学习方式就会流于形式。教学中如不加以有效控制，就如断线的“风筝”很快失去风采，失去放飞的价值，导致学习效率和质量低下。因此，教学中的“放”必须加以控制，才能保证“放”的实效。

一、定向调控

语文定向调控就是一种目标的控制。自主、合作、探究就是一种“放”，这一“放”总是为完成一定的目标进行的，正如“放风筝”要展现它的风姿必须由操作者借助“线”来控制一样，如果无的放矢，则导致其漫无边际地乱飞。教学中的“放”，既要让学生放开脚步自由走，同时还要与放线人有机配合、协调一致，朝既定目标迈进。这就要求教师在教学过程中，目标要聚焦，定向要准确。根据课堂学生参与交流情况，针对出现的偏向，及时进行调控，使课堂教学始终不偏离大方向。

二、期望效应调控

采用现代学习方式教学，我们往往对结果寄予了很大的希望，但是要把握好“度”。因为期望过高，学生感到自己难于达到目标而丧失信心，激不起求知欲望；期望过低，学生又感到索然无味，失去合作、探讨学习的积极性。因此，学习活动中要根据学生自主、合作的情况，随时增加活动的内容和调控任务的难度，以学生乐于接受的方式引导其不断地发现问题和探讨解决问题，使学生体验到成功的喜悦，激发自主、探究学习的欲望，逐渐将外部的期望转化为自身的内在期望，让调控发挥应有的作用。

三、过程调控

语文新课程理念强调过程，过程质量如何，直接关系到教学效果。在自主、合作和探究的学习过程中，既有独立的学习，又有小组合作，还有师生的探讨。总会遇到这样那样的问题，如自主学习的困惑，合作交往中的争执，相互猜忌的矛盾，探究中方法的偏向，目标指向性的偏离，等等。教师要善于观察，随时与学生交流获得反馈信息，及时针对问题进行调控，同时指导学生学会自我调控，使整个教学在自主、开放、有序、有效的过程中体现出现代学习方式的价值。

四、心理情绪调控

心理情绪调控就是从情感维度上对学习行为进行调控。过去重认知维度却忽略了心理情绪因素。根据认知心理学研究，在课堂教学中，师生的态度、情绪等因素会对整个学习活动的进展和最终效果产生重要的影响。因此，在教学策略上对自主、合作学习过程中出现的畏难心理或不和谐情绪，包括焦虑、消沉、沮丧、冷淡、发泄等情绪反应，要善于体察、捕捉并通过情感交流、沟通、引导进行及时调控，创设一种兴奋、喜悦的氛围，让刚刚产生的影响学习的消极情绪得到及时的控制，从而使学生在愉悦的心境下得到认知和情感需要的满足。同时教师要调控好自己的情绪，尤其是调控好看到学生存在问题或调皮时即将爆发的不良情绪，始终保持一种关心、大度、愉悦的心理状态，通过真诚的情感交流，增进师生的信任感，使教学情绪与课堂学习氛围和谐，并在情感上与学生产生共鸣，达到乐教乐学的效果，让学生爆发出最大的学习潜能，促进学习活动朝预定的目标顺利发展。

教学手段的发展趋向

新形势下，人们在思考着教育的走向。当今时代，是一个以高科技为导向的国际化、信息化、大数据、开放化的知识经济时代。这一时代，人才将作为一个国家振兴的决定性因素。因此，21 世纪是一个人才竞争的世纪。振兴国家需要人才，而人才的培养依赖于教育。“教育的发展水平，人才培养的数量和质量，直接关系着国际竞争能力和综合能力水平。”由此可以说，当今时代也是一个教育竞争的时代。如何培养出能够适应社会发展需要的高素质的复合型人才，使中华民族立于不败之地，必须走改革之路，向教育现代化迈进。

教育的改革是多方面的，而直接关系学生素质培养的教学手段和方法，更应看做是向现代化迈进的突破口，教师必须探索出一种更为合理、科学而先进的教学手段以适应飞速发展的信息社会，这就是传统教学手段与现代教学技术手段的整合。

传统的教学手段，是以教师为主，借助教科书、黑板、言语、文字及制图等有限的教学媒体实施教学。不可否认，传统的教学手段和方法在其特定的历史时期起到了应有的作用，做出了贡献。可是，到了社会发展的今天，这种手段已暴露出它的局限和落后，其承载信息的种类和能力，已经远远不能承载瞬息万变的信息，已无法满足当今学生求知的欲望。这种教学手段，学生的视听觉器官并没有完全被充分地调动起来，潜在的能力没能够得到充分的发挥，大脑没能得到全面开发，思维创造能力受到极大的限制，导致学生无法全方位多层次、多角度去掌握更多的知识和去感知、领悟客观世界，能力的培养受到限制。即使后来产生了电教手段如幻灯、投影、电影等教学媒体，其功能也只能是信息的单项传达，局限性仍然明显，难以在更大范围内提高教学质量。

如果当今和未来的教育，仍然是保持教师、学生和教材三要素，教学手段仍然仅仅依靠一本书、一支粉笔、一块黑板、一张嘴和简单的幻灯、投影等媒体进行教学，那我们每天都只能是从事大量极其繁重的重复而低效的劳动，师生获取的信息极为有限，培养高素质的人才只能是一句空话，这样下去，只能被时代所淘汰。因此，传统教学手段已经滞后，要培养具有竞争力的高素质人才，必须有相应的先进的教学手段和方法。

一、现代教育技术手段应广泛运用于教学

现代教育技术指的是应用于教育领域的现代科学技术，将信息技术作用于教学。现代教育技术发展是很快的。有人预言，世界范围内很快将会发生第四次大规模的教育技术革命。我们一定要认清形势，把握机遇，将先进的现代教育技术充分地运用到教学中来。

现代化的教育必须要有现代化的教育手段。要克服传统教学手段的弊端，必须引进现代教学技术手段，以教学手段和教学方法的现代化为突破口来引起教学领域各方面的深刻变化，才能与高速发展的信息社会接轨。

用现代教学技术手段，除了幻灯、投影、电影等外，可以利用以下信息技术进行教学：① 互联网通讯教学（含平板教学）；② 虚拟现实仿真教学；③ 多媒体计算机教学；④ 卫星广播远距离教学；⑤ 大数据分析。随着现代新技术的出现，随时可以不断地丰富和完善教学手段。这些现代教学手段的运用，可以使教学体现以下特点。

（1）变“原有的教学过程中教师、学生、教材三要素的关系”为“教师、学生、教材、信息技术四个要素的关系”，改变了课堂教学的固有模式。变“教师的讲解为主”为“设计教材为主”；变“学生被动接受”为“自主探究学习为主”；变“教师作为知识的传播者”为“学生学习的帮助者和指导者”，极大地调动了学生主动学习、探求知识的积极性。

（2）利用现代教学手段，可以把时空放大或缩小。借助它可以了解世界最新知识搜索丰富学习资源。这样就改革了单一的教学内容和教材形式，使教学走向社会，走向开放，为学生广泛地吸收知识提供了条件。

（3）借助现代技术媒体的声、图、文、色等优势，增强了教材的艺术感染力，可以充分调动学生的感觉器官，在具体而直观的作用下，有助于学生理解知识，有利于培养和发展学生的多种思维能力。

（4）提供了交互式的学习环境。一方面将媒体由教师的演示工具转化为学生的认知工具，由此可产生由学生控制的发现式学习环境和以学生为中心的超媒体的学习环境。另一方面提供了学生与媒体之间、学生与学生之间、学生与老师之间交互式的学习环境，大大增强了学习的效果。

（5）调动了学生手脑并用，培养了学生发现信息、捕捉信息、加工信息、数据分析信息的能力，使学习技能得到提高，为以后适应社会打下坚实基础。

现代教学手段的特点是明显的，优势是突出的。可以说，利用现代技术作为教学的手段，是教育改革的必走之路，它将促进教育观念、教学内容、教学体系的改变，使教学手段现代化，教学过程科学化。“通过人机交互，信息共享，不仅可以大大拓展教师和学生的视野，而且有利于培养学生创造性思想。”使师生“增强继续学习和终身学习的能力，从而提高对现代社会的适应能力”。展望未来，现代教学手段以其传统教学手段无与伦比的多功能优势，奠定了它在当今时代教育教学中的地位。

然而，任何一种事物，都不是十全十美的。我们在重视现代教育技术手段并将之运用于教学之中的同时，还应看到现代教学手段在教学中的不足。

现代教学手段的先进性、功能的多样性是不容否定的。但是，我们绝不能因为它的先进性就完全让它代替传统的教学手段，全盘否定传统教学手段的作用。有人秉持“技术决定论”，认为有了现代教育技术的运用，学校、教师和一般的教学媒体就无什么价值，这是过分夸大了“现代媒体技术”对教育和社会的作用。这是没有辩证而全面看问题的结果，只能让现代教育走向一个极端，从而限制教育的发展，这就违背了我们运用现代教学手段于教学以提高受教育者素质的初衷，这是没有看到现代教学手段在教学中的局限。

与传统教学手段相比，现代教学手段在教学中存在以下局限。

（1）现代教学手段本身无法设计和组织教学活动。教材的编制、教学的设计离不开教师，只有通过教师的设计作用于现代技术媒体，才能更好地发挥作用。

（2）现代教学手段对学生德、智、体、美、劳全面培养有其局限性。在“人”与“教学机器”的教学中，教师如果将其内容编入现代媒体，那么学生接触的是自然机体，这样对其智力的开发，信息的获取是有巨大作用的，然而在其思想、身体、心理及良好的品行上还不能体现较好的效果。“在这样的教学环境中成长起来的学生，对于品德涵义的理解与评价、品德行为的发生是存在障碍的。”因此，还必须依靠学校和教师，同时借助具体的教材和形式，有目的有计划有系统的工作。这是任何先进设备不能取代的。

（3）现代教学手段本身无法代替传统教育中潜移默化的作用。如果现代教学仅仅处于人机接触，淡化或忽视师生之间的直接交流，必将使学生心灵的塑造受到影响。因为传统教学手段可以让师生更好地面对面，借助言语、黑板和粉笔，进行思想和感情的交流，其言行、情感和人格力量让学生在潜移默化中受到熏陶。这也是现代教学手段难以达到的。

（4）现代教学手段本身无法发现学生潜在的才能，也难以有针对性地加以点拨和扶持。它更多的是靠执教者的发现并借助一定的媒体（含传统媒体）有针对性地指点和培养，这样学生的潜能才能不断发展。

为了避免这种局限性，寻找更加适合当今时代的教学手段，我们还应该看到传统教学手段具有的优势。

可以说，现代教学手段的局限很多方面正是传统教学手段的优势。

（1）传统教学手段可以让教师、学生、教材与黑板、粉笔等简单的教学媒体构成直接的联系。教师可以根据需要随时修改板书相关内容，而且可以根据学生掌握的情况及时反馈信息，及时调整教学方案，变化教学内容，这一灵活性避免了死板不变的教学程序，加强了教学针对性。

（2）传统教学手段潜移默化的影响较为明显。特定的环境，相关的材料，面对面的交流，学生之间相互的促进，都在潜移默化地影响着学生；同时教师用自己的人格力量，富有激情的语言，严谨的治学精神，丰富的知识，高尚的行为，漂亮整洁的板书，直接给学生以感染和影响，使他们在潜移默化中受到熏陶和教育，这一效果是现代教学手段无法达到的。

（3）传统教学手段有助于因材施教。传统教学手段较现代教学手段更能根据学生的实际情况进行分层次地施教，进行单独的辅导，有助于不同层次的学生都能得到相应的发展和提高。

除此之外，传统教学手段对于教学中出现的一些偶然性情况的处理以及对心理状态的调整都具有优势。

因此，在充分利用现代教育技术之时，不能顾此失彼，要注意两者的结合。

二、现代教学技术手段与传统教学手段的整合路径

现代教学技术手段与传统教学手段的整合，是未来 21 世纪现代化教育手段发展的方向。否定一方肯定一方都是错误的，要有意识地将两种教学手段进行有机“兼容”，做到整合性发展。这可以从以下几个方面着手。

（1）强化现代教育技术的运用意识和转变观念，是整合的前提。传统教学手段与现代教学技术手段的整合，必须是以执教者对现代教育技术有所认识和接受为前提。因此，应该加强教师对信息理论的学习，尤其是构建主义学习理

论和当代认知学习理论的学习，让其了解和研究信息时代教育教学所面临的挑战与机遇，让他们真正转变观念，乐于接受。这样，才能让他们主动地去做有机结合的工作。否则，即使有出色的多媒体软件教材，也只能把它作为一个简单的教具，或者作为课堂教学的点缀，发挥不了现代教育技术应有的作用。

（2）认真审视两种教学手段的优劣，明确两种手段整合的价值，这是整合的基础。作为执教者，要重视对两种教学手段的研究，找出它们的不足点，看到其局限性，更要明确两种手段的优势，尤其是现代教学技术手段的先进性及其在培养人才中的巨大作用，真正有意识地将两者的优势结合起来，扬长避短，形成优化的教学手段，以体现整合的价值，为提高教学效果和质量服务。

（3）加强教师对现代教学技术手段运用的培训和整合方式的研讨，是两种教学手段整合的保证。要使整合真正落实，首要条件是教师必须会使用现代教学技术。因此，要制定一套既先进又切实可行的现代教育技术培训体系，以便有组织有计划地组织培训，让教师掌握教学设计的知识，教学软件功能使用的相关知识。同时，加强“整合方式”的研讨和交流，让教师明确如何“兼容”和整合，熟练操作，这样，才能保证整合的落实。

（4）强化互补，各展所长，督促落实，这是两种手段整合得以落实的又一保证。在教学设计和具体的教学中，不要随意将两种手段分割开来。对仅用传统教学手段无法达到的效果而必须或应当用现代教学手段才能更好地培养学生能力的，就应该督促执教者用现代教学技术手段来施教，调动学生的视听感官，促进手脑并用，强化思维，以弥补传统教学手段的不足。同时，对仅用现代教学手段而无法达到最佳效果之时，就应配合传统教学手段共同完成教学过程。要求执教者亲临现场指导，面对面交流，进行偶发情况的调整和个别的辅导，借用传统媒体加强效果，并以自己的言行、情感和形象去影响和感染学生，以弥补现代教学手段的不足。这样相互配合，就能达到最佳教学效果，两种教学手段整合的价值就能得到真正体现。

总之，随着现代科学技术和教育的发展，教学手段的重要性已越来越被人们所认识。传统教学手段与现代教学手段的整合已是必然，并会逐渐得到加强和发展。展望未来，这两种教学手段的整合，必将为我国培养能适应时代、社会的优秀人才做出贡献。

语文选修课的实践与价值思考

学生的素质需要教育来培养。教育作为人类特有的有目的、有计划的活动，其课程的设置必须有相应的科学、合理、完整的课程来加以落实，以有利于学生综合素质的培养。然而，长期以来课程的设置仅仅局限在学科课程上，现在，单一的学科课程越来越暴露出它在目标上的片面性和局限性，越来越难以适应现代的课程观和学生质量观，难以有效地实现“使儿童、少年在品德、智力、体质等方面全面发展”的教育目的。时代的呼唤，素质教育的要求，学生综合素质的发展，个性品德的培养，呼唤课程结构的改革。语文学科作为文化的一个组成部分，不仅仅是一门工具课，更带有人文性、审美性、情感性和开放性的特征。仅仅依靠单一的课本和课堂的教学是难以完成培养学生语文的综合素质的。因此，开展语文选修课对培养学生综合素质将起着不可低估的作用。

下面就语文选修课的教学作一探讨。

语文选修课不像语文学科课程那样具有规定性和系统性，它是建立在自愿、自觉、自主基础上的各类实际活动，积累大量的感性知识，满足学生多方面的语文需要，它以极大的开放性和灵活性，不但可以保证学生所学语文知识的完整性，而且易于激发学生学习语文的兴趣，培养创造性，发展个性特长。因此，语文选修课并不是像有人所说的仅仅是学科课程的简单补充，而应看成是两个不可分割的整体，是不同形式知识和能力的互补，只不过语文学科课程重在间接知识的系统学习，而选修课则侧重在自己感兴趣的内容并且强调学生的主动自觉的参与，从容培养学生的相关能力。基于以上认识，笔者认为：语文选修课就是以一定的教育目标借助于具体的教学形式，以学生的自主参与活动和直接体验，以培养学生的个性和语文素质的全面发展为目的的一种课程。

一、语文选修课的实践与操作

语文选修课，我们不能仅在口头上或只是在思想上重视，更要在行动上落实，这需要从以下几个方面入手。

1. 语文选修课的教育目标

语文选修课虽然不像学科课程那样具有系统性和规定性，但也不是随意设置、盲目编排的。为了使语文选修课方向明确，避免盲目性、随意性和无针对性，教师应确定好选修课自身的教育目标。语文选修课教育目标的确立必须建立在它的特点的基础上，应与学科课程相区别。其目标的确定可分为两级。第一级为总目标，即通过丰富多彩的选修课形式，“使学生扩大视野，增长知识，动手动脑，培养能力，发展个性特长，增进身心健康，能够生动活泼、主动地得到全面和谐的发展”。第二级目标为子目标，即每一次选修课要落实达到的具体目的，这一子目标根据每次活动的内容安排而定，不仅要体现新知识的获得，而且还要体现在态度、情感、技能等多方面，这一系列的子目标都是为总目标服务的，由总目标统率。

2. 选修课内容及方式

一切语文素质的提高和个性的发展，必须借助于具体的内容才能得以体现。其选修内容可以坚持灵活性与规定性结合的原则，可以征求学生意见，提供选修的内容和方式，同时加强教师的整体规划和指导；另外，要坚持乡土化的原则，从实际出发，可以根据学生接触的范围、学校的条件及周边环境的条件、特点或者可能进行活动的方面，因地制宜地开展相关选修内容，可以不局限于语文学科本身，尽量贴近生活，全方位、多角度、大范围去考虑设计，侧重于学科课程难以包括或者尚未包括的综合性学习内容。选修的地点可以是教室，可以是学校内其他地方，可以是校外，应根据内容灵活处理，以保证选修课的丰富性和高质量。选修课内容及方式的确定应重点关注以下四个方面。

（1）体现新的知识。社会飞速发展，知识不断更新。在设计内容时要体现这一点，如新的语言现象，自然科学中的纳米技术，基因的发展等，让学生能及时地掌握新的学科知识，把准时代的脉搏。其方式可讲解，也可借助活泼的形式，如看影片、看展览、展开讨论交流等，将这些知识信息及时传递给学生，扩展知识面，赶上时代的节拍。

（2）体现创造。根据学生好动、爱想的生理和心理上特点，开展一些富有创造性的活动，如“戏剧鉴赏与排演”（含课本剧）、“文学创作与社刊的编辑”“辩论与演讲”等。课本剧或戏剧排演是极富创造性的综合活动，在老师的指导下，让学生自编、自导、自演，充分发挥学生的创造性。课本剧可以是现成的课文中的剧本，可以是学生根据课本上的小说改编，也可以是学生自己创作的。

开展文学创作活动，鼓励学生大胆写作，并办好文学刊物，让他们对刊物自己编排，大胆设计，弘扬个性。通过这些激发学生学语文的兴趣和提高其创造能力。尤其让那些兴趣广泛、有特长的学生得到充分的发展，展示自己的才华，去体验成功。

（3）突出与社会生活的联系。人离不开环境、社会，其选修课的内容也应紧扣环境、紧扣社会。语文即生活，生活即语文。因此，应将语文选修课放在更广阔的社会背景中去，发挥其最大优势。如“体育与文化”“演讲技巧及实践”“实用口才及训练”“乒乓训练”“语言与生活”“人与环境”等课都与生活联系很紧。这方面，还可以开展环境与生活、人口与教育、人际交流与理解、商品与消费、语言环境与文明等为主题的选修课。让学生体验生活，写好调查报告，为社会出主意、想办法，增强学生的语文交际能力和语言的运用能力，培养学生的社会意识和社会责任感。同时体现选修课的交际功能。

（4）注重家庭生活的内容。家庭是社会活动的细胞，每个人都生活在一定的家庭环境里，学习中的学生不能不正视这一方面的内容。因此，语文选修课应该包括诸如代沟问题、家庭冲突调查、心理健康、休闲生活等涉及各种家庭情况的内容。让学生体味家庭的酸甜苦辣，学会理解他人、尊重他人和帮助他人，培养良好的道德品质。

合理设计语文选修课内容，注重人文性、情感性的渗透，利用生动活泼的形式，创造一种宽松、和谐的氛围，对培养学生全面发展，健全完善人格，促进个性的发展起着非常重要的作用。

在开课的方式上，采用教师挂牌开设和学生自主选择相结合的原则。语文组将教师开设的课题连同姓名打印出来，并张贴于校内，由学生根据自己的兴趣和爱好选择老师和课题，学校和语文组根据学生的选择情况（人数多少）再统筹安排，以保证学生参与的兴趣和个性特长的发展。

3. 语文选修课的评价

为了不断完善和提高语文选修课的质量，也为了避免走过场，必须建立相应的语文选修课评价体系。评价要紧扣选修课本身的特点。可以从以下几个方面考虑。

（1）对选修课教学目标的评价。看各级目标是否明确、合理，每一子目标能否体现总目标，可行性怎样。通过这些来体现选修课目标的价值。

（2）对选修课内容的评价。看内容是否体现目标的贯彻，能否体现语文素质的全面发展，能否激发学生对语文活动的兴趣和调动学生的主动性，能否发展学生的智力和培养学生的创造力，能否发展学生的特长以促进个性的发展，从而让内容为目标服务。

（3）对教学过程的评价。教学过程的质量如何，直接关系到语文选修课目标的落实。要抓住课的设计、课的引导、课的过程状态、展开情况、课的结构、方法和形式以及课的总结情况、发展趋向等方面加以评价，突出过程是否合理和有效。

（4）对选修课效果的评价。语文选修课的最终目的是要取得实效，因而对其效果的评价很重要。一方面要看全体学生是否参与，情绪怎样，是被动参与还是主动参与，是否保证了时间；另一方面，更重要的是看是否落实了目标，是否体现了从做中学的方法，是否真正培养了学生动手动脑的能力，不同的学生是否都得到了不同层次的发展，个性是否得到了最大的发展。这方面可结合学生座谈会和学习成果来落实。

二、语文选修课带来的价值思考

通过语文选修课的实践与反馈，再经过进一步的反思，对语文选修课的价值要有一个新的认识。

1. 充分体现了马克思关于人的全面发展的理论

马克思主义认为人类在改造客观世界的同时也在改造人类本身，并把实现人的全面发展作为教育理论中的核心思想。强调每一个人都获得全面自由的发展，成为社会、自然和自己的主人。这为现代课程的合理设置奠定了理论基础。未来的社会就是需要全面发展的人。而中学开设语文选修课，以其丰富的内容，多样的形式，为学生的全面发展提供了必要的条件，让学生能够更好地生动活泼地发展。

2. 充分体现了现代教育思想

过去的语文学科教育往往具有单一性和封闭性的特点。教师多局限在为完成任务而教，学生则为应试而被动地学。而选修课的开设则避免了以上的不足，体现了现代全面教育的思想，更具有新的理念，体现了以下特点。

（1）民主性。教师开设课是民主的。学校不规定具体的活动内容，教师可以根据自己的专长确定。这样，可以让教师充分发挥自己的特长，有助于教师主动参与，调动其积极性。同时，语文选修课的具体内容可与学生商量，征求他们的意见。这样，一方面可以调动学生参与的积极性，另一方面将促进教师以高度的责任感投入，去选择内容，去备课，又有助于保证所开设选修课的质量，避免了走过场。

（2）自主性。语文选修课更多是建立在学生需要的内容上，学生有一定兴趣。因此，语文选修课又体现了自愿、自主的特点。不像学科课程那样仅局限在狭小的教室里，有规定的教材，教师确定教学的内容，学生处于被动的地位，而是在学生乐于接受内容的前提下，教师去准备内容，设计形式，学生在参与过程中始终是学习的行为者，处于积极、主动的状态，兴趣浓厚。这样，有助于学生将学习的内容内化，保证学生语文内在素质的更新、改造和提高，完成自身的超越。

（3）实践性。语文学科课程主要是通过课堂来传递知识的，与生活的联系不够紧密，而语文选修课则是较多地接触生活，很多选修课是带操作性的，具有很强的实践性。如"戏剧排演"，在老师的引导下，将表演、场景安排和道具设计等方面交给学生自己去思考。又如走向社会进行调查、提建议，更具有实践性。这样的选修课，让学生参与，突出知识的运用，并通过运用的过程学习新的知识，体现了从做中学的原则。它把学生放在一个直接的参与过程中，让学生在各种各样的具体探索中去体味、去设想、去解决问题，从而获得直接经验，培养手脑并用的实际操作能力。这样，借助于自主参与，有助于强化学生的主体意识和培养学生的动手能力，这是仅依靠学科课程难以达到的。

（4）开放性。单一的语文学科课程，课文容量毕竟有限，加上有的课文陈旧，缺乏鲜活的生活气息，思考的范围狭窄，因此，较多地限制了学生的自由思维，使学生的创造性难以得到最大限度的发挥。而语文选修课则突出了自由性，由封闭走向开放，由静态走向动态。课程的内容、开展的时间、活动的空间、授课的形式都是开放的，具有充分的自由和宽松的氛围，较能自由地运用自己的智慧和想象，最大限度地发挥自己的思维能量，拓展认知空间，使创造性思维得到极大的发展，个性能力得到培养。

（5）综合性。语文选修课不像语文学科课程那样以学科知识为中心进行教学，而是根据学生的具体经验出发设计内容，将知、情、意、行综合起来，在具体的教学过程中，往往会超越某一学科的知识范围，运用多学科的知识才能解决问题，如《体育与文化》，这样就体现了知识的综合性。同时，在选修课中，学生的参与，它需要调动学生的多种思维和多种技能，去动脑设计，去搜集资料，动手完成，并加以分析、比较、想象、创造，体现能力上的综合。这一综合性的特点必将带来教育功能上的综合效果。

3. 是学科课程的延伸，具有互补的功能

由于语文学科课程内容的局限，不能满足当代学生的需求，必须由其他内容来补充，而语文选修课正好弥补了学科课程知识的不足，可与学科课程达到互补的效果。学科课程知识的内容是根据学科本身的知识特点和序列组织起来的，具有规定性和稳定性，可以快速地掌握前人的语文知识，获得选修课难以达到的系统知识和技能，但是难以达到适应飞速发展的信息社会和学生的需要，自然会出现知识上的滞后和内容上的狭窄。而语文选修课以其开放性和灵活性，可以随时迅速将新的知识和丰富的内容纳入其中，让学生获得新的知识，较大程度弥补了学科课程内容的狭窄和滞后的不足，保证了知识的完整性、合理性和发展性。同时，学科课程由于特殊的规定和要求，使学生的实践性和开放性不够，而选修课则以其灵活的形式，丰富多彩的活动，让学生在主动的参与中运用各种知识去获得新的知识，可以培养学生的兴趣，增强动手能力和探索解决问题的能力，发展特长，培养个性，弥补了学科课程中的不足。这些能力的提高，又大大帮助了学生在学科课程中的学习。因此，在学科课程的基础上开设选修课，既能让学生系统地学“宽”学“深”，又能联系实际学“实”学“活”，从而形成完整的知识结构和提高学生的综合能力。

4. 较好地将全面发展和个性培养结合起来

现代的教育观和质量观是在面向全体学生的基础上让学生全面发展，同时还要培养学生的个性，发展其特长。而原有的单一学科无法满足学生的兴趣爱好，更无法让学生潜在的个性能力得到最大发展。开设语文选修课恰恰以其内容的丰富性、教学形式的灵活性、操作上的实践性等优势，让学生的知识和能力得到全面的发展。同时，学生充分利用语文选修课自主性等特点，在老师因材施教的指导下，去充分挖掘自己的潜能，去体现个性，最大限度地发展自己的特长，真正体现全面发展与个性结合的原则。

展望未来，可以肯定地说，选修课是一片大有开发前景的沃土，学校合理开设语文选修课，并以有效形式进行，必将带来选修课的最大价值：一方面可以充分调动学生学习的积极性，使主体价值得到体现；另一方面，可以让学生的知识更加合理，有助于开发学生智力，挖掘学生潜力，充分发展学生的个性，从而全面提高学生的素质。

把准《语文课程标准》的主旋律，奏好“综合性学习”进行曲

新一轮课程改革为语文学科的改革带来了新的气象，《全日制义务教育语文课程标准（实验稿）》以崭新的面貌出现在我们面前，其中将“语文综合性学习”纳入语文课程结构体系之中，并且在课程标准的阶段目标、教学建议、评价建议中，都与“识字”“阅读”“写作”“口语交际”相并列，构成语文课程内容的有机组成部分，第一次确立了综合性学习在语文课程中的重要地位，这是在过去的教学大纲中从未有过的。可以说这是语文学科改革的一大突破，也是语文课程改革的一大亮点，是对语文教学深刻反思的成果。

一、《语文课程标准》的主旋律

语文综合性学习是语文课程的重要组成部分，是在教师指导下，主要由学生自主开发、设计与实施的课程，是一种实践性很强的课程。在《语文课程标准》中第一次提出了“综合性学习”的阶段目标。在阶段目标中，体现了综合性学习不同层次的要求。但只要我们仔细分析，就不难看出以下几个方面的要求却是共同的：突出探究兴趣和问题意识，提出学习的专题；强调自主实践，亲身体验，有所感悟，有所发现，尝试解决问题；提倡与人合作，共同努力探究，用适当的方式展示学习成果；善于利用各种学习资源，进行丰富多彩的实践活动，来达到综合性学习的目标。语文综合性学习看重的不是学习成果的呈现方式，也不是成果本身，而是学生在一次次的探究、合作、实践、综合的学习过程中不断地提高发现问题和解决问题的能力，搜集和处理信息的能力，综合运用语文的能力。主要体现为“语文知识的综合运用、听说读写能力的整体发展、语文课程与其他课程的沟通、书本学习与实践活动的紧密结合”。这种学习“有利于学生在感兴趣的自主活动中全面提高语文素养，是培养学生主动探究、团结合作、勇于创新精神的重要途径”。教师只有把握住了全面提高学生的语文综合素养这一主旋律，才能弹奏出一曲曲语文综合性学习的美妙乐章。

二、语文综合性学习的独奏曲

从课标的内容论述和要求看，在把握住了语文综合性学习主旋律前提下，应演奏好自己的独奏曲，即把准综合性学习的主要特点。

1. 整合性

语文是一门综合性很强的课程，在语文综合性学习中，学生面对的是鲜活的生活，真实的情境，多方面的问题，要能够解决这些方方面面的问题，更需要多方面的整合，学生必须把学习到的各类知识还原为整合性的知识并进行综合性的运用，这就体现了语文综合性学习整合性的特点。在实践活动中，要整合丰富的语文资源，加强语文知识的综合运用。整合性主要体现在听说读写能力的整合，语文与其他学科的整合，语文与社会生活的整合，语文与自然的整合。在语文综合性学习的整个过程中，以知识为基础，以方法为桥梁，调动思维，产生情感体验，力求知识与能力、过程和方法、情感态度和价值观的整体融合，促进学生语文素养的整体推进和协调发展。

2. 体验性

《语文课程标准》指出："语文是实践性很强的课程"，"应该让学生更多地直接接触语文材料，在大量的语文实践活动中掌握运用语文的规律。"而综合性学习突出的就是将书本知识与实践活动结合起来，让学生在具体的生活实践和社会实践活动中，面对真实的问题，真实的情境，去学习语文，运用语文。《语文课程标准》在阶段目标的表述中，对语文综合性学习的目标与其他部分不一样，并不是规定某种"达成度"和具体的量化目标，而是强调实践，重视过程，重视参与，突出学生的亲自实践、亲身体验、自主活动，而不是外人的代替。这就要求教师要善于根据生活和社会条件，改变学生脱离实际的单一的、被动的学习方式，通过多种途径为学生提供具体的现实的学习和活动情境，如考察、访问、探究等，让学生走进广阔的大自然和丰富的社会生活中去接触和感知各种人和事，使他们通过亲身经历、实际操作与活动这一学习过程，获得对综合学习方法的体验，学会与人交往，形成正确的情感、态度与价值观，培养个性和人格。

3. 合作性

《语文课程标准》在"教学建议"中指出："综合性学习应强调合作精神，注意培养学生策划、组织、协调和实施的能力。"可以说，在综合性学习过程中，从学习活动中的集体性出发，针对传统教学忽视同伴相互作用的弊端，将合作性的团体精神纳入了学习之中，构建了以师生互动、生生互动、多向互动为基本特征的学习组织形式。这种合作强调的是学习者全员的参与、相互的配合、积极的互动，充分的信任，资源的共享。通过综合性学习的策划、实施，来完成相应的学习目标，培养学生的合作意识、协作精神和组织、协调的能力，并促进学生的个性发展。从这个角度说，综合性学习，也是学生群体的合作学习。

4. 自主性

《语文课程标准》明确指出：“综合性学习应突出学生的自主性，重视学生主动积极的参与精神，主要由学生自行设计和组织活动。”从这里我们可以看出，在语文综合性学习过程中，把学习建立在人的主体性、能动性和独立性基础上，学生改变了过去处于客体、被动的地位，在乐于接受教师指导的前提下，学生自主进行主题的策划，自主选择学习内容和学习方式，自主设计形式和安排学习步骤，愉悦体验、主动探究创造，建构知识。这样，有助于学生将学习的内容内化，保证学生语文内在素质的提高，完成自身的超越。

5. 开放性

单一的语文学科课程和有限的课堂空间，狭窄的课文信息容量和缺乏鲜活的生活气息，较多地限制了学生的自由思维，使学生的创造性难以得到最大限度的发挥。而语文综合性学习则突出了自主性，力求贯彻“建设开放而有活力的语文课程”的教育理念。由封闭走向开放，由静态走向动态，由单一走向多向。课程的内容、开展的时间、活动的空间、授课的形式、实践的方式都是开放的，密切了学生与生活、学生与社会、学生与实践的联系，极大地拓展了学生的学习活动范围，让学生具有充分的自由和宽松的氛围，为学生的发展开辟了无限广阔的空间，学生较能自由自主地运用自己的智慧和想象，最大限度地发挥自己的思维能量，使创造性思维得到极大的发展，个性能力得到培养。

三、语文综合性学习的交响曲

一切语文素质的提高和个性的发展，必须借助于具体的内容才能得以体现。

语文综合性学习的内容，应从实际出发，充分利用学校、家庭、自然、社会、生活中的语文教育资源，不断地开发，因地制宜地全方位、多角度、大范围地去考虑设计，开展丰富多样的实践活动。这多样的内容，犹如一首首交响乐，可以演奏出语文的华美乐章。

1. 学科内部的综合

（1）教材丰富内容的综合。过去偏重于课文中的语文基础知识，却忽略了教材中人文精神、科学素质、审美特质及深刻的思想内涵，致使最为丰富生动的语文教学成了枯燥单一的应试教学，语文学科的本质特征没有了，学生语文素质偏低。为此，在新的理念下，我们必须充分地将语文知识、技能与人文性、科学性、审美性、思想性等内容加以有机联系、沟通、融合、互补，发挥出语文“教文育人”的综合效应，促进学生获得语文能力之外的更为丰富的教益和发展。

（2）读写听说能力的整合。综合性学习过程就是听说读写能力整体发展过程。但是在应试教育思想的导向下，语文教育多成了读写教育，听说被放弃，学生不善说，不会听，致使学生在语文能力上得了严重的“贫血症”。这样教育下的学生永不能适应现代社会。《语文课程标准》在综合性学习中特别强调听说读写能力的整体发展，是很有远见的。在与课标配套的教材中，一个明显的特点就是改变了过去将写作和口语交际等知识短文单独编排的体例，将写作、口语交际安排在综合性学习当中，让学生在具体的语文实践活动中获得写作和口语交际的素材，使学生的说与写建立在生活实践的基础上，同时，这一部分又与前面的阅读部分相照应，这样，综合性学习就将写作、口语交际、阅读有机地整合在一起。为此，综合性学习中要借助丰富多彩的语文实践活动，加强听说读写能力的实践，互相渗透，使其整合性得到体现，为全面落实学生的语文能力提供根本保证。

（3）活动形式的多样。根据学生好动、爱想的生理和心理特点，开展一些富有创造性的活动，也是语文综合性学习的内容。采用喜闻乐见的形式，开展朗诵、读书论坛、记者访谈等活动，以激发学生学语文的兴趣和提高其创造能力。尤其让那些兴趣广泛、有特长的学生得到充分的发展。

2. 突出与社会生活的联系

学生语文素质的提高，只靠教材的内容是远远不够的。人离不开环境、社会，综合性学习的内容也应紧扣环境、紧扣社会。课标要求在实践中学习语文、运用语文，而实践的内容之一就应该与生活这一大课堂联系。可见，语文课堂要开放。一方面要抓好学校课堂活动课程，组织综合实践活动；再一方面，将语文综合性学习课放在更广阔的社会背景中去，发挥其最大优势。这方面，可以开展环境与生活、人口与教育、人际交流与理解、商品与消费、语言环境与文明等为主题的实践课，让学生体验生活。这样课内课外整合互补，不仅使学生丰富了知识，拓展了领域，增强了学生的语文交际能力和语言的运用能力，更重要的是学生了解了社会，增强了社会责任感有助于学生核心素养的培养。

3. 加强语文学科与其他学科的综合

《语文课程标准》提出：“提倡跨领域学习，与其他课程相结合。”强调了语文要走出学科狭隘的天地，“拓宽语文学习和运用的领域，注重跨学科的学习和现代科技手段的运用，使学生在不同内容和方法的相互交叉、渗透和整合中开阔视野，提高学习效率，初步获得现代社会所需要的语文实践能力。”突出了语文综合性学习中要沟通其他学科的重要性。因此，应借用语文蕴含的多学科元素特点，在综合性学习中应有意识地将语文与各学科因素加以有机渗透，合理延伸，以使学生多层次、多范围、多角度去感受、领悟，获得全方位的知识和技能，强化多科知识，使形象思维和抽象思维能力都得到发展。

四、语文综合性学习的进行曲

语文综合性学习作为一种实践性的活动，可以改变学生的学习方式，提高学生的语文素养，为学生可持续发展打下基础。而要根本改变并取得真正的效果，绝不是仅仅学习了新的理念、明确了特点、了解了内容就得到了解决。在接受新理念的前提下，关键是要将理念转化为具体的行动，去实践。引导学生综合性学习。

那么，在综合性学习中，如何发挥教师的主导作用呢？

1. 指导学生精心设计综合性学习活动

《语文课程标准》指出语文综合性学习“主要由学生自行设计和组织活动”，自然教师不能包办代替，必须要有学生的主动参与与自觉的行动，但这并不排斥教师的作用。因为语文综合性学习强调依据兴趣、爱好及个人意愿的进行自由组合、自主活动，突破了课堂教学的时空界限，学生的“策划、组织、协调和实施的能力”还需要在活动中培养，教师对“学生自行设计和组织活动”必须给予指导，提供支持。第一，为便于实践活动的顺利开展，应帮助学生组建合作小组，做到合理分工，有效合作。第二，根据学生学习的需要，为学生提供相应的阅读书目，搜集有关的图片或录像资料，联系实地参观、考察的地点、内容，可以就学习形式提出一些参考性的建议，让学生讨论、研究，形成具体的实施计划、方案。第三，可以根据自然景观、社会环境和其他学科特点，提供相关背景活动材料，引导学生获得开展综合性学习的课题，并对学生的选题以及活动方案进行修改，指点活动的路径和方法。

2. 协调组织，确定主题

综合性学习的组织形式主要有三种类型：个人独立学习、小组合作实践、全班集体实践。教师重在集中进行活动组织动员，安排布置活动的时间、范围，提供活动的相关资料，指导学生制定活动计划。学生在教师的指导下，组建合作小组，自己推选组长，自主商量活动计划，自主制定活动的具体内容，设计活动的展开形式，安排活动的实施进程，选择活动的方式方法等，强调同学协作互补，分工合作，学会信息和资料共享。综合性学习主题应由学生根据自己的情况来确定，如《广告中的文字污染调查与研究》《成都生活用语方言面面观》等。这样以明确实践活动的方向，避免活动的盲目性。

3. 加强方法指导、价值引导和过程调控

在实践中学习语文、运用语文，重视过程，强调体验，这是综合性学习的主要目的。而这一过程高质量地完成，需要教师为学生提供操作的方法和策略，如调查、访问、收集整理信息资料等都需要教师的帮助。同时要引导学生在实现学习目标过程中看重过程，重视参与，加强合作，培养在生活、实践中学语文用语文的的兴趣和习惯，培养团结合作、勇于探究的精神，让学生在语文综合性学习活动中全面提高语文素养。另一方面，要保证过程的质量，教师应加强对综合性学习过程的调控。对学习过程中的一些偏向应及时控制和调整，可以检查活动记录获得反馈信息进行调控，也可以通过合作小组组长负责制来实施监控。共同的目的在于保证综合性学习的质量。

4. 汇报交流，总结反思

教师要引导学生对体验过程中所获得的信息，进行整理、分析、归纳和概括，形成成果，并通过小组交流、班级交流、年级交流等方式将综合性学习成果展示出来，使之体验到成功的欢乐，激发学生综合性学习的欲望。同时，在总结中反思，引导学习活动向纵深发展，以逐步实现综合性学习的有效价值。

语文综合性学习为语文教学思想和学习方式的转变带来了实质性的突破，需要我们认真理解，好好体会。上面只是就综合性学习谈了几点粗浅的看法。只要我们加强课程标准的学习，切实转变观念，在思想上高度重视，认识上达成共识；在具体的教学行动上真正落实，加强实践摸索，那么，学生的问题意识、探究意识、创新精神和实践能力的培养不再是一句空话，语文综合素养的提高就会得到落实。

语文研究性学习的思考与实践

我国新一轮课程改革以全新的面貌展示在世人面前，引起了人们极大的关注。其中，研究性学习就是课程改革的一大亮点，我们应给以重要的价值定位。在教育部《全日制普通高级中学课程计划（试验修订稿）》（教基〔2000〕3号）中，该计划规定研究性学习课程是必修课。并在教育部印发的《普通高中“研究性学习”实施指南（试行）》中对研究性学习作出了如下界定：“研究性学习是指学生在教师的指导下，从学习生活和社会生活中选择和确定研究专题，主动获得知识，应用知识，解决问题的活动。”研究性学习是一门课程，也是一种全新而有效的学习方式，这一新的理念必将引起我国教育观念的变革，使学生的学习思想和学习方式得以根本改变。但是要做到这一点，必须在接受新课程理念的前提下，将新的理念转变为具体的教育行动，并结合自己的学科加以真正落实才能变为可能，否则将只是一句空话。为了更具有针对性、有效性和操作性，本文根据自己对新课程改革的理解，结合语文学科特点，从语文研究性学习上谈一些认识和做法。

一、对语文研究性学习的认识

新课程改革理念，强调以学生的发展为本，保证每一个学生的学习权、发展权，带来了语文学科的巨大变革。研究性学习也成了语文学科一项重要内容，占有重要的地位。新课程强调“要重视学生的实践活动，让学生在教学过程中主动学习、探究”，“尤其要重视创造性思维能力的培养”。在《全日制义务教育语文课程标准（实验稿）》中，将探究学习纳入“课程的基本理念”第三条，确定“积极倡导自主、合作、探究的学习方式”，并在课程总目标中规定：“能主动进行探究性学习，在实践中学习、运用语文。”可见，语文学科进行研究性学习显得非常重要。语文学科以其独有的特点、丰富多样的内容，也为进行研究性学习提供了条件。

但是，纵观全国，在中学语文界，有的教师虽然对研究性学习有所认识，但其认识多停留在浅层次上，更多地处在担心、犹豫、观望之中。有的老师则认为，中学生的任务是升学考试，没有必要进行研究性学习，认为这是大学生的事。但是严酷的事实却不断地提醒我们，一个不善于学习、思考的人，一个没有课题意识的人，即使他进入了大学，也很难适应大学研究性学习的方法。这是急功近利、目光短浅的看法。同时，目前很多学校也还没有清醒地认识到研究性学习对学生创新精神和实践能力培养的重要性，因而还没有跳出应试教育的框架，放不开手脚。可以说，对语文研究性学习即使有体现，也多为零散的，或撰文提出一些意见，很少有真正意义上的从语文角度系统地实验研究、学习，自然难以有具体的措施和行动。但是，进行语文研究性学习已成为我国语文课程改革发展的必然趋势，不能等待。笔者相信，随着课程改革的不断深入，开展语文研究性学习将成为语文教师十分关注的热门话题。为了这一天的早日到来，更需要人们参与讨论，达成共识，寻求方法，加强实践。因此，认识语文研究性学习的内涵及特点，如何让研究性学习走进语文教学，彻底改变学习方式，用具体措施、教学行为来培养学生的创新精神和实践能力，就显得尤其必要。本文试着探讨这一问题。

1. 语文研究性学习的含义

“语文研究性学习”是“研究性学习”下面的一个具体学科的研究项目。它是指在教师的指导下，以课堂为主要阵地，学生根据各自的兴趣、爱好、条件，从语文世界和生活世界中选择不同的学习对象，确立研究课题，通过独立自主或小组合作等方式开展研究，通过亲身的实践和体验，从中获得知识、方法、技能，培养发现、探究、解决问题的能力的一种学习过程。通过研究性学习活动，重在培养学生自觉地运用已有知识进行探究的意识，培养创新精神和实践能力，真正学会学习、学会思考、学会研究、学会创新，提高思维能力，发展个性和特长，为终身学习打下坚实的基础。这无论是对学生，还是对社会、对国家来说，现在和未来都具有深远的意义。

2. 语文研究性学习的特点

要让研究性学习走进语文教学，必须对语文研究性学习的特点有清楚的认识。它以课堂为主，课外为辅，借助语文学科的丰富性，着眼于语文学习方式的变革、能力的培养，用研究的方法来组织和指导学生进行学习。它具有以下特点。

（1）探究性。它是针对语文教材或课外语文某一方面内容，运用探讨和研究的方法进行学习。课题的结论不是由教师传授或从书本上直接得到，而是以类似科学研究的方法，确定研究的课题，查资料，精筛选，细分析，作归纳，善综合，最终解决问题来得出自己的结论。当然，这种研究并不是严格意义上的科学研究，具有规范性，而是运用了科学研究的思维方式和研究方法。以培养学生发现问题、探究问题和解决问题的能力。

（2）自主性。研究性学习提倡“以学生发展为本”的思想，它以尊重、信任、发挥学生的能动性和创新性为前提。语文研究性学习的自主性表现为学生根据自己的对语文某方面（如作品、文学流派、广告语言艺术）的兴趣、爱好，从选题、制订方案，到搜集资料、筛选信息，再到处理信息、形成成果，在选择研究的问题和方式方法上具有充分的自由度。这就使学生的学习从传统的被动接受发展成为主动探究。当然，在自主探究的学习过程中，并不排除教师的指导，只是教师的指导要恰当而有度，不能代替和包办。

（3）开放性。研究性学习是一种与封闭性相对的学习方式。从选题的范围看，语文即生活，生活即语文，选题范围很大。既可以是文本上的，也可以是与课文有关的，也可以是生活中与语文有关的方方面面，可以说内容是开放的，视野是广阔的。从时空角度看，它不局限于课堂几十分钟，地点也不局限于教室，为了完成一个有价值的学习课题，可以是一周，可以是一月；地点可以走出课堂，走向社会，课内课外、校内校外结合。这就体现了时空的开放性。从问题解决的途径看也是开放性的，可以个人完成，可以与他人合作；可以调动多种手段，可以利用图书馆查阅资料，也可以利用网络收集资料，还可以调查访问，只要有助于问题的解决都可以。从探究的结论来看，允许有不同的观点，更鼓励有创新的见解，强调学习过程个性化，学习评价多元化，不追求结论的唯一性和标准化。这一开放性，更利于培养学生的创新精神和创新思维品质。

（4）互动性。语文是一门丰富的人文学科，其境界之一就是对语文的情感性产生共鸣。语文又是广泛、复杂而深奥的，它又需要人们之间的对话、交流而去深入领悟。因此，在语文研究性学习过程中，强调学生与学生之间，学生与老师之间在独立研究、互相探讨、合作交流过程中进行思想碰撞，从中生成新的课题，并受到启发而完成好研究课题，从而在互动中完成学习方式的建构。

（5）实践性。语文研究性学习，强调的是针对问题让学生在亲自实践的过程中去体验，在实践中思考问题，在实践中领悟方法，在实践中把握规律，去获得探讨的乐趣，去体验成功的喜悦，而不是传统过程中的被动接受。

（6）整合性。语文研究性学习在探讨过程中，往往会涉及多方面的信息材料，而要有质量地完成好这一课题，必须对信息材料进行判断、分析、筛选、吸收、归纳、综合，最后用恰当而准确的语言将成果表述出来，这样就体现了多种语文能力的整合，培养了学生语文的综合能力。

（7）过程性。语文研究性学习不像过去接受性学习那样只重视结果，更看重的是探究过程。关注学生在“动”的探究过程中运用的思维方法、个人的经历和获得新知的体验，看重的是一种过程的收获。强调通过这个过程来增强他们的探究意识、问题意识，培养他们的创新精神和实践能力。让他们在丰富的语文世界里去探寻，经历过程，丰富经验，增强体验，这本身就是目的，至于结论的价值如何并不重要。这种定位更符合中学生实际。

（8）超前性。传统的接受性学习忽略了学生的“学”，结论往往由教师直接给予，学生更多的是消化、巩固。学生在知识的掌握和问题的解决相对老师而言是落后的。而研究性学习则不同，探究的问题往往是老师没有教或没有关注的，是学生在思考中发现的，即学生对知识的探究学习相对于老师的教是超前的。这种超前学习使教与学的关系发生了根本变化，变“学跟教走”为“教为学服务”，完全改变了过去语文陈旧的教学方式，极大地促进了学生创造性思维的形成。

二、开展语文研究性学习的实践策略

语文研究性学习可以改变学生的学习方式，提高语文的学习质量，为学生可持续发展打下基础。而要根本改变并取得真正的效果，绝不是仅仅学习新的理念、明确其特点就可以解决的，关键是要将理念转化为具体的行动，去实践，并通过实践去看到希望，体现价值，从而达到目的。在研究性学习刚起步的阶段，具体的实施方法正是不少老师所欠缺的，更需要大家参与讨论。老师们一旦通过一定的方法体会到了研究性学习的快乐、体验到了成功的喜悦，深悟到了它的价值，那么，老师们就会更加自觉地将研究性学习看成是教学的一个组成部分，从而努力去实践它，这样就会带来语文教学园地的新气象。为了达到这一目的，笔者下面从语文研究性学习的实施策略，可操作性上进行论述。希望能够为广大语文教师带来更为实际的东西。

1. 把准语文研究性学习活动实施的基本要求

（1）全体参与，突出主体性。为了保证研究性学习开展的实际价值，要引导全体学生参与，并在研究性学习过程中，要注意激发和保护学生的探究兴趣和热情，发挥主体性的作用，让每位学生都在实践中去经历、体验、领悟，得到收获。不能只准成绩好的学生参与，而限制成绩差的学生参与。这不是精英教学。

（2）任务明确，目标驱动。进行研究性学习，要向学生提出明确的任务要求，要让学生有目标意识，并让目标促使其研究行动，真正发挥它对学生学习过程的引导作用。

（3）民主氛围，自由探讨。要让学生探讨，充分发挥创造潜能，就必须给学生一种自由安全感和心理安全感，这就是营造一种民主、自由的探讨环境，师生相互尊重、人格平等，相互探讨、互相促进。让学生在轻松、愉悦、自在、亢奋的心理下，大胆地投入到语文研究性学习中，去取得最大的成绩。

（4）因材施教，体现差异。学生个性有差异，不能在研究学习中强求一律，要有层次意识。不看学生层次，目标或高或低都会影响学生能力的发挥。因此，要根据学生的具体情况，因材定位，因生定标。引导学生确定好适合自己探讨的题目，调动激情，进行学习，让不同层次的学生的能力在不同层次上都有提高。

（5）形式多样，鼓励创新。研究性学习最重要的任务，就是培养学生的实践能力和创新能力。要做到这一点，就要采用多样的形式，可以在课内进行研究，也可以课内课外结合。更重要的是鼓励学生创新，不要迷信权威，要善于在无疑处见疑，敢于发表自己的观点，允许学生有不成熟的看法。这样学生才能爆发出自己探究学习的热情，挖掘创新的潜能，从而让研究性学习真正发挥应有的作用。

2. 明确教师的指导作用

让研究性学习走进语文教学，真正让学生动起来，教师必须转变观念和教学行为，进行角色的转化，这是保证语文研究性学习实效性的关键。传统接受性教学中，教师是中心，是知识的权威，学生只是被动的接受者，这与研究性学习相违背。研究性学习中，学生始终是学习活动的主体和实践者，强调的是让学生自己去思考研究什么、怎么做，而不是让学生接受教师思考好的现成的结论。强调学生的自主学习，并不是排斥教师的作用。由于学生知识结构的不完善，思维的不够成熟，经验的欠缺，情绪的波动性大，因此，还离不开老师的指导。教师的指导可以让学生少走弯路，可以让学生克服研究中的困难，学会研究。怎样把握好教师的作用，重要的在于教师要从知识的权威转变到平等的参与学生的研究，有意识地从知识的传递者转变为学生学习的促进者、组织者和指导者。这是首先要达成的共识。

在研究性学习中教师怎样指导呢？从总体上看，除了让学生明白为什么要开展语文研究性学习的道理外，指导的重心应放在研究什么、怎样研究上，让学生能够动手。

（1）加强学生学习方法和研究方法的指导。研究性学习刚起步，学生没有经验，教师应在方法上给予指导。第一，要引导学生善于从语文世界中去发现问题，让学生具有慧眼，养成多向思维的习惯，以选择好一个探究的课题，以培养学生发现问题的能力。第二，要引导学生与人合作，共同探讨。除了课堂探讨外，有价值的课题还要设计好实施方案，课内课外结合，以培养目标意识和合作精神。第三，在探讨学习过程中，如何围绕探究课题搜集信息、分析信息、筛选信息和整理归纳综合信息，是非常重要的一个环节，教师必须指导学生学会怎样运用不同的手段，借助多种渠道去搜集信息，学会判断、整理和归纳信息，以培养学生搜集、分析、筛选和归纳综合信息的能力。第四，重要的探究问题，其结果要形成文章，教师要指导学生学会写研究论文或研究报告，以增强学生成果意识和培养学生能用恰当得体的语言表达观点的能力。

（2）要尊重学生的个体差异。不同的学生，兴趣、爱好是不同的，思考的层次也有差异，因此，教师在要求学生全面参与的前提下，要允许学生有不同的研究范围，更要指导不同层次的学生选择好适合自己探究的课题，让他们充分展示自己应有的能力，让每一个学生都体会到探讨学习的乐趣，体验到成功的喜悦。

（3）要把握好指导的“度”。语文研究性学习毕竟是学生的一种自主性的活动，以培养学生的实践能力、创新精神和问题意识、探究意识为目的。因此，教师的指导要把握好分寸，不能角色错位，越俎代庖。在整个指导过程中，要适时而有度。这样，更容易调动学生学习的兴趣，发挥主体的作用，以便达到开展语文研究性学习的目的。

3. 落实措施，明确过程

（1）营造研究氛围，激发学生参与。有人说，良好的学习情境是智力活动的润滑剂，是学习活动的动力和催化剂。这样有助于激发学生探究的兴趣，激活学生的思维，大胆地从依赖走向自主，进入语文的探究领域。因此，学校应以各种形式加强宣传，组织专题报告会，宣传进行研究性学习的目的和意义，介绍国外开展研究性学习的情况，以便从学校环境营造出一种更浓的研究氛围，激发师生参与研究的积极性。在课堂上，教师又要根据具体的学生、具体的内容，调动多种手段，以自由的思维、多样的活动、开放的时空、多向的交流，营造出一种适于语文探究的良好氛围，让学生以极大的热情，愉悦的心情，自愿参与，积极投身到语文研究学习活动中来。这是进行语文研究性学习的前提条件。

（2）引导学生选择恰当的课题，明确研究方向。课题的选择与确立，将影响到研究性学习成果的水平、价值。从某种意义上说，选择课题是语文研究性学习的突破口。语文研究性学习最难的可能是学生不知道怎样去选择一个适合自己开展研究的课题。因此教师要善于激趣引题，而且要在关键问题上引导。课题的最后的选择应由学生根据自己的兴趣、爱好、特长和条件结合语文学科的特点来确定。选择了个人感兴趣的语文研究性学习课题，能使整个探究学习的过程成为一种追求满足的过程，从而激发起学生的探究欲望，推动学生去克服研究过程中遇到的各种困难。

语文研究的空间可以从文本或具体课文中去发掘选择，如小说，我们可以扣住人物形象、语言、主题作专题研究，去深入理解作品，从而提高文学鉴赏能力。可以从教材某一方面引申出探究的问题，由课内向课外扩展。因为语文研究性课题往往源于学习语文中的思考，在思考中的过程中对已有内容或结论提出质疑而进行重新审视，从而发现新的问题。如对课本、名诗、名篇的一些看法。对一个作家，一种文学流派，一种语言现象的思考。“一个人一旦向自己提出了某个问题，产生了解决它的强烈欲望，形成了‘问题意识’，就能够更敏锐地感受和觉察与该问题有关的信息，提高对无关信息的抗干扰能力”（《思维辞典》）。在学习中善于思考质疑就会获得自己乐于探讨的选题。语文研究性学习是开放式、综合式的。也可以从个人生活和社会生活中发现寻找语文有关的课题，如《广告中的文字污染调查与研究》《成都生活用语方言面面观》等。这样就会使语文研究课题丰富、多样。

为了使课题更有针对性和实际意义，选择课题要把握好两个原则。一是实际需要的原则。这里的实际需要侧重在从学生的爱好、兴趣、实际能力和可能出发去选择的“课题”，落脚在学生获得研究问题的方法、研究问题的意识、探究问题的体验上。不在于像专家那样，一定要解决什么具体的实际问题。二是可行性研究原则。课题研究不仅需要热情，还需要冷静思考主客观条件。要善于对所选课题的价值及研究的可能性作认真的分析。想一想课题有没有研究价值，有没有研究下去的可能性。确定的主要依据是看这一课题切不切合学生自身实际，符不符合学生思维能力，能不能搜集到丰富而详细的资料。最初进行研究性学习时，课题宜小、宜浅，逐渐过渡到大一点、深一点。比如确定《从中学文学作品看文学发展》为研究性学习课题，就超出学生探究的实际水平和能力，是难以完成的。这样的无效研究就没有什么价值，这一方面教师要善于指导。

（3）建立组织形式，开展研究学习。要使课题能够有效地完成，应该明确组织形式。研究性学习的组织形式主要有三种类型：个人独立研究、小组合作研究、全班集体研究。

个人独立研究由学生自定具体的探讨课题，各自相对独立地开展研究活动。小组合作研究一般由 2 ~ 5 名学生组成课题组，自己推选组长，大的课题可以聘请有一定专长的人士为指导教师，共同确定探讨课题。研究过程中，强调课题组成员各展所长，协作互补，分工合作，加强探讨，学会信息和资料共享。而全班集体研究的组织形式，是全班同学围绕同一个比较大的研究主题进行。如果是课堂上直接探究的问题，可以集中问题焦点讨论、交流。如果是课内外结合进行的，先各自搜集资料，开展探究活动，取得初步结论或形成观点；然后通过全班集体讨论、交流，进行思维碰撞，再在各自原有基础上进一步研究；再进行讨论、交流，并完成各自的论文；最后完成总论文或研究报告。

（4）制订实施方案，撰写开题报告。课内外结合的大课题（这一环节，课堂上探讨的小问题需不需要可视具体情况而定）一旦确定下来，有了一定的组织形式，就要设计具体的研究方案，以确保研究性学习正常、有序、有效地进行。如果是多人组合，课题组成员应共同商讨、制订研究方案。为了形成一种良好的研讨氛围，可以以班级为单位举行开题报告会，交流方案，互相启发，加以完善。一般说来，一份设计方案应包括以下内容：① 课题的提出，包括研究的主要内容，课题提出的背景，课题内涵的界定，研究预期的目的和意义；② 开展研究采用的主要方法，如比较法、实验法、文献法、调查法等；③ 开展课题研究的步骤，计划好时间，安排好各时间段要完成的内容；④ 研究成果的结题形式（论文、文学评论或研究报告）。设计方案重点要考虑的是选择研究方法和手段，教师要指导学生确定好适合自己课题的研究方法。从语文研究课题来看，研究的对象往往是文献，因此文献研究法、内容分析法、对比调查法是主要的研究方法。

（5）实施研究，加强体验。这一环节是最关键的阶段，是学生实践、体验的阶段，也是体现语文研究性学习最有价值的阶段。它要求学生以个人研究或合作研究的方式就自己的课题进行个体的自主学习活动。课题组成员要协作好，或搜集资料，或阅读文章，或查阅文献，或社会调查，或请教专家，尽可能掌握第一手资料，获得感性认识。这一过程，教师要给予关注，及时指导。为学生的研究提供一些工具书或提示查找范围，以便学生更有效地搜集相关信息。注重这一过程中的师生之间、生生之间的交流、互动，达到资源共享，优化过程之目的。

（6）整理资料，形成成果。这是对研究学习过程中所获得的信息，进行整理、分析、归纳、概括，从而形成成果。成果形式或文学评论，或研究论文，或研究报告。

（7）举行课题汇报，展示、交流成果。将完成的课题成果进行汇报、交流。汇报、展示的方式有小组交流，班级交流，年级交流。这一环节是学生将自身的研究价值展示出来，学生可以体验到成功的欢乐。它有助于激发学生探究的欲望，具有激励学生再研究的意义。

（8）多元评价，总结反思。指导老师依据各课题组的研究性学习情况，包括学生的参与程度、实践态度、合作意识、成果质量等各方面进行多元评价，评价重在鼓励，看重过程，看重参与、体验、思考，不必过分在意结果。有条件的可将优秀的文章和调查报告汇编成册，以增强学生探究学习的信心，激发进一步探究的热情。同时指导学生对课题学习进行认真的总结，好好反思，总结经验，找准问题。这样，有助于提高后面研究性学习的质量。

怎样让研究性学习走进语文教学，怎样进行语文研究性学习，值得同行共同思考、研究。以上思考还不够深入，措施还不够完善，意在参与讨论。不管怎样，新一轮课程改革为我们语文课程改革带来了全新的理念，给语文教学注入了新鲜的空气。语文研究性学习又为语文课堂教学思想和学习方式的变革带来了实质性的突破。只要我们努力实践，就会有新的收获。

如何在语文学科教学中渗透核心价值观

教育的本质是什么？是培养对社会发展有用的人。任何社会取人的标准都是德才兼备，而以德为先。习近平总书记提出社会主义核心价值观“要从娃娃抓起、从学校抓起，做到进教材、进课堂、进头脑”，重视将社会主义核心价值观融入课堂教育教学活动中，使师生树立正确的人生观、价值观。因而，各学科都有进行核心价值观培养的责任,这也是目前教育形势发展的一种迫切需要，是我国培养德才兼备人才的需要。语文作为一门多功能的学科，更应担负起核心价值观培养的责任。从 1990 年新修订的《中学语文教学大纲》，到 2000 年后初高中《语文课程标准》，以及当今国家提出的核心价值观的培养任务、中国学生发展核心素养要求，都强调“立德树人”，都突出了语文教学必须渗透核心价值观的任务。充分认识语文教育与思想教育互为作用的双重效能，意义重大。可以说，语文教学对于提高学生的核心价值观是其他学科不能代替的。这并非无病呻吟，硬贴标签，而是源于语文教材本身。因为——

语文教材蕴含丰富的渗透核心价值观的条件

语文教材的特性决定了其本身就能够承载一定的价值观，自古以来就有“文以载道”之说，说明文章是用来表达一定思想的。教材是由众多作者于不同时间、表达不同内容的一篇篇文章编选而成，而选文的标准之一又是“思想内容好”。这就决定了语文课文形式多样，蕴含丰富的核心价值观的内容。翻开课本，既有爱国主义的精神美教育内容，又有修身养性、舍生取义的个人价值的教育内容；既有高尚德育情操、崇高境界的教育内容，又有美好形象的处世准则的教育内容；既有热爱劳动、勤俭节约的传统的教育内容，又有尊重科学、追求真理的现实教育内容；既有尊老爱幼的传统美德内容，又有敢于担当的责任内容；等等。可以说语文教材是思想、伦理、道德、精神、科学、责任、自然等多方面的内容融为一体，这就为语文教育功能的发挥提供了有利条件和广阔天地。比如,《老王》一文中发自内心的自我反思与勇于坦露心迹的精神;《小狗包弟》中伟大作家的勇于自我解剖和批判的精神;《散步》中尊老爱幼的美德;《背影》中父子的深情;《鱼我所欲也》中蕴含的舍生取义的精神;《茅屋为秋风所破歌》中关心民众的情怀;《陈太丘与友期》中体现出的诚信美德;等等,为语文学科渗透核心价值观提供了条件。

然而,语文课文虽然具有得天独厚的核心价值观的内容。但它毕竟不是政治课,要想发挥语文课独有的核心价值观的培养作用,还必须——

明确语文学科渗透核心价值观的特点

语文渗透核心价值观的效果是以学生接受教育为前提,以其内化才能达成的。语文学科渗透核心价值观的特点主要有以下几方面。

(1)显性与隐性的统一。语文学科的核心价值观元素,就其在语文教材的体现而言,有显性与隐性之分。有的课文具有明显的相关内容,如议论文和其他情感倾向明显的文章,就具备了显性的教育特性,有助对学生进行正面教育、引导。但语文学科核心价值观更具隐性教育特征。因为它毕竟是语文,其相关内容多是蕴含于语言文字之中,要求执教者将隐含在教材中的学生难以发觉的因素,进行有机点拨勾连,将其渗透在教学之中。

(2)渗透性与感染性。今天的学生知识面广,想法多样,将核心素养进行强行硬灌、空讲道理,他们是难以接受的。因此,新课标提出“在传授知识的同时渗透思想教育。”这就说明其特点具有“渗透性”,即教与育要找准最佳结合点,要充分挖掘文句中篇章中丰富的核心价值观元素,利用教材具有感染性的特点,在教学中自然地、不着痕迹地发挥其对学生的教育作用。

(3)灵活性和针对性。语文渗透核心价值观还具有因文、因人、因体而异的特点。针对不同的文章要摄取不同的核心价值观因素。针对不同的受教对象,采用不同的方法,只有灵活性与针对性结合,才能有的放矢。比如,教学《窦娥冤》《雷雨》《雷电颂》等剧本,可以引导学生感知从剧本所反射出的社会中的真善美和假丑恶,激起学生对丑恶现象的憎恨,对美好理想的向往。通过对戏剧矛盾冲突的审美感知,对人物的理解和社会背景的认识,学生就能够感受到崇高美、喜剧美和悲剧美,获得人生的启迪,从而增强其正义感、增强识别假丑恶和真善美的能力。

如果说语文学科丰富的核心价值观因素为其渗透核心价值观的落实提供了可行性。那么,语文蕴含的核心价值观的特点就为有效地渗透提供了方法。但要想真正将语文相关内容落实,还得依赖于——

语文教师应该具有渗透核心价值观的意识

语文教材中不论隐含或显现多少核心价值观因素，想自然产生效果是很难的，思想功能的有效发挥，必须依赖于教师的认识和驾驭，出于本心的自觉行动，有意识地渗透。张鸿苓先生曾在全国中语会年会上，强调了育人“关键在于教师要提高‘育人’的自觉性”。反观现今，不少教师缺乏利用语文教材渗透核心价值观的意识，对必要性和可能性认识不够。没有认真挖掘可以用来渗透核心价值观的内容因素，自然收不到真正的效果。

核心价值观，作为国家强调的一项重要内容，它的养成是需要在语文学科中长期地渗透与培养。因此，只有语文教师具有渗透核心价值观的意识，才能在此支配和驱使下，自觉、积极而充分地根据语文学科的特点，挖掘教材中的核心价值观宝藏，并将其内容真正转化为具体的教育因素，这样就能根据语文学科的特点把核心价值观“渗透在教学过程中”，从而真正发挥教师的“桥梁”作用。要想达到此目的，各级教育部门必须通过不同的方式加强语文教师核心价值观意识的培养，而教师自己也应自觉提高自己的思想水平和认识水平。

语文教师具备了核心价值观渗透的意识。这又为其得以落实提供了保证。但要想真正将其滋润于学生的心田，让学生乐于接受，关键还在于——

选择语文教学中渗透核心价值观的最佳方法

从总体上而言。首先，在备课时要根据学生的年龄、心理和认识能力，选择教材中学生易于理解接受的内容作为核心价值观的要点，然后根据不同的语言材料确定好最佳渗透结合点；其次，在教学过程中根据结合点有机“渗透”、熏陶。古人说：“‘熏也者。如入云烟而为其所烘，如近朱墨而为其所染’，‘浸也者，入而与之俱化也’”。这就要求教师在教学过程中，让学生在核心价值观因素的“熏”“浸”之下，使其“烘”“染”“与之俱化”，就能达到“寓核心价值观于语文教学之中”的效果。

那么，在具体的语文教学中如何渗透核心价值观的元素呢？渗透方法很多，限于篇幅，下面着重讲几种。

（1）情境再现渗透法。

选入教材的文章，不少是叙事、绘景、抒情的，具有形象性和感染性。这就为情境再现提供了可能性。

借助朗读渗透，发挥语言的感染力。尤其是诗歌、散文，情感丰富，内容蕴藉意境深远。教师要在深刻理解内容的基础上运用朗读技巧，处理好轻重、缓急，诵读玩味，让学生闻于耳、记于心，激起学生情感的共鸣。如全国著名特级教师于漪教课文，往往是“通过朗读，让学生沉浸在热爱祖国的气氛之中。”有的课文可借助图片、幻灯片、影视画面再现情境。让内在的意境在他们心中冉冉升起，引导学生进入作品的特定氛围，受到感染教育，如教学《中国石拱桥》，就可利用相应的挂图，让学生在惊叹之余，升腾一种民族的自豪感。

（2）喜闻乐见渗透法。

即根据教育对象的年龄、爱好特征，创造出快乐有趣的氛围。使学生在愉悦的心境中接受核心价值观的熏陶。此法可与情境再现法结合。

比如讨论、竞赛法。根据课文，适当设计讨论、竞赛题。将核心价值观因素巧妙地穿插进去。让学生在争辩活跃的气氛中接受教育。如教学新增篇目《纪念白求恩》，可就白求恩行为和境界进行讨论，让学生在其活动中感受人物的魅力和精神，增加爱国情怀。也可音乐渗透。利用学生喜欢音乐的特点。在讲读有些课时，可用音乐配音创造出一定的氛围。这样有助于吸引学生注意力，激起他们美的联想，然后借助这一氛围有机地渗透相关因素，使之在乐融融的感染中受到教育。

（3）人物形象的分析渗透法。

人物形象，无不寄寓了作者的褒贬态度。我们应引导学生通过人物的语言、动作、表情、心理等去分析课文中的美丑形象。从中引导学生逐步认识并且学会分辨伟大与渺小，高尚与卑鄙，文明与野蛮，勇敢与怯懦等内容。最终促进其道德水准的提高，增强是非判断能力。如教学《最后一课》一文，引导学生从老师强调“法兰西万岁”中，去感受老师韩麦尔先生的爱国情怀，从而激起学生对自己祖国的热爱之情。教学《廉颇蔺相如列传》，挖掘文中摒弃个人恩怨，以国家为重的爱国情怀内容，提升学生的责任意识及爱国情感。教学屈原《离骚》，引导学生从屈原诗歌的语言中，去感受那融入其中的爱国情感，升华爱国情怀。

（4）作文渗透法。

作文是学生自我表达的最佳途径。生活的态度、情感的倾泻、思想的变化，无处不在作文中有着明显的表现。因此，我们应利用作文教学予以引导。在指导中，引导他们用正确的价值观和审美观、用理智的思维去审视生活中的真假美丑，用爱之眼光看世界，捕捉生活中的美好，感受人间的真情，让语言有生命的温度。也可以带领学生参观有关科技馆、博物馆、英雄纪念碑、展览会等，使他们从活生生的现实中受到教育，提高渗透核心价值观的现实性。在作文批改中，对学生流露出某种不良情绪，就应满腔热情地借助评语和交流，进行正确疏导，及时使学生的消极思想得到抑制和转移，在引导中渗透核心价值观，让其发挥作用，从而使学生树立正确的生活观和价值观。

语文学科渗透核心价值观的方法多而无定法，上面限于篇幅只谈了几种。每位教师只要有心，就可以在教学中悟出更多更有效的方法来，但是，无论怎样的方法，还需要——

把准语文教学中渗透核心价值观的“度”

凡事都有“度”，语文学科渗透核心价值观也要有一个“度”，只有“适度”地进行渗透，方法才能起作用。那么如何把准“度”呢？

（1）挖掘适度，即根据具体的课文去悟出其寓含的核心价值观的内容，从具体的语言环境里去解析思想，绝不能脱离课文架空分析。对课文中确实具备的相关因素，应尽力挖掘，使其发挥作用；但对课文中本身不具备某种核心价值观因素的，也不能生硬地去搞贴标签式的“深入挖掘”，否则，任意拔高渗透，除给人不自在之感外，只能引起学生的反感，达不到渗透的目的。

（2）依文定量控制。任何核心价值观的渗透，必须依具体文章确定“渗透量”的大小、多少。教学中课文在哪个地方进行核心价值观的渗透，课前必须确定好最佳渗透点和渗透量的大小，绝不能为了所谓的渗透而在一篇文章中就随意加大容量，大事渲染，否则就破坏了应有的渗透效果。因为语文学科的核心价值观的渗透不是靠几篇课文、几个课时就能完成的，而是需要靠长期不断的日积月累、滴水穿石的功夫。

（3）形式要自然，即将核心价值观因素在教学中自然而然地渗透，使学生如润春雨，而不是硬生生地注射核心价值观的药水。那种游离教材之外的大段说教必须避免，而应体现“水乳交融”、润物细无声的特点。

语文教学渗透核心价值观 ，要“到位”而不“越位”，做到恰到好处，才能产生实效。

如果语文教师具备了渗透核心价值观的意识，并能依据课本本身的相关因素恰当地选择行之有效的渗透方法，量“度”进行，如此长期坚持，自然会带来——

语文学科渗透核心价值观的最佳艺术效果

自觉的渗透行动，有效地将核心价值观寓于丰富多彩的故事之中，蕴于激情满怀的吟诵之中，合于震撼心灵的形象之中，托与美好情感的浸润之中，这样就会让学生在不知不觉中，逐步培养起一种高尚的情感，促使其心灵的纯洁、精神的提升，道德的升华，增强其社会责任感，促进其爱国的行为，获得教书育人的双丰收。这种艺术境界，正如上海特级教师钱梦龙生动描述的那样：许多胸怀育人大目标的教师把“知识教学、能力训练、性格培养、情操陶冶、个性发展交融起来。汇成一股推动学生天天向上的巨大力量；而且这交融浑然天成，不见人工掺杂痕迹”。愿我们每个语文教师都能向这个境界奋斗。

对学生进行社会主义核心价值观的教育是每一位教师的责任，语文教师更应肩负起历史的重任，有意识地渗透，让习总书记所提出的核心价值“进课堂”不是一句空话，让“立德树人”不是一个口号。只要我们在思想上中重视，在行动上践行，在过程中坚持，在效果上反馈，那么，学生在思想素质、爱国情操、社会责任、传统美德、审美能力等等方面就会有较大提高，其渗透的价值就会得以彰显。

对学习能力因素诊断测量结果的分析与思考

在实施素质教育的今天，为了了解中学生的学习状况，摸准影响学生学习的能力的因素，以便更有针对性地采取措施提高学生的综合素质和学习效率，有关单位心理实验室对某校全体学生以问卷选择题的方式进行了“提高学习能力因素诊断测量”，测试内容包括“心理健康”“学习方法”“学习热情”“师生关系”“身体健康”“朋友关系”“家庭环境”“学校环境”“综合评定”等九个方面。测试后，按照“优”“良”“中”“中上”“中等”“中偏下”几个等级，通过计算机统计得出了各项内容的情况“报告单”。

一、测量的基本情况

为了论述的方便和清晰，突出主要矛盾，下面仅以一个具有代表性的班级和测试的主要项目进行统计和分析。

调查对象：高二理科实验班。

调查人数：51（男生 27，女生 24）。

主要测量项目情况统计如下表：

测量内容	优		良		中等		中偏下	
	人数	百分比	人数	百分比	人数	百分比	人数	百分比
学习方法	4	7.84	15	29.41	27	52.94	5	9.8
学习热情	8	15.65	16	31.37	23	45.10	4	7.84
心理健康	11	21.57	21	41.18	15	29.41	4	7.84
师生关系	12	23.53	22	43.14	15	29.41	2	3.92
身体健康	7	13.73	24	47.06	18	35.29	2	3.92

二、测量结果分析

上面测量的结果，从几个方面帮助我们了解了影响学生学习能力的发挥的积极因素和消极因素，下面对其做具体分析。

（1）绝大多数学生在学习方法上存在严重问题，难以在有效时间内提高学习效率。

较好的学习方法将直接促进学习能力的提高，然而，从测量表可以看出，“学习方法”“优”的仅有 4 人，占总人数的 7.84%，“良”也只有 15 人，占总人数的 29.41%，这说明了具有较好的学习习惯和具备良好学习方法的仅是少数。而“中等”则有 27 人，占总人数的 52.94%，而且“中偏下”还有 5 人，占总人数的 9.8%。这一数字有力地说明了学生学习方法存在严重问题，学习习惯差，没有条理性和计划性，在有效的时间内没有相应的学习效果，平时的努力与学习成绩并不成正比。可以说，学习方法欠佳严重影响了学生的学习，令人忧虑。这一反馈信息告诉我们：对于学法的指导，必须引起高度重视，唯有重点培养学生的学习能力，才能达到让人满意的学习效果。

（2）学习热情不够，缺乏主动性。

“学习热情”是驱动学生主动学习的一个重要因素。然而该项调查的情况却令人忧虑。“优”仅有 8 人，占总人数 15.69%，“良”有 16 人，占总人数的 31.37%，这虽然比“学习方法”好一些，说明了一部分学生成就动机倾向较好，学习上有一定的主动性和学习兴趣，较能专心追求目标的实现，但仍旧不令人乐观。因为“中等”有 23 人，占总人数的 45.10%，“中偏下”有 4 人，占总人数的 7.84%，中等及以下占了总人数一半以上，实验班如此，普通班更严重。这说明目前多数学生的学习积极性不高，缺乏主动性和学习兴趣，追求学习目标的意志力不高，学科热情也不等，这种学习上的消极因素导致学生往往不是主动地学习而是被动地学习，更多的是在社会、家长、学校尤其是升学压力之下去学习，由于不是一种自觉的行动和缺乏足够的毅力，所以学生的学习效率低。而这恰恰又与学习方法不佳相互影响，构成了影响学习能力的不利因素。学习无热情，就不会主动地去寻求更适合自己的方法，学习无方法就无效果，效果不好就压抑了自己的主动性，丧失了信心，反过来又影响了学习热情。两者往往恶性循环，影响学习效果。这一测量结果告诉我们：必须加强学生心理上的调节，调动学生的非智力因素，提高其热情，尽快调动其学习积极性。否则，无论执教者教学艺术多高，也难以达到预期目的。

（3）学生心理上的疾病不容忽视。

测量表显示，大多数学生心理素质较好，有自信心，较乐观，能较好地控制自己的情绪。不过，“心理健康”存在的问题不能忽视，因为“中等”有 15 人，占总人数的 29.41%；“中偏下”有 4 人，占总人数 7.84%。这个数字并不小。联系平时了解到的心理问题，如情绪不够稳定，缺乏信心，承受不了挫折，稍有失误就怀疑自己，这些在学生中很有代表性，不同学校也都有类似问题存在。而心理健康在学生的学习能力因素中起着重要作用，如果在教学中忽视或视而不见，认为关系不大，时间一久，学生心理问题就更加严重，导致的后果难以弥补，必须进行有效疏导。

（4）师生关系喜中含忧。

师生之间的关系如何，直接影响到学生学习的效果。测量表中反映出绝大多数学生能与老师建立良好的关系，信任和尊重老师，学习中能与老师较好配合，这有助于提高学习效果，这是可喜的。在喜中我们也应清醒地看到，“师生关系”停留在“中等”的有 15 人，占总人数的 29.41%，“中偏下”的有 2 人，占总人数的 3.92%，这一数字说明了师生关系还存在不够和谐的因素，具有一定的距离感或陌生感，心理上有隔阂或抵触情绪，这一切压抑了学生的学习积极性，成为了影响学生学习能力的不利因素。这给我们教师一个信号：教师要走近学生，成为学生的良师益友，让其主动地接受你这一课，使师生关系的和谐成为学生学习的积极因素。

（5）身体健康喜忧参半。

身体状况“良”以上的占大多数，这说明学生多数身体素质较好，有一定抵抗力，具备完成学习的身体条件，这是值得高兴的。但是，不少学生身体素质的低下不能不令人担忧。表中可知，“中等”有 18 人，占总人数的 35.2%，“中偏下”有 2 人，占总人数的 3.92%。这说明三分之一强的学生身体素质还较弱，难以支撑高强度的学习。这与近年的应试教育有一定联系，学生锻炼身体的时间受到冲击，课外活动减少，近视率逐年上升，身体状况每况愈下这成了影响学生学习能力的不利因素。

三、几点思考

从上表及分析中，可以看出学生的学习能力因素方面还存在很多问题，而且在学生中具有代表性和普遍性。在提倡核心素养的今天，我们必须给予高度重视。笔者认为，要改变现状，培养学生良好的学习能力及习惯，必须有针对性地从以下几个方面努力。

（1）提高教学艺术，激发学生学习激情，是培养学习能力的首要一步。

心理学原理告诉我们：高昂的激情会对人的行为活动产生巨大的调节作用，积极的激情会激励人们创造性地探索和勇于创新。反过来，如果学生对学习无激情，不感兴趣，那大脑中枢的抑制机制就会不可避免地使学生产生一种厌倦情绪，即使是外在压力强迫学习也无主动性，时间一长，也会使学生产生生理和心理上的疲劳。在厌倦和疲劳的心理状态下，人的注意力就会下降，思维也就处于被动应付状态，这样，最后的学习效果是徒劳无益的。上面的调查结果已给我们敲响了警钟。

要改变现状，除了加强理想和目标教育外，更重要的是激发学生学习的激情，提高其兴趣。而要做到这一点，教师必须调动多种手段，改变教法，善于激趣，巧于引导，拨动学生的心弦，通过有效手段，把学生牢牢吸引住，把被迫转变为主动地动眼、动口、动耳、动脑、动手，以达到苏联教育家苏霍姆林斯基所说的境界：学生会“带着一种高潮的、激动的情绪从事学习和思考，对面前展示的真理感到惊奇，甚至震惊，学生在学习中意识或感觉到自己的智慧力量，体验创造的欢乐，为人的智慧和意志的伟大感到骄傲。”这样，才能让学生富有激情地去主动探求知识，通过内因进行驱动，学习的效果自然会提高，学习能力也自然得到提高。

（2）教学中有意识地加强学法的指导，是增强信心，达到会学，提高能力的关键。

学习的不得法，盲目的乱撞，是困扰学生学习的重要因素。大多数学生都想提高学习效率，但苦于无良好方法，以“笨”办法必然要走许多弯路。因此，学法指点就显得非常必要。

法国生理学家贝尔纳说过：“良好的方法能使我们更好地发挥运用天赋的才能，而拙劣的方法则可能阻碍天赋才能的发挥。”我国《礼记·学记》中也说：“善学者，师逸而功倍，又从而庸之；不善学者，师勤而功半，又从而怨之。”由此可见学习方法的重要作用。良好的学习方法，不仅学习省时，能提高学习效率，更重要的是让学生具备了独立获取知识的能力，能够适应未来社会的需要，而目前的学生在这个方面恰恰很欠缺。

因此，教学中要有意识地加强学法指导，“授人以渔”。学校可根据实际情况开设学法课，交给学生学习的金钥匙，培养学生良好的学习习惯，让其在成功的学习方法中获得成功的喜悦，体验成功的欢乐，从而激发学生强烈的求知欲望和提高学习的主动性，为将来善于学习奠定基础。

（3）进行心理疏导，是保证学生最佳学习心态的重要手段。

学生的“心理健康”如何，直接影响着学习效果。从调查表中可知，学生在心理健康上还存在着这样那样的问题。因此，一方面，学校要开好心理教育课和心理咨询活动；另一方面，班主任要加强心理理论学习，提高理论水平，利用班主任的特殊身份，加强对学生的心理辅导，开好心理讲座和一系列有针对性的心理活动，如挫折教育等；再一方面，任课教师也应积极主动地配合，关心学生心理健康。通过学校和老师的共同努力，帮助学生增强自信，激励自强，克服焦虑，摒弃嫉妒，让学生在生理、心理及个性品质上得到健康发展，从而为积极学习起到良好的促进作用。

（4）走近学生，创造和谐氛围，是学生主动学习的重要条件。

目前，仍然有部分教师没有转变观念，教学方法仍以讲为主，没有与学生进行深度交流，致使有的学生产生了逆反心理及抵触情绪，使师生之间距离远了，关系紧张，气氛不和谐，学习没能通过内因起作用，影响了学生能力的培养。上表中师生关系存在的问题已经证明这一问题实实在在地存在，这与当前的核心素养要求不适应，必须彻底改变。

首先是教师要改变教学观念，树立正确的教育观和学生观。教学是“教”与“学”的关系，课堂上应体现出师生双向的活动，绝不是教师一人独唱，将自己的思想硬灌给学生。必须发挥学生的“主体”作用，将单向的灌输变成师生之间、学生之间多向的交流。其次，要敢于放下架子，乐于走近学生，做学生的良师益友，创造一种自由、宽容、理解、和谐的民主气氛，让学生敢说，要容忍学生说错或提相反的意见，使学生的主人公地位、民主权利及人格得到尊重。用师生这种特殊的亲近关系去调动学生的学习热情，从而让学生的个性潜能得到充分发挥。

（5）注重劳逸结合，提高身体素质，是保证学习的前提条件。

身体素质好是学习的前提。然而从调查表中可看出，不少学生身体素质较差。由于升学的压力，不少学校（尤其是农村学校）不重视体育锻炼，减少了体育课课时，而学生也怕耽误学习而不愿锻炼，久而久之，学生在高度紧张的学习压力下，得不到适当的调节，使身体素质下降，抵抗力减弱，精神状态不佳，近视眼也逐年增多，由此不能适应紧张的学习，从而影响学习效果。因此，学校要重视劳逸结合，保证锻炼时间，教师尤其是班主任要加强督促，通过各种形式的活动加强锻炼，调节大脑，增强素质，使学生能以健康身体保证学习。

总之，目前影响学生的学习能力因素很复杂，颇值得研究。以上只是针对调查情况作了分析而提出的一点思考意见。虽然调查数字仅是一个班的情况，但很有代表性，存在的问题与其他学校有共同性。因此，了解这些因素，对于制定出有针对性的教育措施以促进学生学习能力的全面发展很有帮助。

素质教育与考试、应试

素质教育作为一项跨世纪的社会系统工程，着眼于21世纪，其意义是深远的。不少地方已迈出了可喜的一步，取得了较大的成绩。然而，纵观全国各地，素质教育的实施并不乐观，不少学校尤其是农村学校，很难谈得上素质教育的起色，学科课程和活动课程很难开齐，原因之一是实施者思想上的疙瘩还没解开。由于目前事实上还存在着升学压力（含中考、高考），不少学校的思想观念还没有完全转变过来，还心存疑问：究竟怎样的教育才叫素质教育？有的怕搞素质教育而影响升学考试，有的则担心抓了考试、应试就不叫素质教育。这些模糊认识及心理矛盾不解决，就会影响实施素质教育的进程。因此，笔者认为，实施素质教育首先应让学校领导和教师主动接受，而要主动接受就必须弄清几个问题，如素质教育与教育教学质量有没有联系？是不是排斥升学考试或应试；两者有没有统一性？实施素质教育是否会影响学校声誉和教师的业绩评定等。

一、考试与“应试教育”的联系及区别

搞素质教育要弄清究竟需不需要考试，为什么要改变现有的“应试教育”。应该说，考试是必需的，因为它几乎是伴随教育而产生的，历史证明它有着强大的生命力。纵观古今，考试作为一种选拔人才的制度，虽有它的弊端，但目前还没有谁能提出一种更好的办法来代替它。因此，考试本身并没有对错。而且考试与应试是一种必然的对应关系，有考试，就必然有应试备考，谁也不能否认这一事实。而现在，片面扩大了考试的作用，走向了一个极端，形成了以应试教育为主旋律的教育格局。这种教育虽包含有素质的内容，但它只以升学考试为目的，着眼于少数尖子生的培养，使无数中等生和后进生受到冷落和丧失自信心，因此，目标较狭窄，具有局限性。同时，只抓智育，强调分数，而忽视学生身心发展和全面素养的提升，又具有片面性。此外，这种教育还带有机械性，按照一个模式培养，不是依据学生个性及差异施教，只把学生当成接受知识的容器，压抑学生的主动性和能动性，使学生不能生动活泼地发展。其

结果必然以牺牲学生的素质发展或个性发展来换取眼前的考试选拔。这样，就与素质教育着眼于全体学生的全面发展及个性品质的培养相抵触。

从分析中可知，考试与“应试教育”有联系但更有区别，应试教育并不是考试造成的，而是教育思想、观念和评价机制不合理的结果。

二、考试、应试与素质教育具有相容性

要选拔人才，就会有不同方式的考试，而有考试的存在，必然有相应的应试存在，如果没有取消考试，就不能不谈应试。根据我国目前的具体实情，不可能取消各类考试。考试，作为检测教学效果的一种手段或作为上一级学校和用人单位选拔人才的方法是必要的，因此，应试也就自然存在，它们的存在并不妨碍素质教育，关键在于我们如何去认识三者的关系。

我们要明确，现今提出的“应试教育”只能是对现实教育弊端的概括，而不是对现实教育的全部概括，因此，否定应试教育并不否定考试。而与之相对的素质教育也并不排斥考试本身，它否定的是现实教育的弊端，继承的是现在教育的优良传统，探索并创造更加适应学生素质全面发展的教育思想和方法。其特征之一就是教育对象的全员性，即着眼于全体学生德、智、体、美、劳的全面发展，使其个性和创造性得到充分的发展，这样就能适应未来社会对人才多方面的需求。由此可见，素质教育的推进，学生的学习能力、心理品质和适应能力就更强，教学质量也只能是更高，学生更能接受国家、社会的各种检测，更能从容地参加应试。反过来，今后的选人制度更重素质，这样又将促使学生朝素质的全面发展上去努力。可以说，良好的素质一经形成，必然对考试作出积极反应，使考试取得圆满的结果。因此，教育质量与素质教育、考试是辩证统一的，素质教育与考试、应试也是相容的。当然，对考试、应试的不足我们也应该看到并纠正，应从素质教育的要求出发，积极改革考试和评价制度、考试内容和方式，使考试与整个素质教育相适应，做到考试与素质、选拔与素质有机统一。

以上仅仅是从道理上分析，而行动上只有教育管理部门督促、学校领导和教师真正致力于素质教育，才能使教学质量蕴含其中，才能使考试与素质教育达到真正统一。

三、建立科学而全面的教育质量评估机制

要使素质教育真正落实，必须改变现有的教育评估方法。上级部门如何去

评价学校的教育教学业绩，实质上是对学校教育的导向。而目前的教育评估标准，往往以升学率为主要标准，去衡量一个学校业绩，看其完成了多少指标，据此去排队、奖惩，这样评估只能促使学校去抓升学率，搞应试教育。教学课程的安排向考试科目倾斜，就自然削弱了其他学科，学生的德、体、美、劳成了教学的点缀，甚至成了一句空话，目前不少学校就是如此：即教师只管升学多少，学校只看总数多少，上级部门更看“出口”多少。至于学生的实际能力如何，则不关我的事。这样，学生的素质何谈全面发展？个性又怎能不被压抑？造就出大量的高分低能者也就不足为怪了。可以说，片面追求升学率是素质教育的致命之癌。

这一严峻的现实已走向了考试、应试的另一极端，教育评估的标准已达到非改不可的地步了。而要改，上级领导及学校业绩的评估者，必须本身转变原有的教育思想，统一认识，看到应试教育带来的弊端，明确素质教育的内涵及其未来发展的意义，从而改变以升学率为唯一（或主要）标准的教育教学评价制度，摒弃以考试分数和升学成绩作为唯一标准评价教师工作实绩的做法，建立一套全面而科学的教育教学评价制度。从学校课程结构的安排、教学内容的设置、方法的设计以及学生个性特点的培养等全面发展的综合素质上去考核学校的实绩，并且还要根据学校原有的基础和情况，用客观的发展的眼光看其进步状况，同时，加大宣传力度，达成社会各方人士的共识。这样的导向，才能为素质教育的实施创造比较宽松的环境，学校才能放下包袱，教师才能减轻压力，学生的积极性才能调动起来，也唯有这样，才能全面实施素质教育，以期真正提高教育教学质量，使培养的学生成为社会需要的人才。

评估方法的改变，使升学考试、应试与素质教育的矛盾得到了解决，也给学校和教师松了绑，学校就能大胆着手改革。

四、改革课程结构和教学内容

要想使学生的各项素质在教育教学中得到落实，让全体学生接受国家全方位的选拔考试，关键在于改革课程结构和教学内容。

《中国教育改革和发展纲要》明确指出了素质教育的特点及基本内容：“中小学要由应试教育转向全面提高国民素质的轨道，面向全体学生，全面提高学生的思想道德、文化科学、劳动技能和身体心理素质，促使学生生动活泼地发展。”而这些素质的落实必须依赖于广泛的课程，因为课程体现教育的内容与要求，是实现教育目标的载体，而一定的教育总是通过一定的课程来予以保证的，因此，严格执行国家课程计划，才能使素质教育有保证。

然而，长时期以来，学校多呈单一的学科课程体系，不少学校只求升学率，置国家课程计划于不顾，随意删减课程（农村学校很难看到音、美及卫生、心理等课的设置），常常是考什么教什么，并无节制地“加班加点”，使师生处于紧张的应试状态中。这样学生根本无法也没时间发展自己的特长，使学生的身心健康受到严重影响，全面素质加特长就成了一句空话，素质教育自然等于零。而改革课程结构和教学内容就是为了纠正这一应试教育带来的不足。

那么，怎样改革呢？《九年义务教育课程方案》指出：“学校在教育教学工作中，要充分发挥学科课程和活动课程的整体功能，对学生进行德育、智育、体育美育和劳动教育，为学生全面发展打好基础。”所以，在现有改革中，首先就是要开齐各门课程。在学习课程中又要抓好必修课、选修课和乡土教材（课）和校本教材，以期达到国家规定的学生应有的基本素质和培养学生热爱家乡、热爱祖国的情感。在活动课程中，要根据学生的具体情况设置兴趣小组，发挥学生个性特长，培养学生的主体性。此外，还要抓好隐性课程，如校园文化建设、班风学风建设等，使学生每时每刻都受到良好素质的熏陶，使素质教育的内容变得丰富多彩。当然，在这几者中，学科课程是教学的主体，所以教师的重点是要在学科教学中强化素质教育。这样，就能变单一的学科课程为包括学科课程、活动课程、乡土课程、隐性课程，必修课、选修课与校本课程并存的多样化的课程结构体系。而且既有重点，又较全面，既有知识，又有特长、能力，这样，就能从多侧面、多层次、多角度、多范围地提高学生的核心素养，有助于推进素质教育的进程。

五、建设一支高素质的教师队伍

有了对考试、应试与素质教育的正确认识，为实施素质教育准备了前提条件，而课程结构的改革与教学内容的补充，使素质教育的实施有了依托。然而，要真正落到实处，提高教育教学质量，达到国家所提倡的“立德树人”的要求，其根本保证还必须依赖于一支高素质的教师队伍。

素质教育的实施离不开政府行为，社会理解、支持以及学校校长的重视，但归根结底素质教育的内容要依靠教师来落实，目标要依赖教师来实现。可以说，学生素质的提高，往往是若干教师共同努力的结果。这说明每个教师在素质教育中都负有重任，其作用是其他人员无法代替的。可是，目前教师还没能从应试教育中转变过来，其本身素质还不能与现实素质教育相适应。辽宁省教育研究院副院长齐仁深研究员说得好：“‘应试教育’不仅压抑束缚了学生个性的充分发展，也制约和妨碍了教师素质的提高和能力的发挥。”因此，提高教师的群体素质就显得尤为必要。

首先，要组织教师学习和研究新的《课程标准》和《中国教育改革和发展纲要》，研究当今中国学生核心素养发展的要求，明确素质教育的本质、任务和深远意义，找准应试教育与素质教育的区别，让他们明确肩负的历史责任，树立正确的课程观、教学观和学生观，把有关目标转换成教育言行。

其次，加强教育心理学及教育理论的学习，抓好课堂教学的改革，提倡教学民主，教法多样，充分尊重和信任学生，引导学生个性发展，使全体学生在教师教学艺术熏陶中得到同样的爱，获得全面的发展。

最后，加强科研意识和实践研究。学校的发展依靠改革，学校的进步依靠科研。素质教育更需要科研型的教师。因此，要大力加强科研，要根据学科特点，构建与理论配套的科研课题网络，使之在科学理论的指导下，运用科学的方法，系统地认识和解决在实施素质教育的过程中尚未认识和解决的教育教学问题。通过教师队伍的建设，提高教师的素质，使之主动地而不是被动地，全面地而不是片面地，行动地而不是口头地去抓素质教育。

有了以上几点认识和保证，我们相信，不久的将来，就会真正带来素质教育的春天。

共同的认识，自觉的行动，努力的实践，有效地将素质教育贯穿于各课程之中，必将带来素质教育的春天——以素养为中心，促进学生的全面发展，达到博学与专长的统一；以全体为对象，使全体学生成为合格的中国公民，达到个性与社会的高度统一；以学生为主体，最大限度地激发学生的智慧潜能，达到文理渗透和继承与创新的统一；以发展为动力，培养学生健全的个性心理，达到与身心的统一；以未来为目标，引导学生自能学习、自能生活、自能竞争，达到为学与做人的统一。这样，就会使素质之花结出丰硕的果实，使学生成为复合型多功能的人才，经受得起各行各业的选拔考试。

因此，素质教育的有效结果，既能满足社会发展对多种人才的需求，也有利于提高教育教学质量，提高升学率；既是教育的最高理想，也是应试成功的一种有效保证，而这一结果正是我们所期盼的。

标点符号不可忽视

当今的教学，不重视标点符号的现象很普遍，学生忽略标点符号的运用更明显，对标点符号表情达意的价值认识模糊，这一现象应引起我们语文教学的重视。

请看下面一则有关标点符号的故事：

德国诗人冯达诺在主编一杂志时，曾收到一篇诗稿，这首诗从头到尾没有一标点。作者在附言中说："我对标点符号向来不在乎，请你在刊登时自己填写好了。"冯达诺立刻回信说："我对诗向来不在乎，下次请您寄些标点来，诗由我填写好了。"这封信不是对那些不重视标点运用的人的一次很好的教育吗？

标点符号，是一篇文章不可缺少的组成部分，文中的语气、停顿及各种思维的不同情况，只有借助标点符号才能更好地表达出来。因此，标点符号是传情达意的重要手段，是思维的一种反映，其作用不可忽视。比如课文《为了忘却的记念》，文中写到作者（鲁迅）得知"柔石和其他二十三人"被警备司令部枪毙并中了十弹时，接着提行写道："原来如此！……"应该说作者听到柔石等人被杀后是非常愤怒的，其怒火将暴发出来，然而作者并没有用其他语言，而是在"如此"之后用感叹号和省略号来表达更复杂感情。这里的感叹号表示了强烈的愤怒和震惊，紧接的省略号包含了许多难以尽述的愤怒、仇恨和对死者的思念痛悼之情，寓意丰富，耐人寻味。这里正是借助标点符号将复杂的感情表达了出来，如果离开了标点符号，就难以达到这一效果。又如《为了六十一个阶级弟兄》一文，在写到六十一名弟兄生命危在旦夕，而附近又无"二巯基丙醇"特效药时就充分利用了标点符号的作用：

给患者喝下绿豆甘草水解毒，无效！

给患者又注射了吗啡，仍然无效！

非用特效药"二巯基丙醇"不可！

三门峡市没有这种特效药！

运城县没有这种药！

附近各地没有这种药！

这里一连串的感叹号，直戳人们的心，把那种严峻的局势推向了高峰，加强了紧张的气氛，这一效果如果没有感叹号是无法办到的。

从上面反举几例可以看出，书面语言缺了标点符号是绝对不行的。然而，现在的不少学生，并没有认识到标点符号的重要性，根本不重视标点的运用，影响了语意的表达。这种忽视标点符号的现象主要有以下两种情况。

（1）对标点符号的正确使用不重视。平时作文，不少学生根本不管标点，也不考虑那里该用什么标点，往往是一篇作文一逗到底或一点到底，看不出个语气来，这和开头提到的那位诗作者一样，不在乎标点，让老师来修正。这种情况在学生中是普遍存在的。

（2）阅读文章只看文字不看标点。学生读课文或读课外文章，只读文字，很少有人把眼光放在标点符号上，更没有多少人人去揣摩分析标点符号在这里的作用和效果。这种情况更为普遍。

由以上不重视带来的结果是：不能正确使用标点符号，不能更好地传情达意。久而久之，学生即使想用好标点符号，也很难准确运用，错误百出。这样下去，语文的教学任务是无法完成的，也是很难适应社会对表达准确运用的需要的，这一现象不能不引起人们的重视。现今的中高考作文，不少学生忽视了标点符号的运用，也会影响作文的分数。

因此，我们必须高度重视标点符号的运用。在思想重视的基础上，在教学行动上要落实。应将国家颁布的标点符号规范运用标准融入教学中，平时在阅读课文和课外读物时，要用心引导学生分析别人这样用的特点及好处，并在自己的文章中认真使用，加强辨别。这样坚持，就能够正确掌握标点符号的特点，进而能够准确运用标点符号，达到应有的表意和表达情感的效果。

教师发展篇

教师的人生价值主要体现在人的培养上，而人的培养离不开教师的良好素养。要完成培养人的任务，教师必须在不断的学习中、观念的更新中、知识的拓展中、专业技能的提升中、精神的追求中不断发展自己、完善自己。教师发展了，学生才能更好地发展。正因此，教师如何发展，如何提升，就是我们需要认真思考的问题。

做一个有思想的语文教师

人具有了思想，才具有了真正的灵魂。语文教师具有了思想才有了语文教育的灵魂。法国17世纪哲学家帕斯卡尔说：“人只不过是一根苇草，是自然界最脆弱的东西；但他是一根能思想的苇草。”“因而，我们全部的尊严就在于思想。”这句富有深刻内涵的话，强调了思想于人的重要性。在语文教育中，语文教师的思想对于学生的成长而言也是非常重要的。

有人说过，“你真正的生命是你的思想！”教育需要思想，语文教育更需要有思想。因为，语文是最接近学生心灵的学科，是最能激起情感和思想共鸣的学科。语文课堂又是师生之间思想共生的场所，是学生精神的营养地、思维的培育地；是一种思想对另一种思想的影响；是一个生命对另一个生命的滋养。语文教师，又是最易于与学生心灵交流的老师，思想碰撞的老师。语文教师要充分利用语文学科的特点和语文教师的优势，明确自己的责任不仅是传授知识和培养技能，更重要的是传递思想、激活思想、丰富思想，使我们的语文思想让学生终身受益。因此，做一个有思想的语文老师非常重要。

可以说，一个对学生有终身影响的教师，一定是一个有思想的教师。一个语文教育者，拥有思想应当成为自身素养的核心要素，而拥有思想，就是不要停留在人云亦云的思想套子里，要有自己的对语文教育的想法，有自己的见解，并拥有这种思想下的教学行为。没有思想意味着你只能成为别人思想的奴隶，把自己的思想装在别人的脑袋里，这也意味着你失却了一个富有个性的自我，一个鲜活的语文教育者。

语文教师要想思想的创生，不断地用自己的思想去点燃学生潜在的思想之火，不是被动等待，必须积极主动地积累自己的思想，夯实思想根基。而要做到这一点，因素很多，但是最重要的一点就是多读书。阅读是语文教师获取思想源头活水的重要途径。读专业方面的书，读教学方面的书，会夯实我们的专业底子，扎实我们的专业根基；读先进的国内外的教育理论，读教育心理学，会改变我们的想法，丰富我们的思想，更新我们的教育理念；读哲学、美学、文学、史书等，可以拓展我们的视野，增加知识的宽度，提升我们的思维能力。苏霍姆林斯基说，跟书籍结下终身的友谊，就是最好的备课。多角度、多方位的读书，必将为我们拥有语文教育思想奠定基础。要做一个有思想的语文教育者，拜读同行名师的作品也是不可缺少的。我们可以读魏书生，读于漪，读钱梦龙，读陈仲梁等老一辈教育大家；也可以读程红兵，读李镇西，读李海林，读程翔等新一辈教育者。从他们的教学行为中获取其他书本中无法得到的教学思想。从他们身上可以看到具有其教学个性的一个个的“自我”，明白他们在教育生涯中，体现了一种怎样的思想。读他们的成长史，可以看到他们的思想是怎样形成的，又是以怎样的思想去影响学生的。并借此不断地反思自己，改变旧我，使一个鲜活的自己成长起来，在此过程中，养成会思的习惯，逐渐拥有自己的思想。

一个有思想的语文教师只有将思想融入到具体的教学中才能体现出价值。

语文教育思想应体现在对文本的解读上。面对教材，应有独到的见解。在教学备课中，不能囿于教参和教辅，不是首先看看教参是怎样分析的，别人是怎样理解的，应用自己思考探究的眼光审读文本，用自己积淀的学识独立地钻研教材，从广度和深度上进行独立的解读，读出自己的理解。这样，你鲜活的思想才能在个性的理解中凸现出来，你用自己对文本的个性解读和深度的理解去激活学生的思维，去培养学生愿思考、会思维的习惯，从而带给学生终身有用的东西。

语文教育思想应体现在教学设计上。教学设计不要被模式所羁绊，好的教学设计体现的是一种灵动的、生成的教学理念，而不是僵化的、固定的模式。应根据课文的需要、学情的层次和学生的接受心理以及学生思维的提升设计。通过合理而富有创意的设计，体现你的教学思想。通过这种思想去积极地影响学生，调动学生思维的真正参与。

语文教育思想应体现在课堂上，用自己的思想去点燃学生的思维火花。我们常常要学生“学会思考、善于思考”，如果自己都没有思考，怎样让学生信服？因此，作为一个语文教育者，应用我们鲜活的思想去构建鲜活的课堂，引导学生去思考，去发现。在讲解中将好的思想进行传播，在交流中对学生的思想不断丰富，在对话中对不良思想进行修正。这样，我们的语文课堂就会在智慧火花的碰撞中、在思想的争鸣中，挖掘学生潜力，激活学生的思维，提升学生的感悟、解读和思考的能力，拓宽学生思考的宽度，增强学生思维的厚度。真正让我们语文教育者的思想之花在与学生交流中结出思想之果。

语文教育思想应体现在教学反思上。笛卡尔说："我思故我在。"语文教师在教学中不断地反思会让教学思想更加清晰。反思教学设计是否合理，反思教学内容的选择是否恰当、是否适合学生，反思教学问题的设计能否激活学生的思维，反思教学实施路径是否有效，反思教学效果是否高效，反思课堂还有什么问题，反思这堂课最值得借鉴的经验是什么。这样多角度、多层次的反思，教师的教学思想会越来越丰富，越来越成熟，反思出来的经验和教训就更有参考价值。

语文教育思想应体现在看课、品课上。在揣摩、研究别人的课例中去收获他人备课的思想、设计的思想，在与别人课例的对话中去充实自己的思想或纠正自己的思想。同时，在看课、品课中，又用自己的教学思想去丰富、完善别人的课，这个过程，也是自己的思想体现价值的过程。在语文教育的道路上，边行走，边品课，边收获，边成长，在不断的共生中，自己的教学思想会更加成熟，对学生的成长就更加有益。

有思想的课堂，才是有厚度的课堂。古代哲学家柏拉图说过：亮光在你背后，生命期待我们蓦然回首。如果我们用智慧去构思课堂，用思想去点燃学生的思想，用思想去引领学生前行，用思想去为学生的终身学习打下基础，学生获得的不仅是"当下"的发展，更多的是"未来"持续的发展。那么，几年过后或者几十年后，回过头来看，我们作为一位语文教师，没有白白地站在讲台上，我们可以自豪地说：我们用思想培养了一代能够撑起蓝天的大树，他们都是社会栋梁。

做一个有思想的语文教师，这不是苛求，这是时代赋予我们培养学生的需要。用我们的语文思想，去照亮、唤醒思想正在发育的学生吧，这是我们的责任，也是我们语文教育者共同的愿望。

教师自我提升途径之ABC

一个优秀教师一定会重视自己成长的每一步，只有不断地提升自己才能不断地完善和超越自己，升华自己的教学境界，提高自己的教学艺术，也才有可能可持续发展，在自己的学科有所建树。教师的发展，教师的专业提升，途径有很多，参加各种培训和各种交流，是重要的方法，但是，参加培训和外面交流的机会并不多，真正更实际、更有效的提升更多的是靠自己，靠自己主动的努力。

教师自我提升途径之一——奠基础

笔者认为，一个教师要想不断地成长，不断地提升，途径是很多的。其中之一就是奠基础。这里主要强调两点。

变观念——是不断走在教育教学前列的前提。思想是行动的指南，观念制约着自己教育行动的范围。因此，要不断地变革自己的思维，不断地经历观念的大地震，不断地学习先进的教育理论和丰富的人文知识，吸纳国内外的先进教育理论知识，树立全新的现代教育思想，从而提高自己的理论修养，让新的理念在我们头脑中扎根。变观念需要阅读一些先进的教育理论书籍，订阅一些学科专业杂志，阅读一些名家的教育思想书籍和课堂实录，与同行朋友交流。这样，我们才能用现当代先进理论从广度和深度上对现代化教育教学进行审视和研究，从而让鲜活的理论带来鲜活的课堂，让鲜活的课堂使学生产生鲜活的思想。这样，我们教学的思想才不会落伍，我们的课堂才富有灵性，我们的课堂才具有现实性，才能不断地跟上教育现代化的步伐。

夯底子——是上好课的重要基础。吕叔湘先生说过："要想提高语文教学效率，根本的问题是语文师资问题。教师的水平高，才能教出好学生。"教师在教学中能否游刃有余，首先应看你的知识尤其是专业知识的底子是否厚实。因此，一个教师，要不断地扎实自己的专业知识，拓展视野，吸纳先进的知识，完善自己的知识结构，增强自己的文化底蕴，治疗知识上的"贫血症"，不断地夯实底子。这样，才能在教学中感到更踢实，教学起来更顺手，教学思路更宽广，教学方法更灵活，驾驭课堂的能力更强，处理问题更从容，课程更加富有灵性。

教师自我提升途径之二——勤拜读

教师在教学中能否征服学生，能否紧紧地把学生“吸”住，不仅要看你的知识尤其是专业知识的底子是否厚实，更重要的还看你能否随时吸纳优秀教师的教育教学经验，借此来丰富自己的教学经验和优化自己的教学方式，提升自己的教学艺术。而要做到这一点，勤拜读不失为提升自己的好途径。

可以说，拜读名师是不断地充实自己、完善自己、超越自己的重要保证。教学的实践体验、探索，是自己成长的最根本的要素；而拜读名师是我们提高教育教学效果少走弯路的必要途径。从他们身上我们可以吸收教育教学的“营养”。因此，教学之余，应多亲近名师，拜读名师。既要拜读老一辈，也要拜读教坛新锐。读他们的思想，析他们的教学设计，品他们的教学细节，悟他们的教学行为，就能获取其他书本中无法得到的教学思想和教学的艺术。并借此不断地反观、比照自己的教学，不断地总结、扬弃、革新自己的教学。这样，在不断拜读、研究、反思、扬弃、优化的过程中，自己的教学才能走上一个新的台阶。

教师自我提升途径之三——会思考

拜读名师是少走弯路、提升自己的重要途径，但仅限于此是不够的，还要会思考。

思考，是每一位老师都能做到的，但能思考并不代表有效或有实在价值。只有会思考，才可能对自己的教学有实实在在的促进作用，才可能使课堂教学的有效性得以保证。这里的会思考主要指以下五个方面：

一是善于思考某篇课文或某个章节在特有单元里的特有教学价值，从而选取有效的教学内容，确定恰当的教学角度；

二是善于思考怎样根据自己的学生层次（学情）和特点（心理特点和年龄特点）设计教学方案，提高教学的针对性；

三是善于思考用怎样的教学方法才更有效，选取怎样的路径才能达成教学目标；

四是善于思考怎样根据课堂教学的生成情况调整新的教学内容和教学方法，不要让课前的预设成为课堂僵死的教条，而应让课堂成为灵动的、生成的、鲜活的课堂，用生成的理念更好地激活学生的思维，调动学生的潜能；

五是在教学后善于总结。总结自己在教学中的得失，在总结中不断提高。善于思考，有助于提高教学的针对性和有效性，提高教学过程的质量，进而提高教学质量。

有思考，就会有进步，善于思考，就会有更大的进步。

教师自我提升途径之四——乐倾听

乐于倾听，是一种态度。一个只看重自己、忽略或轻视别人的意见是不可能有多大进步和走多远的。

乐于倾听是提升教学层次不容忽略的有效途径。反思自己的成长和进步，离不开主动地倾听他人对自己教学的感受和意见。在乐于倾听中，下面三点很重要。

（1）要乐于倾听学科同行发自肺腑的声音。同行站在学科的角度、旁观者的角度，能够清楚地看到你的优点，更能看到你学科中的问题。倾听他们的意见，会发现自己的问题，从而修正自己的不足。

（2）要乐于倾听其他学科老师的意见。其他学科老师站在另一角度观察你、认识你，他们从自己经验中来评判你，从比较中来提醒你。倾听他们的意见，可以获得他们教学中的宝贵经验，来弥补自己的不足。

（3）要乐于倾听自己学生的真实感受。这一点在“自序”里略有涉及。我的经历告诉我，教学生活中最大的收获并促我不断反思自己教学的原因之一，是假期与毕业后的学生的心灵对话。他们中有大学生、研究生、留学生、教师，最大的与我的年龄相近。在与他们谈各自的见闻、生活的感悟之余，就是听他们对我教学的“评头品足”。这时的交谈他们没有顾忌，原来当学生时不敢说的话现在可以说。这时的心灵吐露是真实的，是弥足珍贵的。他们多年后还津津乐道于某节课给他们留下的深刻印象，这是对我的极大地鼓励；当他们直言或者含蓄地指出我的教学方式还可以商榷时，我听出了善意的批评和建议，这促使了我去认真反思和总结。在这种倾听和反思中，自己的教学艺术和教学境界，就会得到新的提升。

教师只有不断地发展才能不被时代淘汰，这是人们的共识。而教师要想发展，只有不断地寻求提升自己的最佳途径，不断地完善自己、超越自己，才能有全新的自我，而乐于倾听，就是达成这一效果的途径之一。

教师自我提升途径之五——善反思。

美国心理学家波斯纳提出一个教师成长的公式："经验＋反思＝成长。"从这个公式可以看到，教师的成长必须有经验的积累，但光有经验不够，还必须有教学过程中的反思，反思是成长中必须经历的。

有人说，优秀教师的激情和智慧，使课堂充满了灵气。他们的灵气是从自读中来，从反思中来，从交流中来。这又从另一角度说明了反思的重要作用。

可以说，乐不乐意反思，勤不勤于反思，善不善于反思，是普通教师和优秀教师的重要区别的标准之一，也是教师进步快慢的重要因素之一。

因此，一个教师要想提升自己，教学反思是不可少的。

反思的方式很多，不同的反思方式有着不同的效果。提高自我方式可以从以下几个角度进行。

第一，对自我教学进行反思。在每次授课后，就自己在本堂课的表现进行思考，就教学设计是否合理进行思考，首先教学内容的选择是否恰当进行思考，就教学重难点的把握是否恰当进行思考，就教学问题的设计是否抓住关键进行反思，就目标要求的设定是否符合学生的层次进行反思，就教学环节的处理是否流畅进行反思，就教学手段和方法的运用是否最佳进行反思，就学生调动的情况是否理想进行反思，就教学目标达成的情况进行反思，就对学生语文思维的培养强度是否恰当进行反思；就自己本堂课的亮点进行总结，就自己课堂存在的问题进行反思和剖析。借助这些反思来提升自己的教学水平。

第二，在比较中反思。通过倾听其他老师（包括本校和外校老师）的课进行反思。同样的课，看看别人的优点和长处在哪里，在与自己的比较中清醒地看到自己的弱点。同时，在倾听别人的课时，也可以反思所听的课有没有问题，有没有不足，如果有又怎样克服，怎样进行优化。通过这种方式，来不断促进自己对教学的思考，对教学的优化，进而提升自己的教学艺术。

第三，教学反思要与教学实践结合。教学的反思不能停留在思考的层面，而应该将反思转化为具体的教学行为，在教学思考中去优化，在教学实践中去体验，在体验中验证，在验证中又进一步反思其效果。这样才能保证反思的价值。

教师自我提升途径之六——创路子

创路子是自己课堂教学发生根本改变的基础。学习别人的经验很重要，但别人的经验可以借鉴，但不能总是复制。一个不懂创新的教师，永远只是跟在别人的后面亦步亦趋，不可能有太大的成就。路子是自己走出来的，没有谁能够代替。

创造性的课堂是富有个性的课堂。有人说：没有教学创新的教师是没有灵气的教师，没有教法创新的课堂是没有生机的课堂。教学创新是我们吸引学生、提高教学效率的保证。同时，也是教师专业成长，从普通走向名师的保证。任何一个有成就和给人影响的老师，都在自己的成长道路上探索过，并提炼出新的教学路子。全国著名特级教师余映潮老师，在他多年的教学实践中，独创了全新的“板块式教学思路”。“板块式”教学设计思路是一种既实用而且又有很精巧的教学思路，在全国语文界产生了很大影响。

新课程改革给我们提供了一个创新的平台，我们应该充分抓住这样一个机会，充分利用自己教学的那一块教学阵地，在学习他人的基础上，寻求并开拓适合自己的路子。在教学内容的选择上，在教学的思路上，在教法的实施上，在教学的其他方面上，勇于探索，加强实践，不断总结，勤于修正，优化提升，闯出一条属于自己的教学之路，努力成为一个富有个性且有创造性的教师。

教师自我提升途径之七——重教研

重教研是提升教学层次的重要条件。

作为一个教师，不能只当“教书匠”，应努力向“专家型”“科研型”方向发展。我们不能停留在经验上，更不能停留在为应试而教的层面上。应加强现代教育理论和科研专题的研讨，明确科研的内涵和进行研究的方法，提高自己的科研能力。教学中，自己要不断地给自己找事做。多结合自己的教学实际，针对问题，加强反思，寻找突破口，进行切切实实的校本教研，这样，在教学和探究中，才能不断地解决教学中的实际问题，提高我们的教学层次，提升自己教学思想的厚度，进而促进自己教学质量的提高。

教师要有自我提升的意识，并付之于实践，并不断反思、不断改进，才能提高自己的教学品质。

青年教师要重视自己的形象

学校的质量在于课堂，课堂质量在于教师。正因此，各级各类学校对于教师的培养很重视。

在教师的培训中，不能忽略青年教师，加强青年教师队伍的建设，又不能忽略对青年教师形象的探讨。加里宁说过："教师的世界观，他的品行，他的生活，他对每一现象的态度，都这样或那样的影响着学生全体……可以大胆地说，如果教师很有威信，那么这个教师的影响就会在某些学生身上永远留下痕迹。正因为这样，一个教师必须好好检查自己，他应该感觉到，他的一举一动都处在最严格的监督之下，世界上任何人也没有受着这样严格的监督。"可以说，青年教师的形象，既反映了教师本人的素质，又将对学生产生巨大影响。

今天，青年教师在各级学校中占有较大数量，我们应该高度重视。青年教师形象主要含课堂形象和课外形象两个方面，下面试就两方面的形象谈点粗浅的看法。

一、课堂形象

青年教师与学生的接触更多的是在课堂上，因此，课堂是青年教师塑造自己形象最主要的阵地，青年教师课堂形象的塑造，主要在以下几方面。

1. 仪表美

仪表美主要就装束、打扮、服饰、发型而言。青年教师必须注重仪表美。可以说仪表美是心灵美的外在表现，它不同程度地反映了自己的文化程度和修养；它又是无声的老师，直接教育和影响着学生。当然，爱美之心人皆有之。尤其是青年教师喜欢打扮，使自己更具有青年人特有的魅力和风韵。这本无可厚非，但我们是教师，就要受到这一高尚职业的约束，打扮要有限度。试想，一个青年教师，当他烫着卷发，甚至蓄着长发和耳发，穿着时髦而奇特耀眼的服装步入教室时，恐怕学生的注意力只能集中在你的发式和奇服上。相反，那种不修边幅，歪帽歪鞋，衣冠不整，站坐无相，有损教师形象而给学生不良影响的仪表也是要反对的。

因此，青年教师仪表美不在于穿着的奇异、花俏、赶时髦，而在于讲究而不妖，朴素而不俗，庄重大方，整洁得体，潇洒而自然，从而体现自己内在的修养和精神文明，在学生面前塑一个既有风度又不失身份的青年教师形象。

2. 知识美

如果说仪表是青年教师在学生面前塑造的第一形象，那知识的修养，则是课堂给学生最本质的形象。因为教师是以传授知识和培养学生能力为目的的，语文学科涉及知识面极宽，这就要求一个青年教师必须具有渊博的知识，才能赢得学生的尊敬和钦佩。“凡操千曲而后晓声，观千剑而后识器；故圆照之象，务先博观。”唯其有深厚的专业知识和“博观”，才能驾驭教材和处理教材。

学生喜欢的教师正如苏霍姆林斯基在《教育的艺术》中说“学生应当从教师身上看到一个聪明的、学识丰富的、对知识入迷的人”。因此，青年教师只有勤奋而广泛地学习，不断地丰富和完善自己的知识，才能在课堂上得心应手，能讲清、讲透、讲到位，受到学生欢迎。如果一个青年教师知识十分浅薄、贫乏，对课文解读肤浅，对问题说不清、讲不透，甚至出现知识上的错误，就会给学生留下不好的影响，失去学生的信任以及被学生看不起，这将会极大地降低了自己在学生心目中的形象。

3. 语言美

要想知识得以很好的传授，学生乐于接受，语言表达是关键。试想，一个青年教师，当你得体地站在讲台上，而语言表达却不流畅，层次不够清晰，啰嗦、重复，你的形象将会在学生心目中大大地被降低。

有人说：“教师应该是一位语言大师。”这话不错，苏霍姆林斯基说过：“教师的语言素养在极大程度上决定着学生课堂上的脑力劳动的效果。”(《给教师的建议》)可见语言表达之重要。作为一个青年教师，在课堂上口头表达技能正是自己的主要职业技能之一，是将知识传递给学生的主要方式。因此，青年教师如果不加强语言表达的训练就不会受到学生欢迎，而要想在课堂上完美地展现自己的形象，就应该以语言的魅力来吸引学生的注意力，唤起学生的求知欲望和热情，做到“好的语言不是磁，但能把学生吸住”。具体来说，要做到以下几个方面。

（1）语言准确、简练。古人说“丰而不余一言，约而不失一词”，这是语言表达的最高境界，这是语言追求的目标。课堂上，教师的语言有示范作用，不能随意，要准确把住教学内容，语言尽量做到对内容表达明晰、简洁。做到吐词准确，发音清晰、言简意赅，让学生因教者语言的严谨而学会思之有序，言之有理，给学生极强的感染。切忌啰嗦、重复，带“口头禅”，更应避免教材吃不透而支支吾吾疙疙瘩瘩的表达。否则，就会影响学生的学习情绪，损害自己的形象。

（2）讲究语言的艺术性。动人的语言听来是一种美的享受，而干瘪无味、毫无语言节奏的讲述只能让人感到痛苦。因此，青年教师应养成良好的表达习惯。平时要加强语言的训练，做到音量适中，且根据表情达意的需要，注重高低强弱、轻重缓急的变化；音速要适中，不要太慢，也不宜太快；讲述要有情趣，适当穿插诙谐、幽默的语言，课堂因你的语言使教学轻松活泼。同时，根据内容的需要，时而激越，时间慷慨陈词，时而委婉叙述，能悦人之耳，能爽人之心，并以充沛的感情带领学生进入特定的情景。激发他们对教学内容的兴趣，产生一种有利于教学的心理指向，从而提高教学效果。这样的语言表达，更能赢得学生的敬佩，教师在学生心目中的形象才会加深。

（3）深入浅出，通俗易懂。口头语言出口即逝，这就要求语言明白易懂，青年教师要应针对学生的接受能力，善于将抽象概念具体化，把深奥道理形象化，选用最能激起学生兴趣、易于理解的通俗语言来阐明事理，从而让学生愉快而轻松地接受。

除了口头语言表达外，板书语言仍不可忽略。青年教师要讲究板书的形式美、布局美，整体设计要匀称不凌乱，书写工整不潦草。这样以美的符号再现于学生视野中，学生易于接受，并会为教师良好的书写习惯而受到影响，而那种不注重板书，图形文字杂乱无章，“不拘小节”。只能压抑学生的学习兴趣，而且还会给他带来烦躁、懒散、拖沓等坏影响。因而，青年教师应以良好的书写给学生留下难忘的印象。

4. 动态美

所谓动态美，就是青年教师在讲台上借助表情、手势以及身子的移动来加强表达效果，以此再现给学生美的形象。教学离不开动态，在课堂上，我们既要克服那种过分拘谨、手脚无处放、站位固定、面部表情死板而显得极不自然的倾向，又要反对手舞足蹈、动作过大、过度夸张而显得极不严肃的倾向。作为青年教师应像有经验的老教师那样，把握动作的度，使动作恰当的与语言表达相配合，做到既以姿势助说话增强教学效果，但又不可轻举妄动过于夸张；既可来回于学生行间显得轻松亲切，但频率不能太高；既要将感情形于色，露于外，但又不能喜怒无常而无法自控。青年教师应该做到手的挥动、脚的移动、身子的俯仰，保持一定的弧度，快慢适中、恰到好处，从而达到动而有节，节而蕴趣，趣而促解的功效，提高自己的教学效果，完善自己的形象。

教师课堂形象除上面所谈外，还有很多。比如，青年教师还应具有灵活多样的教学方法，具有能作应急补救和调节课堂突发情况的应变力，从而轻松自如地驾驭课堂，以赢得学生的尊敬。另外课堂上修养要高，宽宏大度。有的青年教师碰上不听话或成绩差的学生，经常发火，甚至讽刺挖苦，这样只能僵化师生关系而影响教学，因此青年教师要克服易冲动发火的不良习惯，换之以和蔼、宽厚、大度、严肃的态度，搞活课堂气氛，融洽师生关系，使自己的形象在学生眼中高大起来。

二、课外形象

教师展现给学生的不仅是课内形象，还涉及课外形象。

课外形象指青年教师于课外在学生面前和在社会中展示的自我形象，这一形象如何，直接关系到青年教师的整体形象。因此，青年教师应在课外塑造一个具有人格美、行为美而值得学生效法的教师形象。

教育家乌申斯基说过："教师的人格，就是教师的一切。"然而有的青年教师不重视人格的完善，在课堂上可谓堂堂正正，讲话严肃，大道理头头是道，团结、尊重、谦虚，呈现的是一个有教养的教师形象。可是，一离开课堂，就降低了要求、失去了教师的身份、于师德不顾，自由而散漫，甚至在学生面前说脏话，乱扔垃圾，一旦不能满足自己的愿望就耍脾气，摆摊子，丢手不干，甚者谩骂他人，这严重损害了教师形象，玷污了教师的人格，在学生中产生了极坏的影响。试想，学生看到自己的老师是这样一种形象会怎么想？要知道，学生除了在课堂上认识你外，同样还在课外认识你，接触你。一个青年教师（尤其是班主任），在课堂上和课外各塑造一个形象，学生必将认定你是一个言行不一，教一套，行一套的两面形象。教育心理学告诉我们，青少年学生正处于成长时期，求知和成才的愿望使他们具有"向师性"的心理，这种心理让学生把他们尊敬爱戴的老师，视为自己效法的榜样，可见，教师形象对学生的影响是巨大的。一个合格的青年教师，就应该具有高尚的职业道德，做到课内课外一样，言行一致，从而值得学生去效法。

“教师把学生造成一种什么人，自己就应该是这种人。”这是车尔尼雪夫斯基的一句有名的话。要想学生如何做，首先应该检查自己是否这样做。课外，青年教师应该树立这样的形象：

① 课内课外一个样，言行一致；② 上进好学，兴趣广泛、活泼有朝气；③ 为人师表，说话文明，行事规范，整个言行要符合教师的身份；遵守职业道德和社会生活规范；④ 不计较个人得失，要有牺牲精神；⑤ 乐于助人，尊老爱幼；⑥ 谦虚待人、保持宽容、大度豁达的品格。

教师“只有在这种条件下，我们在道德上才有权力来教育学生”（苏霍姆林斯基语）。因为青年教师的作风、习惯、待人处事方法、治学态度等，都逃不出学生的眼睛而受其影响。孔子说：“其身正，不令而行；其身不正，虽令不从。”（《论语·子路》）只有我们“身正”，才能配当老师，才能当好老师。因此，青年教师的课外形象应给学生留下美好的印象。

总之，青年教师形象的塑造是非常重要的，因为今天的青年教师，将是今后一个时期教育战线的主要力量，青年教师的形象如何，直接关系到下一代的成长，要使青年教师能胜任教师这一神圣的职业，达到教师既善教、乐教、喜教和身教，又使学生既愿听其教，又愿效其行的效果，那我们每一个青年教师就应该在课堂和课外，展现一个完美的自我形象，成为学生永久的美好记忆，真正做一个合格而称职的青年教师。

教师的非智力因素与教学效果

教学效果的好坏，直接受到智力因素与非智力因素的影响。两种因素在教学活动中是相互影响、互相渗透而共同发挥作用的。智力因素对教学的影响是明显的，人们对其都比较重视，然而，人们往往忽略了教师非智力因素对教学的影响，而事实上，教学效果的好坏，教师的非智力因素起很大作用。

教师的非智力因素对教学效果有哪些影响呢？教师的非智力因素很多，下面着重谈易忽略的三点。

一、仪表因素

教师的仪表是教师给学生的第一印象。可以说，仪表是教师兴趣、爱好、理想、追求的外在表现，它不同程度地反映了一个人的文化程度和修养，它是无声的老师，直接教育和影响着学生。如果老师不修边幅，穿着太随意，让学生产生厌恶感，学生学习的兴趣和参与的积极性就不高。而一个穿戴整洁、仪态大方、举止文雅的老师出现在讲台上，自然会给学生赏心悦目的感受，从而激起学生主动学习的欲望，从而乐于参与课堂，学习效果就会提升。

二、责任因素

责任因素是指教师对教学工作所持的态度。教师对教学、对备课的态度，都逃不脱学生的眼睛，并通过他们的眼睛在心灵底片上留下印象，并对他们的行为和精神发挥作用。有人说，青少年学生像一块洁白无瑕的银幕，教师好似投影电视中清晰的拷贝，拷贝上的各个形象总是要无可掩饰地投映到那洁白无瑕的银幕上去的。这一深刻而形象的话语，也说明教师对备课、上课和批改作业的态度如何，责任心强不强，将直接对学生产生不同的影响。如果一个教师把自己的教学放在第一位，备课认真严谨，课堂教学认真负责、辅导批改作业一丝不苟，那么，学生自然会受其熏陶，教师的行为自然会产生潜移默化的作用，他们也会以严肃、认真、勤奋的态度投入学习，有了这种主动的学习态度，教学效果也会随之提高，而且这种无声的影响，将会伴随学生终身。

三、情感因素

从心理学角度讲，情感是对周围现实与个体需要之间关系的反映，也就是人类对客观事物的态度和反映。如果一个教师在教学中，投入饱满的热情，热爱学生，无论是优生还是后进生，那么，学生必然会受到感染，进而尊敬老师，乐于听课，学生的积极性也会调动起来，从而获得较好的教学效果。

从心理活动上讲，情绪对人的行为活动起着巨大的调节作用。因此，如果教师带着愉悦的心情讲课，就会更加投入，就会充分发挥自己的特点，组织好教学，创造一种愉悦的氛围，激活学生的情感，带学生进入知识的天地。学生在这种心境指导下学习，心理压抑会减轻，精力投入会增多，思维会得到发展，智力将会得到提高，教学效果会得到体现。

总之，影响教学效果的因素是多方面的，教师的非智力因素的影响也是不可忽视的，上面三点尤其要注意。

远离“消费型”教师

教师要想在专业上更好地发展，提升自己的教学能力，练就自己的教学个性，必须远离“消费型”教师。

曾听几位专家的报告，不论是对语文课堂教学现状的反思，还是对优秀案例的肯定；不管是培训课程方案的设计，还是对培训内容的选择，其中的一个共同信息点，就是强调教师应是一个有思想的人，一个对教学有自己见解的人，不要人云亦云。而实际上，不少教师并没有意识到这一点，他们在教学中扮演的是一个“消费型”教师的角色。

所谓“消费型”教师，就是指那些只喜欢搬用现成的教科书或教参作为自己教学内容的教师。他们没有自己的思想，失去了自我。在新课改下，作为一个有思想的教师，其责任之一，就是从对教材和教参直接“消费”的教学行为中转变过来，远离“消费型”教师。

我们知道，“消费者”强调的是消费本身，而没有对被“消费”“产品”的能动改造。“消费型”教师的特点就是“虔诚”地忠实于已有的教材，自己的义务就是把教材或教参照搬过去，怎样写就怎样讲，没有自己的分析，没有自己的思考，更没有融入自己的创造理解，也更没有更多去考虑学生的心理特点和对此的反应。而教师一旦成为教材的“消费者”，就把自己定位在被动的位置上，从而使自己成为教材或参考书的“搬运工”、知识的“复制品”，这样带来的结果，不仅教师有意识或无意识丧失了个性，失却了鲜活的思想，更重要的是我们的教育对象学生，在有意与无意中被扼杀了个性，失去了灵性，压抑了创新潜能，从而使学生成了接受知识的“容器”。这样的教师难以让课堂活跃起来，难以培养学生的创新意识和创新能力。

新课改带来新的理念，新的理念带来教育的变革，教育的变革必然对教师思想以强烈的冲击。一个真正成功的教师，必定是一个有思想的教师，能够主动地创造性地运用教材进行教学，善于根据社会的发展和教育的需要，不断地反思自己，能动地运用教材、驾驭教材，从而走向成功。社会已走向多元的时代，创新的时代，我们培养的学生自然应该具有思维的多元性，具有创新精神和创新能力，这就要求教师首先必须要有自己的个性，有创新精神，不人云亦云，不唯教本。试想，教师和学生都是鲜活的人，怎能让自己和学生都成为一个机械的人呢？因此，教师必须转变观念，解放自己的思想，放开自己的思维，从对教材和教参的“消费”中走出来，从教育教学的“消费者”转为教育教学的“思考者”“创新者”“决策者”。对教材中的文本，要有自己的解读，有自己的理解。要善于根据教学对象和教学材料，大胆选择、处理教学内容，将自己的思想、理念贯穿其中，并用这种思想、意识去影响、改变学生，使学生终身有用。这样，才更多地赋予了“教师”应有的内涵。

在教学改革的大潮中，我们应该有这种勇气，冲破习惯的教学定势，用我们的思想和智慧，能动地运用教材和教参，真正地远离“消费型”教师行列。

创新型教师的形成因素

创新的社会需要创新的人才，未来社会综合国力的竞争，就是创新能力的竞争，是创新人才的竞争。从社会发展的角度说，一个国家和民族是否具有创新能力是这个国家和民族能否在未来社会综合国力的竞争中立于不败之地的关键。从个人角度来说，一个人是否具有创新能力是他能否顺利进入未来社会的一张通行证。可见，进行创新教育，培养学生的创新能力是我国教育改革最重要的任务，而基础教育必须为学生的创新能力打下坚实基础。当今教育改革着眼于学生核心素养的培养，突出创新精神和实践能力的培养。创新型人才的培养需要创新型的教师来落实。可以说，呼唤创新型教师已成为社会的共识，但是目前创新型教师并不多，已远不适应我国创新教育的发展，这一现实必须加以重视。而要使更多的教师成为创新型的，最关键的是探讨创新型教师形成的因素。创新型教师形成的因素很多，包括上级教育部门的评价制度，包括社会、家长的理解与支持，也包括学校的重视、创新氛围的营造和评价机制等外部因素；更包括教师自身的创新理念和执著的追求。只有内外因素的共同努力，创新型教师的形成才能够成为可能。本文就这一问题作一探讨。

一、目前教师的类型

为了对创新型教师形成的必要性有进一步的认识，也为了创新型教师的培养更有针对性，下面先对目前教师的类型作一简要介绍。

（1）保守型。这种类型的教师往往沿袭传统的教学习惯，固守长期形成的有着僵化趋势的教学程序和呆板的教学方法。表现在教学上过分依赖教学参考书，没有自己的理解，没有自己的个性。课堂上“填鸭式”的方法、破碎的分析仍占主导，认为只有教师的细致而全面的讲解，学生才能扎实掌握知识，如果讲的与参考书不同或者不全面，总是担心学生没有学到手而使今后考试出问题。对教学的创新持怀疑、否定的态度。这样的指导思想，带来的是教师的保守而不思创新，其直接的结果是学生的主体性被忽略，学生学习的主动性难以发挥作用。在一种呆板的讲解和机械的训练中，学生失去了个性，内在的创新潜能被压抑，甚至被扼杀。这种类型的教师不在少数，用现代的教学理念来衡量，这种教师对学生的发展最具危险性，我们必须重视。

（2）经验型。这类教师有多年的教学实践，在长期的教学实践中积累了丰富的经验。于是就以这些经验为资本，去指导教学，主观上认为凭这些经验是完全能够驾驭教学的，却忽略了社会的发展对学生和教师的要求在变化，现代教学理念在转变。于是，对新的思想采取远离或拒绝态度，对过去的经验而现在有些已经僵化的方法不去思变，不求改变，因而对教学的创新也就不够关心。这种类型的教师目前应占多数。

（3）观望型。这种类型的教师（不少是年轻教师）介于保守型、经验型与创新型之间。愿意对过去的教学进行反思，也愿意接受创新的思想，也想进行创新实践，但是意志又不够坚决。也认为不改变过去的教学，会落后于时代，压抑学生的个性，抑制学生的创造性。同时，又对进行大胆的改革没有把握而害怕失败，影响考试，从而受到来自社会、家长和学校的责难，于是处于矛盾之中，只好徘徊、犹豫、观望，等待一种更好的创新氛围。这类教师对创新教育有着理解与期待，对培养学生的创新思维方面有着内在的冲动。只要善于激发和引导，他们会焕发出更大的创新热情。

（4）创新型。这种类型的教师具有新的理念，具有超前性，很少受到条条框框的约束。乐于接受新的思想，善于吸取他人的经验，敢于进行大胆的教学改革和探索，在创新的实践中不断地修正自己的思想。在教学上，提倡民主，重视学生的参与，最大限度地发挥学生的主动性，加强实践，鼓励探索和创新，重视开发学生的创新潜能，尊重学生的独立思考。这类教师是我们改革的急先锋，是教学改革的主力军。应该发挥他们的带头作用，但是这类教师并不多。

目前的这种现状，与社会的需要相距甚远，这正说明一个非常现实而又重要的课题已经摆在了我们面前，探索创新型教师形成的因素很重要，我们必须引起高度重视。

二、创新型教师的内涵

要培养创新型的教师，必须弄清楚创新型教师与一般教师含义的区别，这样才有针对性。笔者认为创新型教师除具有一般教师的能力外，其内涵主要体现在以下几个方面。

（1）具有创新意识和创新精神。这是指教师潜意识里推崇并追求创新，以创新为荣；不人云亦云，不墨守成规，有勇于开拓，不断进取，敢为天下先的精神。行动是受观念和意识支配的。只有在强烈的创新观念和意识的前提下，教师才会在教学中产生强烈的创新冲动，去确定创新目标；在创新精神的支配下，才敢于去做，去实践。这样就能释放创新激情，发挥创新潜能，不断地追求新颖性和独特性。

（2）教育教学思想具有科学性、创新性和前瞻性。创新型教师具有新颖而有远见的教育教学理念，科学而先进的教育教学思想，这正是与“教书匠”的根本区别。在教育目标上，不再是为应试分数而教，而是落脚在学生的终身发展和创新意识及创新能力培养上；在学生观上，着眼于学生的和谐发展、个性发展、终身发展及全面发展上；在教育方法上，变灌输教学为师生互动、生生互动、多向互动，真正发挥学生学习的主体性；在教师观上，要变知识单一的传授者为课程的设计者、开发者，由教书匠向教育家型和专家型转变，这样才能使自己的教育教学有质的飞跃。

（3）创新思维明显。创新思维是指发现或发明一种新方式用以处理某种事物的思维过程，具有灵活性、发散性、创造性、想象性等特点，是创新素质的核心。创新型教师必须思路开阔，善于变通，保持教学思维的灵活性、流畅性和独立性。

（4）创新技能强。创新型教师在知识结构的基础上，运用创新思维进行大胆地探索并由此提出创见的教学思想并取得成效。这是行为技巧、动作能力、智慧技能及多元知识结构的综合体现。这种教师，不是照搬别人的模式，不是蹩脚的“教书匠”、知识的“搬运工”、考试的“训练机”，而是能够运用创新的教学理念、先进的教育手段优化自己的教学，能够在探索实践中创造出适应自己和学生个性的独特的教学模式，并且不断地超越这一模式，使自己的教学不断有新意。

（5）具有创新人格。创新人格是指在创新活动中能使创造性才能得以发挥而表现出的稳定的个性和行为特征。对于一个创新型教师来说，基本的智力因素很重要，但创新人格即非智力因素也很重要。具有高创造潜力的人，最终不一定能成为创新型教师，还必须伴有良好的创新人格条件。创新人格主要体现在强烈的好奇心和事业心，鲜明的个性，能执著追求，有坚定的信念和毅力，大胆探索，不怕失败和挫折，有宽容心和恒心等。这些良好的个性特征，是形成和发挥创新能力的底蕴和驱动器。

综合上述，所谓创造型教师，就是指善于吸收最新教育科研成果，将其积极地创造性地运用于教学中，勇于探索，能够发现且能提出行之有效的新的教学方法的教师。

三、创新型教师的形成因素

明确了创新型教师的内涵后，下面来探讨创新型教师的形成因素。构成创造型教师的因素是多方面的，概括起来笔者认为主要在于内外两方面的因素。

1. 外部因素——学校是创新型教师成长的土壤

创新型教师产生的外部因素很多，包括上级教育部门的评价制度，也包括社会、家长的理解与支持。当然，更重要的是学校本身的因素，这是创新型教师形成的重要的外部因素。因此，这里主要从学校因素来探讨。

（1）学校对创新的重视程度如何，直接关系着创新型教师成长的质量。学校是教师的生存土壤，创新型教师能否在这里生根、开花、结果，还依赖于学校是否具有创新的土壤，也就是看学校的重视程度。其中，学校的领导班子尤其是校长必须是开拓型和创造型的，只有领导是创新型的，才能更好地组织教师学习创新理论，并带领教师去创造性地改革和探索，并通过创新，使学校办出特色。

（2）创设创新氛围，营造宽松的创新环境，有助于增强教师主动创新的意识。学校的生存和发展，离不开教师全身心地投入，更离不开教师创造性的劳动。要想教师成为创造型，必须给他们创设一种宽松、民主的创新环境。尤其在应试教育向素质教育转变的今天，更应如此。美国心理学家罗杰斯认为：“心理自由和心理安全是有利于创造性活动的一般条件。”教师也需要一种教学上的心理自由和心理安全。当一个人在心理上感到安全时，他就无后顾之忧，就不会害怕表现和发展他的创造性思维，他就可以在进行创新思维时，无须处于防御状态，从而保持心理的自由，才能放心大胆地去探索，在教学中才敢于突破常规，勇于去创新，进而发挥自己最大的创新潜能。而学校创新的民主氛围可以让教师做到这一点。没有这一保证，必将影响教师教学的创造性和创造性品质的培养。因此，学校在创设创新环境中，要激发教师的创新激情，增强教师的创新意识和责任意识。要有意识培养教师的批判性思维品质和质疑精神，引导教师积极思维，鼓励教师探索，支持教师的改革实验，鼓励教师形成自己的教学风格，让教师敢于设想，敢于创新，从而充分调动教师的创新热情，挖掘教师的创新潜能，进而通过教师创新的互相影响，去推动学校的发展。

（3）提供创新的实施条件，保证创新型教师的真正落实。第一，加强校本创新培训，提供创新方面的书籍，保证教师的学习，吸收新的知识，提高教师的创新理论素养，扎实创新教育的基本功，真正确立创新观念。第二，提供出去学习的机会。教师只局限在学校，毕竟视野受到局限，新的理念难以形成，创新的行动就难以落实。因此，学校应该鼓励教师走出"围城"，参加一些有关创新性的研讨会，进行一些新思维的碰撞，多洗洗脑子，注入新的理念，获得感悟，真正开阔眼界，使自身素质得以提高，为创新的行动打下基础。第三，加强横向联系，建立友好学校关系。要培养创新型的教师，不能封闭，要有开放的思想，加强学校之间的交流，给教师提供观摩、学习、研讨的机会，通过这些方式，促进创新思想的形成和创新行动的开展。第四，大力支持教师进行创新性科研，有条件的可以提供研究经费，让教师将教学与教研有机结合，去大胆探索、创造。开展"人人手中有课题""人人教育有创新""人人能写创新教案""人人能上创新课""人人课堂有风格""人人都会写论文"的活动，力争使教师由经验型向专家型、科研型转变，从而促进教师创新素质的提高。第五，保证创新实践所需要的设施的落实,使教师能充分利用相关条件进行创新实践。

（4）增加压力与健全激励机制，促进创新型教师的成长。创新型教师的形成因素必须有压力，没有压力，教师就会安于现状，甚至产生惰性。即使学校提供了良好的创新条件，也不会产生相应的效果。因此，要给教师以压力，让压力变为动力。在做法上，从创新的角度提出一些要求和任务，如写出创新的具体方案，在落实方案中要有实施过程的记录，最后要有总结或研究报告，有结果的分析和经验的总结。这样会促使教师去认真思考和行动。与此同时，要建立一系列激励机制与之配套，对于大胆创新、勇于实践的教师，必须给予奖励，对在创新中作出贡献的教师，更应给予优厚的精神和物质上的奖励，从而鼓励教师继续勇于探索、创新，进而形成良性循环，促进学校在创新中发展。

（5）建立公正的评价体系。要求教师走知识创新和教育创新的道路，必须建立和完善对创新型教师的评价制度。评价制度起着一个导向作用。因此，如何评价关系着教师对创新教学的取舍问题。所谓公正的评价，就是要给实施创新教学的教师有一个正确而恰当的评价，有一个合理的定位；对他们的教学方式和教学效果有一个客观的评判。同时，要体现一定的鼓励性，要给教师创新的时间与过程，允许探索过程中存在失败，这样才能更好地鼓励教师去大胆地探索创新教学之路。为了这一公正的评价得以真正的落实，可以成立一个考评小组，其成员可由教育部门领导、学校有关领导、教研组长、优秀青年教师组成，拟定考评内容（包括过程），然后对教师的实施情况和结果作出评价。这样能保证评价的广泛性、民主性、严明性和公正性。

2. 内部因素——教师自身的追求是创新型教师形成的根本条件

任何外在的因素必须通过内因才能起作用，因此，教师自身有着向创新型教师转变的追求才是根本。那么，教师自身的努力应从哪些方面体现呢？

（1）教师创新的观念和创新的自觉意识，是形成创新型教师的前提条件。

要培养学生具有创新意识和创新能力首先教师必须有创新意识，树立起坚定的创新教育的信念。信念是行动的思想基础和内在动力。江泽民同志在第三次教育工作会议上指出："教育是知识创新、传播和应用的主要阵地，也是培育创新精神和创新人才的摇篮。"突出了教育在创新中的地位和重大作用。心理学家皮亚杰指出："教育的首要目标在于培养有创新能力的人，而不是重复前人所做过的事。"这里直接将目标指向了创新。作为一个教师，我们必须明确教育既可以培养创造型人才，也可以扼杀创造型人才，这就在于教师有没有创新的观念、有没有创新的意识。因此，这就要求我们教师必须紧跟时代，加强学习，提高创新素养，明确随着 21 世纪的到来，那种传播的只是固定的已知的经验和原则的维持型、封闭型的教师，必将被淘汰。必须真正树立以创新为核心的教育观、质量观、人才观，只有创新的思想扎根于自己的头脑，才能有意识且大胆地去反思我们的基础教育，找出病根，才能走出应试教育的怪圈和束缚；也只有有了这种观念，才能有意识去发现和挖掘学生中蕴含的无限丰富的创造潜能。教师的创新观念和创新意识，是教师自身成为创新型人才的前提条件，这是首先要解决的认识问题。

（2）教师自身的创新勇气和创新精神，是形成创新型教师的重要条件。

教师的创新观念和创新意识必须落实于具体的教学行动中才会发生作用。因此，教师的创新勇气就显得尤其重要。作为教师本人，要根据新形势对人才的要求，大胆走出原有封闭的教学围城。要乐于创造，不墨守成规，敢于革新，敢于向应试教育挑战，向权威挑战，敢于顶住来自方方面面的压力，敢于标新立异，要勇于尝试，进行创造性的教学，同时要有敢于失败的精神。人民教育家陶行知先生曾鼓励广大教师做"敢探索未发明的新理""敢入未开化的边疆"的"创造的教育家，开辟的教育家"，强调了教师要创造性地教学。教师只有有了这种创新的勇气和创新的精神，才能产生强烈的创新动机，促进创新的行动，树立创新的目标，发挥巨大的创新潜能。这样才能在教学内容、教学方法、教学手段等各个方面都以创新为标准，并以此去激发学生的创新激情，促进学生去进行创造性地思考，培养学生的创新精神和创造能力。

（3）知识广度和知识深度是创新型教师必备的智能素质。

创新的启动离不开知识的积累。教师的知识广度和知识深度是创新的基石。因为任何一种创新都是以对已有知识进行科学的加工和创造性劳动为前提的。广泛学习积累知识，可以说是为创新活动作铺垫、作准备，知识越丰富，越有深度，思维就越灵活，创新的见解就越能产生。因此，要成为一个创新型的教师，必须拓展自己的视野，完善自己的知识结构，增强自己的文化底蕴。

具体说来，主要包括以下知识。第一，学习现当代教育理论知识，使自己的理论基石厚实，从而指导自己的创新实践。这些知识包括教育学、心理学、现代课堂理论、创新理论、教育哲学等。这样让我们能够站在现代心理学、教育哲学的高度去审视自己的教学，从而提高我们的思想力度，厚实我们的理论底蕴。第二，夯实本学科知识，不是肤浅的而是深入的，不是狭窄的而是全面的。这是灵活运用知识进行创新型活动的保证。第三，学习一些前沿学科知识，尤其是当代科学和人文科学方面的知识。这样易于冲击我们陈旧的思维定势，打开我们封闭已久的固有的思维之门，带我们进入一个新的领域。这必将引导我们去重新审视自己的教学，去追求新的视角，以提高我们的教育教学质量。随着当代信息社会的发展，各学科呈整合趋势越来越明显。也就是说各学科的相互联系、相互渗透不断加强，教师只有更好地把握这些知识，才能更好地结合学科知识进行创新。第四，掌握现代信息技术知识及手段。现代教育教学的创新，离不开现代教育技术的配合，教师只有在掌握相关知识和熟练地运用它才能更好地体现自己的创新行为。第五，具有科学方法论的知识素养，是能够运用科学的方法指导自己进行创新实践的有效途径。有了更宽广的视野，丰富的知识，前沿的思想，创新的方法，研究的方向更明确，创新的决心更坚定。

（4）自身向研究型发展是创新型教师形成的重要途径。

创新型教师应该是一个专家型、研究型的教师。研究型教师具有较强的研究意识和研究能力，能够自觉地运用先进的教育理念和方法去指导实践，常能带着问题去学习，去教学，去总结，去提高，从而在不断地发现问题、分析问题和解决问题中体现教师的创新价值。这是创新型教师的一个特点。因此，要成为一个创新型教师必须由经验型向研究型教师发展。这是每一个想要成为创新型教师的教师应有的清醒认识。然而，现行的教师对此认识还不够清楚。

要成为研究型教师应该做到以下几点。第一，乐于在学习中研究，在研究中学习。加强先进的教育理论、创新思想和科研专题研讨的学习，丰富自己的理论素养，更新自己的观念，并以此去指导自己的教学；在与同行的交流中学习，不断地充实、完善自己；向学生学习，虚心听取他们的意见，以便于研究自己存在的问题。这样，将学习与研究同步进行，并不断内化，便于自己创新思想的形成。第二，重视在教学中研究，在研究中教学。不要成为教学的被动者，应成为教学的主动者。教师应做到边教学边研究，边研究边教学。要研究“人”（学生），研究教学的各个方面。教师要善于在教育教学实践中发现问题、分析问题，在科学理论指导下针对问题进行实验研究，真正成为一个教学与科研结合的能人。教师只有在教学中不断地探索、创新，教学才会充满生机和活力；也只有在研究的状态下教学，才能不断地更新自己的思想，才会有创新的行动，才会向创新型教师发展。第三，善于在写作中研究，在研究中写作。一个创新型教师不能不动笔。要善于将自己在教学中的思考、研究心得进行总结，如写教学随感、写个案分析、写经验总结、写研究报告、写教学论文等。这样，一方面丰富自己的教学积累，另一方面将自己感性的认识上升到理性的认识高度，把握规律，又反过来指导教育教学活动，从而提升自己的教学和理论层次，为创新的行为打下坚实的基础。

（5）创新实践与不断反思相结合，是自身创新素质形成的有效途径。

观念是实践的先导，但不是实践本身，教师创新素质和创新能力是通过创新教育的不断实践不断内化而形成的。要成为创新型教师，教师必须以自身的胆识和学识，自觉地走在时代的前列，把创造教育渗入到自己的教学理念和实践之中，进行创新的探索，习惯于不断打破自己的思维定势，克服自己的思维惰性，让“破旧立新”成为自己日常生活中的一部分，真正形成创造性的教学习惯。同时要加强对创新实践的反思。第一，教师要做到对自身创新行为的反思。即对自己运用创新的理念、创新的设计，在教学的尝试后进行思考、总结，看看有哪些优点，有哪些成功之处，还有哪些不足，有哪些问题，加强分析，进行修正，使创新教学更优化，更符合创新教育的规律。第二，多与校内外同行交流创新实践中的体会，切磋方法，加强反思。同时通过写教学创新文章和阅读报刊杂志上相应的文章，进行更大范围的文章交流，借助比较和进行思维的碰撞，使创新的路子更明确，使创新素质得到提高。第三，根据别人对自己的评议进行反思。多参加一些教研活动，勇于承担一些带有创新探索的研究课和公开课，也可以主动邀请别人来听自己的课。然后针对本课，请他们从创新的角度多提建议，在虚心听取的基础上进行反思，以开阔自己的视野，拓展自己的思维，进而调整自己的创新思路，使自己的创新实践更合理、更有价值。通过这种创新的实践到创新的反思，再到创新的实践的不断反复，创新的素质就会提高，创新的能力就会形成。

（6）具有创新的教学个性是逐渐形成创新型教师的实践保证。

个性指一个人区别其他人的特殊性，从心理上说，它是由气质、智力、动机、情感、兴趣、意志、态度、习惯等构成的复杂的整合体，良好的个性是需要培养的。

作为教师，没有创造，也就不可能形成自己的教学个性，而没有教学个性，就不可能培养学生的个性。因此，要追求教学个性，必然伴随创造的行动。有了个性，才能充分展现自己的教学特长，使自己的课堂教学鲜活起来，激发学生学习的热情，更重要的是教师的教学个性对学生有着示范作用，会诱发学生的个性，潜移默化，让学生在你个性的熏陶感染下，促进学生良好的个性发展。然而，目前的现状不能乐观。在多年的应试教育下，很多教师跳不出统一的目标、统一的课本、统一的参考、统一的练习、统一的考试标准的圈子，墨守成规，不敢越雷池一步，消磨了自己的个性，自我主体失落了，缺乏创造，更多的是模仿，更多的是统一的“套子”。这种所谓的“统一”的共性，不但教师局限了自己，丧失了教学个性，难以进入教学的最佳境界，而且也影响学生的创造性的个性发展。这是与当今个性高度发展的社会不合拍的。这样也自然难以向创新型教师发展。

作为创新型教师，教学思想应有个性。思想指导行动，没有自己的思想也就不可能有个性的行动。试想，一个思想完全受制于人的教师，没有自己的独到之处，能够有个性、能有创新吗？因此，作为一个教师，要善于培养自己的思想。要善于去思，去想，遇到问题应多去追问，并不断地学习，与人交流，碰撞灵感。在见解和思维方法上要给学生新颖之感，要具有强烈的问题意识和反思能力，要敢于否定，勇于挑战权威，提出自己的见解。长期如此，你独立的创新思想就会形成。

教学是一门艺术，教学的魅力更多的在于个性的展示。如果一个教师只知道照搬别人的模式，模仿别人的方法，亦步亦趋，只追求所谓的“共性”教学，那教学就没有注入自己的活力，自己的教学也就没有了顽强的生命。这样只能永远停留在一个浅层次上，教学难以达到理想的境界。同时，这样的教师，也是难以赢得学生信赖和钦佩的，学生看到的是一个无个性的教师，在心理上会拒绝你，在行动上会反感你，在情感上会远离你，自然会影响学生的个性发展，难以肩负起创新教育的责任。因此，每一个教师的教学应在灵活学习别人经验的基础上要有不同于别人的方式，做到教学手段的先进性，教学形式的新颖性，教学模式的独创性，教学思维的灵活性，教学语言的艺术性，教学交往的亲和性，教学评价的超前性，即教学的整个过程要体现独特性，从而开辟一条属于自己的新天地，形成切合自身教学实际的风格特点，去产生个性教育的最大效益。

总之，创新型教师的形成值得研究，只有上级教育部门、社会、学校和家长全方位的努力，每位教师又有了自觉地向创新型教师发展的意识并朝此真正努力，创新型教师的形成才不再是一句空话，如此也才能更好地完成素质教育中培养学生创新精神和创新能力的任务，为我国培养创新人才作出自己应有的贡献。这样才能托起明天的太阳。

在“读书”活动中成长

读书，是教师生命的有机组成部分。朱永新教授说，一个人的精神发育史就是他的阅读史。人的身体的发育有年龄限制，人的精神发育却是一辈子的事，没有到哪个年龄，精神就停止成长的事。因此，读书是精神一辈子修炼的需要；这是值得我们教师深深体味的。苏霍姆林斯基说：“跟书籍结下终身的友谊，就是最好的备课。”这话很实在，也很深刻。这些都说明了读书的重要。而开展读书论坛活动，会厚实我们文化的底蕴，也是为我们的备课奠基，也为更好地引导学生读书打下基础。

但是，教师和学生真正意义上的读书不多。从大环境看，读书氛围没有，人们读书的意识不强。比如，以色列人均年阅读量是57本书，而中国人仅为1本多一点，甚至有人一年都读不上一本书，可见其差距。从现实环境看，教育比较功利，被应试所困，无暇顾及读书。大多数教师一天忙于应对，没有时间读书，即使有一点时间，也没有首先想到读书。没有时间充实自己，没有吸纳最新的知识，吃老本。教师这样，学生更没有读书时间，课标对学生阅读的要求只是一个冷冰冰的数字，无法落实。这是教育的悲哀。作为教师，我们应该清醒，专业的发展离不开读书，练好自己教学“内功”更离不开读书。作为语文人，每一个教师都有提倡读书和推动读书的义务，在推动教师阅读时，进而推动学生的阅读。

基于这一认识，我们应多开展一些丰富多彩的“读书”活动，有计划按序列分专题进行。开展的活动内容可以包括以下几个方面。

（1）向教师推荐阅读书目。

书籍种类繁多，为减少老师的筛选时间，可分类筛选一些书目，推荐给老师。包括传统经典书籍、现当代专业书籍、教育理论书籍、哲学、美学等书籍。比如：

《寻找语文的诗意与远方》（董一菲，清华大学出版社，2017）

《语感论》（第三版）（王尚文，上海教育出版社，2006）

《语文的原点——本色语文的主张与实践》(黄厚江，江苏教育出版社，2011)

《文本阅读信息加工过程研究——我国文本阅读双加工理论与实验》(莫雷，广东高等教育出版社，2009)

让教师在众多书籍中自由选读，广泛地阅读。通过阅读，拓展视野，厚实自己的底子。

(2) 共读一本书活动。

这一活动是要求教师与学生共同阅读一本书。每个人细读、品读，读出自己的理解，读出自己的心得，写好读书笔记，突出深度阅读的目的。因读的内容相同，交流就有共同的话题，深度阅读的达成就成为可能。

(3) 在读的基础上开展大型的“读书论坛”交流活动。

读书要求实效，不能停留在形式上。加强读书交流，开展“读书论坛”活动，不失为读书求实效的好途径。“论坛”的方式，可围绕“读书”的主题，采用“读书课堂展示 + 规定发言 + 自由发言 + 争辩性发言 + 专家发言”的多种形式，让老师们在读书的氛围里，获得智慧的启迪，在交流的倾听中，享受读书的快乐，以此推动读书的进层开展，提升教师的内涵，让学生获益。

活动只是形式，充实和提升才是目的。陆游曾对儿子说过一句话：“汝果欲学诗，功夫在诗外。”这句话值得回味。书籍是支撑我们教学生命的营养品，读书是我们知识上的“加油站”。要想真正使自己的学养深厚，教学挥洒自如，课堂驾驭游刃有余，专业得以成长，教学有底气，那就在读书中去练好内功。

可以说，作为一名语文教师，在阅读充实过程中，都是在为自己的备课做准备。在教学备课中，就不会拿到一篇课文只能依赖于教参，就不会首先看看教参是怎样分析的，别人是怎样理解的，你才不囿于教参和教辅，你就能用自己丰厚的学识独立地钻研教材，从广度和深度上进行独立的解读，有自己的理解和创造，你鲜活的思想才能在个性的理解中凸显出来，你才能在独自的理解中激活学生的思维，用你的思想和学识去影响学生，带给学生终身受用的东西。

让我们与书为伴，一起成长。

打好教研“组合拳”，助推教师发展

在新课程改革深入推进的新时期，如何让教师的成长更具有新常态的特点，寻找成长的路径，提升教学水平，是我们共同思考的问题。

教师的成长，除了个人的因素外，外在的力量很重要。个人的视野有限，个人的知识有限，个人的经验有限，个人的思考也有限。虽然经过自己的努力，也会取得一定的成绩，但是毕竟有限。在专业成长的道路上，必修打破界限，冲出围城，形成合力，助推成长。要做到这一点，打好教师共同研讨的“组合拳”，整合周边资源，开展联合教研，帮扶教研，就是一条教师成长的好路径。

组合拳是拳击拳法的一种，组合拳突出在进攻当中利用各种单一拳法的组合连续攻击，达到取胜的效果。引申意为为了达到一定目标，采取一连套的措施或实施一整套的步骤来进行。我们的教研活动也可以借鉴这一方法，寻求新的组合套路，探索新的教研路径，整合优势资源，打好一系列“组合拳”，提高“实战”能力，达成教研效果，促进教师发展。

教研组合拳，方式很多。下面几套应打好。

一、打好学科之间“组合拳”，拓展教研宽度

教研活动的组合拳，不是一种狭隘的概念。组合是在一种更大范围的联系。每一个学科有每一个学科的特点，更有每一个学科的优势。由于学科具有很强的独立性，多年来，教研活动单打独斗较多，学科之间的优势资源没有得到很好地整合，造成学科教研资源的极大浪费。因此，教研还要注重不同学科之间的组合交流，发挥不同学科资源优势，吸收不同学科的经验、方法。

可以说，不同学科在教研实践中都会有自己的独特的方式，积累了教研经验。在教师的成长上，立足教师的需求，适度进行不同学科之间的交流，及时分享经验，达到优势互补，并在交流的思考中整合资源，去改进自己的教研活动方法，调整教研内容，进而提高自己的教研质量。这样的组合拳，

更能够拓展教研的宽度，集合多学科的智慧，优化教师提升的路径，打好一场教研整体战。

二、打好学科之内“组合拳”，提升教研厚度

现代教学，不只是单打独斗，而更多的是集体的力量，整体的效应。尤其是一个学校，一个教研组或者一个备课组，更需要整体的配合，相互的支撑，共同的作用，才可能打出实在、有用、耐看的组合拳。教师的成长，需要学科之内的有机组合。

在学科之内组合拳上，可以侧重抓好以下两个方面。一个是同一学校学科备课组之内的有机组合，加强资源的整合，经验的共享。因为同一备课组，有共同的内容，有共同的主题，有共同的话题。能够在有效的组合中，深度交流、探讨，优化实施路径，提升教研的厚度。二是与学校同学科其他备课组之间的组合。不同的备课组，虽然教学内容不一样，但在教学理念、教学方式、教学主题上是有共同探讨话题的。即使内容不一样，也可以相互探讨，多向交流，一起研究课堂教学，建构相关课型，拓展教学的思路。不同备课组的老师，各有其的特点和经验，通过这种组合交流，分享其智慧，达到优势互补，共同提升。这样，教师获得实惠，成长更快。

三、打好区域之间组合拳，立足资源互补

教研组合拳，既可以是大范围的，也可以是小范围的。以有效为前提，开展区域之间的组合，便于研讨，便于其有效实施。如几个学校之间的组合，几个区县之间的组合，形成连片“拳头”，打出教研漂亮拳。

比如，几个区县联合打造，可以按照邻近组合的原则。每次教研，以某一个区县学科教研员或中心组成员为主，打好主拳，其余为助拳。在具体的组合拳中，规划出拳的套路，研究出拳的教学主题，落实出拳的招数，评估出拳的效果。为使区域教研能够持续推进，可以依次轮换，切实发挥每一个区县教研的主体作用，调动所在区域的教学资源，观摩、交流、研讨课堂教学，分享教学经验，有效达成优势互补，真正提升教师的教学效益。

教研“组合拳”套路明确，出拳到位，击到关键，“组合拳”的实效就会彰显出来，教师在此磨炼中就会得到专业的提升。

特殊的“同课异构”“逼”着教师成长

学校的质量在很大程度上取决于教师队伍，取决于教师整体素质。因此，教师的提升，尤其是青年教师的成长显得尤为重要。教师的成长途径很多，方式多样。如何让教师快速地成长，少走弯路，除了学习、观摩、吸纳别人的经验外，“逼”着成长也是一种路径。

下面结合自己的一次教研活动谈谈这一“逼”的过程和效果。

教研活动的立足点在于：现场备课献课，在变化中领悟、提升。

出发点：聚焦一人，落脚于教师团体。

方式：特殊的“同课异构”，同一个老师“异构”。

参会老师：成都市高二语文老师。

常规教研活动中常有“同课异构”方式，是指不同的人上同一教学内容，采用不同的教学设计进行教学，让听者从多个方面去比对，研究不同教学带来的价值。这种方式虽有收获，但仅仅局限于这样的同课异构，带来的研究效果、给参会老师的思考和直接收获是不够的。这种方式虽然可以看到两堂课的优劣，却看不到效果的直接变化。

为了让教师更能在教学现场有直观的感受，收获更大。我在教学活动中，改变了一下教研方式，创建了一种新型的方式，即现场备课献课，采用“单人同课异构”的方式，让听课老师在现场课堂上看到更多，思考更多，收获更大。

推进的路径主要采用以下几个板块。

第一板块：呈现原汁原味课堂。

让一位年轻老师原生态上课，课前不能有任何商量，更不能预演，要求借班上课，呈现的是这位老师个人解读课文、独自设计后的原汁原味的自然课堂状态，参会老师看到的是上课老师的真实课堂。

第二板块：全员研讨。

教师上完课后，参会教师针对这堂课存在的问题，分组交流讨论，立足于问题如何改进，如何优化。在充分交流后，由参会教师向上课老师提出修改建议和优化策略。教研员作为组织者和指导者，在这一步也和参与教师一样，提出完善建议。上课教师认真倾听，吸纳意见。

这一板块，意在让全员教师成为教学的参与者和研讨者，要求积极主动地参与讨论和交流，而不是旁观者。听课是思考，交流更是思考。教师在这个过程中，不是一个被动的听课者，而是实实在在的思维参与者，让老师在宽度的思维中、生成的现场中获得更多层面的收获。

第三板块：二次备课。

上课的教师在充分听取参会老师意见的基础上反思，用30～40分钟的时间进行第二次备课（参会老师继续自由讨论），根据对上堂课的自我反思和老师们的建议进行认真修改、完善、优化，现场生成第二个教学设计，为随后的第二次上课做准备。

第四板块：单人“异构”课呈现。

上节课的教师根据修改的教学设计再次上课（上课班级为平行班，学生层次与上一个班相近），呈现上课教师和参会教师共同修改后的真实课堂。参会教师从教师层面、学生角度、目标达成等方面进行全面的观察，细致的记录。

第五板块：“同课异构”效果比对。

即同一教师“同课异构”前后效果比对。参会教师在认真听课的基础上，联系上一节课，看看这节课有没有变化，有多大的变化。在比较前后的课堂效果的基础上充分发表看法，进行再次研讨。

这样的教研活动，“逼”着教师思考，不仅仅是上课教师在前后“同课异构”的体验中自我成长，更重要的是每一位参会的教师都“动”了起来，都在不断地思考，在“听”中思考，在参与交流中思考。在现场多层面多角度的交流中，是众多智慧的分享，是所有教师的共同提高。在第二次备课后，大家明显看到了效果，得到了老师的认可。这样的教研，主要目的不在于这堂课最后的效果，更在于研讨的过程，教师参与的积极性和参与的质量，在“逼”中助推教师成长，给教师在今后的备课上课方面以启示，对教师的自我完善提供了借鉴路径。

探索教师培训范式，提升培训效果

现在各级教师的培训很多，但从老师们的反馈中可以看到，他们认为培训方式有待改进，有的效果不够明显，内在的接受度不够高。除了课程的设置和培训内容不够接地气之外，另一重要的原因，就是培训模式常规化和单一。光靠专题讲座和课例分析是永远满足不了老师的需求的，也不能更好地解决老师心中的困惑。因此在教师上岗培训和过程培训中，我们要在充分调研的基础上进行认真的思考，在课改的深化过程中，进行一系列培训模式的探索。

根据教师发展的多元化需求，根据教师层次的多样性，在立足于教师提升，着眼于教师发展的前提下，在近年的常规教师培训和特色培训中，构建了以下几种培训范式，以提升培训效果。

（1）专业引领培训范式。

操作范式：专题讲座＋质疑答难＋多向交流。

达成目标：着眼于学科理论和专业素养，能吸纳先进理念，并自觉转化为教学行为，从而进行教学实践；从交流中去理解，从实践中去感悟、提升。

（2）课例研讨培训范式。

操作范式：课例研究＋教者反思＋动态互评＋专家点评。

达成目标：借助真实课例研讨，在教者反思中学会思考，在观看、揣摩、体会、互动中领悟，在专家点评中学会观课、议课，以此提高教学实际能力。

（3）聚焦主题实证引领范式。

操作范式：聚焦主题研究课＋参与听课者评议＋针对主题和研究课小讲座＋上课者听后反思。

达成目标：借助主题的聚焦，集中针对课堂实施情况进行探究，受培训人员参与讨论，借助小讲座进一步深化和提升。现场观摩与讲座结合，课堂教学与课后反思结合，让参与的老师有真实的收获。

（4）全员参与研讨范式。

操作范式：明确研讨课题＋受培者独自钻研课题、设计教学思路＋分组交流＋小组代表上台展示＋受培者比较评议＋专家综合评议并提出优化建议。

达成目标：集中焦点，深度研讨；全员参与，动脑动手。在参与体验中琢磨，在交流展示中寻找差距，在专家的引领中提升。

（5）经验推广培训范式。

操作范式：特色案例展示+经验介绍+互动研讨+经验整合+变通实施

达成目标：发现、挖掘、总结和提升先进的、有特色的教学经验，在分享中推广，将好的资源价值最大化。

（6）问题“体检”培训范式。

操作范式：问题案例展示＋查找“病灶”＋反思病因＋对症下药＋体验验证。

达成目标：借助案例“体检”，抓准“病灶”，针对具体“病点”动手术，狠下猛药，去除病根，反观效果。

一般培训采用正向引导的课例为主，往往提供的是好的研究课或展示课，让老师在观摩学习中思考。为了让老师们多维思考，我们在培训中转换方式，采用问题“体检”的教研方式，提供的是问题案例，目的在于根据问题解决问题，在解决问题中优化教学课堂，在优化课堂教学中提升教学效益。

问题“体检”采用全面“体检”与专题“体检”相结合的方式。全面“体检”，就是提供问题课例，授课老师与参会老师一起，就问题课例从教学内容的选择、问题的设计、环节的推进、教师的角色、学生的调动、临时问题的处理、学生参与的状态及质量、教学的效果及反馈等方面进行全面解剖，进行细致的分析，多向的交流，找出“病灶”，剖析病因，然后针对具体“病点”动手术，并对症下药，使课例得以完善、优化，并通过后面的课堂呈现验证效果。专题“体检”，就是根据本次教研主题就课例中某一突出的问题（比如散文教学内容的选择或师生课堂共生共长的体现）进行深度“体检”，细致解剖，然后参会老师一起针对问题“会诊”，提出“治病”的方法，最后“对症下药”，尽量做到“药到病除”。

全面“体检”就是“面”，专题“体检”就是“点”，“点”“面”结合，让参与培训的老师能够明确从哪里去研究课例，怎样研究才有效果。从思维层面上说，全面“体检”就是“宽度”，专题“体检”就是“深度”，“宽度”与“深度”的结合，在这样的教研中，就会提升教师的思维质量。可以说，全面“体检”与专题“体检”的培训方式，让老师在参与中，看到完善、优化的真实过程，从中获得启示，悟得方法，在培训中真正有收获，使培训的价值得以彰显。

上述这些范式，是在实践探索中总结出的，其培训效果也很明显，实效性很强。通过这些培训活动，给教师的教学理念上融入一些新的东西，促发教师的思考和研究，在一定层面上有效地指导和引领了课堂教学，促进了语文课改的推进。我们将在今后的培训探索中进一步修改、完善和优化，使每一种模式都能为教师提升带来价值。

抓好团队发展，立足整体推进

每一个教师都生活在一个团队里，团队积极、主动的学习氛围会促进教师的发展。作为学校一个学科集体，整体的发展更能推动学校的发展。为了更好地调动广大教师积极参与教学研讨活动，推进教师团队的专业成长，可以通过一系列教研团队活动，整体提升学科素养。下面就两个方面谈谈看法。

一、举办教师“基本功”大赛，助推教师团队素养的整体提升

随着新课改的推进，教师的素养受到了极大的关注。由于目前事实上的应试痕迹还严重，教师忙于应对，忽略了语文教师专业综合素养的发展，语文应有的能力不断地弱化，教师不少的基本功被“废”，这一现象令人担忧。为了进一步提升教师的语文综合素养，着眼于团队的整体进步和发展，强化团队的意识，发挥团队的力量，可以采用“以赛代培”的方式，组织区域内（或校内，或区县，或片区，或整个大市）进行语文教师基本功大赛。大赛内容包括朗诵（用普通话朗诵规定文本）、即兴演讲（规定情境或题目，用普通话演讲）、文本解读（裸读）、现场作文和现场书法（用钢笔、毛笔、粉笔书写规定文本的楷书或行楷），同时，制定相应的评价标准进行评判。

为了借这一活动来带动全体教师的参与，真正达到提升全体教师的语文素养，活动不能走过场，要保证全体教师参与。这一活动可以分两个阶段举行：第一阶段，先进行教师基本功大赛初赛，组织本区域内（如果是学校举行，就以备课组为单位）的每一位教师参与，意在让每个教师都动起来，通过大赛获益，推动教师的专业成长；第二个阶段，由第一阶段中胜出的选手参加上一级的基本功决赛，代表的是一个团队。

借助教师“基本功”大赛活动，让教师在过程中发现自己的不足，有助于教师练好“内功”，提升综合素养，进而有助于提高课堂教学效益。

二、开展优秀教研组评选，推进学科团队专业成长

教研组是学校教学研究的基本单位，是校本教研活动的主阵地。为推动教学研究与课程改革的深化，推进校本教研进程，促进教师团队专业发展，全面提高语文教育教学质量，各区县可以开展“语文优秀教研组”评选活动，市上再开展终评。在评选前，要拟定评选标准，下发各校，便于各教研组对照进行。

为了使活动达到实效，真正推动团队建设，整个评选活动可分为两个阶段进行。

第一阶段，为市属及各区县初评阶段，在综合评审基础上，推荐一名优秀教研组参加市级评选。这一阶段，旨在更大范围内调动全体学校教研组团体的参与，借助团体的参与促进教师的个体成长。

第二阶段为市上终评阶段。这一阶段分为三个部分：第一部分为材料评审，组织评委对上报的参评教研组的综合材料进行评选、打分；第二部分为教研组组长述职和答辩，专家评委对其内容及表现进行当场打分，评出分数；第三部分为赛课，由各区县和直属学校根据条件推选出的优秀教研组的年轻教师上课展示，专家评委为每个选手打分，最后三个分数相加，即为教研组的得分。

为了使评选活动的效益最大化，可以举办优秀教研组中的优秀选手课例展示活动和教研组团队建设经验介绍，给广大教师以示范，给其他教研团队以启迪。

借助“优秀教研组”的评选活动，全方位地展示教研组常规活动、教师团队成员的成长及成果。评选不是目的，重在过程，重在过程中教师的参与，增强团队意识，着眼于教研组的建设和教师团队的整体提升。

促进团队发展的方式很多，比如课题研究、专题研讨、课例评比等方式都有助于教师的专业成长、团队的发展。而开展教师“基本功”大赛和“优秀教师组”评选的价值是其他活动无法代替的，在重视个体的情况下，更重视教研组团队的提升，同时强调团队的协作、智慧的分享，进而增强团队意识，因此具有重要的意义。

课 堂 篇

课堂，是教学的主阵地，是实施教学过程的具体场所，是教师释放生命、展示教学魅力、凸显生命价值的之地，是学生吸收知识营养、滋养生命、放飞思维之地。是师生多向互动、分享智慧、共生共长的宝地。课堂教学质量如何，直接关系着教学的效益。因此，关注课堂、提升课堂质量显得非常重要。

目标意识：生成有效教学

课堂教学需不需要目标？这个问题曾引起过同行的讨论。有的认为，语文需要积累，语文具有“浸润”“润物细无声”的特点，因此，教学中不需要什么目标，否则，会破坏语文应有的价值和美感。笔者认为，课堂教学不但需要目标，而且还应强化目标意识。

课堂教学要围绕目标进行，教学才有针对性，才能生成更有效的教学，目标的达成才成为可能，教学的效益才能集中显现。然而，在很多课堂，教师的目标意识不强。一是教学目标淡化，在教学开始时提及了一下目标，后面整个教学忽略了目标；二是教学目标的遗忘，在教学设计中虽有目标的呈现，但在课堂教学中，开始并不向学生明确目标，整个过程也没有提及教学目标。这样，学生对自己在本堂课要掌握什么，达到一个什么效果，心中无数。其结果，课堂教学的针对性和效果就会大打折扣。

为了提高教学的针对性和有效性，课堂教学中，教师应该具有以下六种目标意识。

一、整体目标意识

整体目标意识是指一堂课要有一个明确的整体教学目标，在教学过程中要有意识地围绕这个目标去落实。如果这个意识淡化，教师教学的针对性就不强，学生学习的方向性就不明。因此，教师课堂教学中应首先明确本堂课要完成的目标，让学生知道本节课要努力的方向，做到心中有数；在教学过程中要扣住教学目标，让学生能围绕目标自我监控。

二、环节目标意识

环节目标意识是指为落实整体目标而在教学过程中设计的每一个环节小目标，并在教学中有意识地去落实。整体目标是一堂课的总体目标，而这一总体目标的达成必须由一个个教学环节来落实。每一个环节都有特定的小目标要求，而每一个环节小目标都是指向整体目标的。环节目标能否落实，直接关系着整体目标落实的效果。因此，作为教师，在整个教学行为中环节目标的意识必须强，教学的实效性才能显现。当然，环节目标必须紧扣整体目标，环节目标必须为整体目标服务，这样的目标意识才有价值。

三、达成目标意识

达成目标意识是指达成整体目标和环节目标的路径意识，体现的是效果意识。有了整体目标和环节目标，并不等于一堂课就有效，必须选择一个实施目标的有效路径，并立足于目标的达成。有效路径怎么选，要善于根据教学的内容和学生的层次来确定，有时还要根据课堂生成的情况来调控。如果没有这种达成目标的路径意识，我们就可能走弯路，甚至可能走不通，教学效果就不能得到保证。

四、反馈目标意识

反馈目标意识是指目标达成情况及时反馈的意识。一堂课目标完成得怎样，完成了多少，教师和学生都应该心中有数。而要做到这一点，就应该选择有效的反馈手段来了解。反馈手段可以是师生之间、生生之间的口头交流来反馈，也可以是通过设计的训练来反馈。目的只有一个，就是整体目标通过环节目标的落实究竟达到了没有，达到了多少，还有什么问题。这种意识的强化，对我们快速地了解本堂教学的效果具有重要作用。遗憾的是，我们看到不少老师在课堂上缺少这种意识，讲到哪里就歇到哪里，认为自己有了环节，有了相关的过程，学生就能掌握，而真实情况并不知道。这种反馈目标意识的长期淡化，我们对学生知识和能力的情况就不能真正的了解，教学的效果就会受到影响。

五、调控目标意识

调控目标意识是指根据目标达成反馈的情况进行及时有效调控的意识。在教学目标达成情况的反馈中，一旦发现偏离了目标，或者目标完成不够到位，或者还存在很多问题，那么，我们就应该根据目标及时调控内容，调整方法，通过调控来弥补，让教学目标得到真正的落实。我们不能对反馈出的教学问题弃之不顾，否则，教学的有效性就会大打折扣。如果是目标有问题，过高或过难，或过大，不易达到，就应该根据学生的接受层次调整教学目标，让学生通过努力能够达到，体验到成功的欢乐。

六、反思目标意识

反思目标意识是指一堂课结束后对教学目标确定是否恰当的反馈意识。教学目标有没有问题，是大而无法操作？是难而无法落实？是浅而难度偏低？是小而无价值？一堂课后往往能够反映出来。我们应该及时根据课堂反馈的情况对课前设计的教学目标进行反思，明确好在哪里，问题在哪里，然后对教学目标进行恰当的修正，进行二次备课。这样，我们的教学才更有针对性，才更加有效。

目标意识在教学中是非常重要的。只要我们在教学设计和教学过程中真正有目标意识，时时有目标意识，教学的效益就一定会显现出来。

三维目标表述要有机渗透融合

语文新课程的教学目标是按照知识和能力、过程和方法、情感态度和价值观三个维度来确定的，这是一种新理念的体现。把过程和方法、情感态度和价值观列入教学目标并放在突出的地位，这是过去教学大纲从来没有的。这既可以说是对过去语文教学弊端反思的结果，也可以说是语文新课程改革的一大亮点。然而，在深入课堂之后，就明显感觉到，在具体的新课标新教材实施中，对三维目标的表述却存在着很大的问题。

语文教学目标是语文教学的出发点和归宿。《语文课程标准》对目标的要求是：知识和能力、过程和方法、情感态度和价值观三个维度的统一。如何针对具体课文按照三维目标来确定和表述教学目标，直接关系着新课标理念的落实问题。我们必须看到问题，找准对策。为此，下面从表述的角度，就三维教学目标表述中的主要问题与对策谈点粗浅的看法。

一、表述中存在的主要问题

如何表述三维目标，直接反映出教学设计者的观念问题、方法问题。从教学实施中，最普遍的问题是下面两种。

1. 表述的传统化，忽略方法与过程

先看案例：

《孙权劝学》教学目标：

（1）了解文意，理解文章内容。

（2）把握本文刻画人物形象的方法。

（3）积累一些重要文言词语，提高阅读文言文的能力。

（4）使学生懂得学无止境的道理。

在这里，我们从教学目标的表述上，只看到让学生从课文中了解什么、把握什么、积累什么，突出的是知识与能力上的要求，而没有过程和方法的注入。

目标中，“要求了解文意，理解文章内容”，通过什么途径、什么方法达到这一目标，不清楚；“把握本文刻画人物形象的方法”，如何达到“把握”？通过什么途径？是通过揣摩语气，还是分析语言？或者是通过与其他文章的比较？都不清楚。这些最关键的东西都未能在教学目标中表述出来。这与传统的教学目标的表述没有任何区别。这是不符合新课标要求的。

新课标理念下的语文教学目标的确定与表述，与传统教学目标表述中的本质区别，就在于将过程和方法、情感态度和价值观有机地融入其中。而传统注重的是知识的掌握，知识的学习是孤立的，未同能力的提升联系起来，忽略了学生学习的过程和方法。这种教学目标设计的定位表述，可以看出往往只重视的是结果，而忽略实现结果的过程，这必然造成教学上的重结果轻过程的弊端。

2. 表述上的繁杂与分割

请看案例：

《秋天》教学目标：

知识与能力目标：

（1）理解诗歌的内容。

（2）培养学生诗歌的朗读能力。

（3）掌握鉴赏诗歌的一般方法。

（4）培养学生对美的鉴赏能力。

过程与方法目标：

（1）加强诗歌的朗读技巧训练。

（2）重视对诗歌的语言进行揣摩、品味。

（3）通过音乐、图片与文字的结合提高效果。

（4）拓展延伸，培养学生自主学习的能力。

情感、态度价值观目标：

（1）培养学生感受美、欣赏美的情感。

（2）培养学生对诗歌对语言文字的热爱之情。

（3）激发学生对自然对生活的热爱。

从上面目标的确定和表述上来看，虽然全面，但是问题仍然存在。问题主要有两方面：一是将三维目标分割开来，没能将三者有机渗透、融合。事实上，在教学中三者是无法分开的；二是多而杂，一篇文章共确定了 11 个目标，一般说来，在课堂上是难以达到的，不符合教学实际；同时，表述中其内容还有重复之嫌。实际教学中这样的教学目标比较普遍，值得我们深思。

二、教学目标表述的对策

1. 认识上：深刻理解“三维目标”之间的关系

只有弄清三维目标之间关系，我们在教学目标的设计中，才可能针对性地确定和恰当表述，才可能符合新课程理念下的教学目标要求，在教学中才能更加有意识地将三维目标有机融合。

从《语文课程标准》“总目标”的表述中可以看出，新课程的“三维目标”不是三块，而是一个整体。不是要在知识、能力上加上方法、过程与情感。它们之间是相辅相成、相互交融、相互渗透、相互整合的。三个维度，三个支撑，形成立体的三维空间。传授知识、培养能力、产生情感体验、形成积极的人生态度等，都产生于具体的教学过程之中。知识和能力又影响着教学过程的安排和教学方法的选择，如何达到相应的目标则需要有效的方法和情感、态度的参与。在认知过程和能力形成过程中，必然伴随着情绪体验和价值判断，形成一定的学习态度，同时获得价值观的引导。

在研究层面上，我们可以把它拆开来讲，但在实践层面应该是三位一体的，因为实践层面是面对具体的学生，不能把它人为地分开。也就是说，不是将一节课分成三大环节，分别完成三个目标。

比如《纸船——寄母亲》一文，这是著名作家冰心写的一首诗。诗中写自己在远离家乡的邮轮上，无心欣赏眼前的美景，而是每天眼含热泪，不停地专心、执着地叠着一只只纸船，然后一个个抛放在海里，希望总会有一只飘到日夜想念的母亲身边。这是对日夜思念的母亲的呼唤，是献给亲爱的母亲的一曲深情的赞歌。教学这篇文章，三维目标是：有感情地朗读课文，把握诗歌基调，培养学生鉴赏诗歌的能力；在师生同读、同议、同讲、同评中感受诗情，领悟诗意；体验至爱亲情，受到美的熏陶和感染，培养健康高尚的审美情趣和审美能力。在具体教学过程中，这三维目标是无法分开的。要让学生积极地走进文本，主动与文本对话，必须调动学生的情感投入，拨动学生的心弦，激发热爱母亲的情感。要把握诗歌作者对母亲的深情呼唤、热爱母亲的这一基调的知识和能力目标，只有让师生在认真诵读、体验诗歌的过程与方法中才能得以落实。而要完成培养学生鉴赏诗歌的能力这一更高要求的知识和能力目标，既要调动原有的相关知识与能力，更需要师生用心灵去阅读，在对诗歌同议、同讲、同评、同品，并读出诗情、领悟诗意的过程与方法中来加以落实。在整个品读、感悟的过程与方法中，情感的体验贯穿始终，学完全诗，学生自然会受到诗中至爱亲情的熏陶与感染，从而进一步去体会母爱，激发热爱母亲的情怀，提高审美判断能力。这样，将知识和能力与过程与方法有机融合，并把情感、态度和价值观渗透在方法学习的过程中，三维目标才能共同实现。

从上面的分析可以看出，“三维”目标之间的关系，本身是统一的、相互交融的，根本不可能割裂开来。可以这样说，知识与能力是实施学习、进行探究活动、获得方法的基础，而过程和方法是获取知识、形成能力并形成正确的情感态度和价值观的有效途径，情感、态度是学生探求知识与形成能力的源动力，对知识的获得与能力的形成将产生巨大的影响。价值观则是正确落实其他目标的导向标。因此，整体上，情感、态度、价值观、方法以及知识的获得过程与能力的形成过程伴随始终。只有三者有机整合渗透在课堂、课外学习活动中，才能和谐地使三维目标得到落实。因此，在新教材教学目标的确定与表述中，要兼顾知识和能力、过程和方法、情感态度和价值观三个方面。

2. 操作上：表述要有机渗透融合，体现语文整体性的特点

三维目标的表述怎样才能更好地体现新课程理念？要根据具体的课文有机渗透融合，使知识与能力、过程与方法、情感态度和价值观三个方面浑然一体，体现语文整体性的特点。

按照上面这种认识，我们可以将前面《孙权劝学》教学目标调整为：

（1）能借助注释、工具书和交流，读懂文义，并积累一些重要的文言词语。
（2）通过诵读，揣摩人物说话时的语气，把握人物的性格。
（3）通过阅读体验感悟，懂得学无止境的道理。

上面教学目标的表述，与前面教学目标表述相比较，主要目标虽然一样，但实现的途径却大相径庭，前者是要求学生达到的结果，而后者则强调了在学习过程中的方法，是学生自己在参与体验中获得知识的过程，提高能力的过程。在这里，我们可以看到，达到“读懂文义”的途径和方法是“借助注释、工具书和交流”；“把握人物的性格”的方法是“诵读，揣摩人物说话时的语气”；“懂

得学无止境的道理”这一情感态度目标，是借助“阅读体验感悟”来达到的。在这里，我们看到的三维目标的表述不只是教师的教学意图，而是三维目标有机的渗透融合。

三维目标是新课程课程目标的一个特点，它的表述直接体现出教学者的教学理念，也反映出教学者的教学方法。作为教学设计的一个首要环节，我们应该根据新课标理念去思考，去体现，去表述。只有这样，我们才能跟上新课程的步伐，真正走进新课程。

生成性——新课标理念下语文教学设计的新视点

新课标理念下的语文课堂教学较过去发生了较大的变化，学生对语文产生了兴趣，课堂充满了活力。但笔者在多次听课之后，明显感到一个共同的问题，即不少教师面对课堂临时出现的问题或教学场面处理欠妥当，有时绕道走开，不管学生的发问，有时慌乱应付，有时甚至粗暴拒绝，伤害了喜欢思考的学生，破坏了良好的学习氛围。造成这种结果的原因很多，而教学设计时缺乏“生成性”意识是一重要因素。

比如一位教师教学朱自清的《春》，在教学设计中设计了对本文语言表达效果的探究这一环节。其中一个是对文中“小草偷偷地从土里钻出来，嫩嫩的，绿绿的”一句的品味讨论。这一片段教学讨论案例如下。

老师：这个句子在结构上与一般的表达有什么不同？

生甲：词语的位置发生了变化。

生乙：“嫩嫩的，绿绿的”应该放在前面，修饰“小草”。

老师：同学们说的对，说明大家认真思考了。现在请大家再认真读一读，讨论一下作者为什么要将修饰“小草”的“嫩嫩的，绿绿的”词语放到后面，这样写有什么表达效果？

（学生阅读、交流）

生丙：主要起强调作用。

老师：不错。还有没有同学再补充具体一点？

生丁：“嫩嫩的，绿绿的”放在后面更加突出了“小草”的质地和色彩。

老师：很好！同学们补充得更全面了，还有没有同学进一步补充。

生戊：我和其他同学的意见有点不同。我总觉得“嫩嫩的，绿绿的”不是修饰这一句前面的“小草”，作者在这里用这个词应该是说明其他能看得见的小草。

（课堂出现了安静，一会儿后）

老师：为什么这样说？

生戊：因为“偷偷地从土里钻出来”的“小草”是看不见的，怎么能说是“绿绿的”呢？

生巳：这位同学提醒了我。我曾经观察过，小草从土里钻出的时候不是“绿绿的”，而是嫩黄的、淡黄的。

老师：这个问题纠缠不清，我们不谈了。况且我们学习课文的任务也不是去考证。课文后面的“研讨与练习”也是这样说的。这里为了突出“小草”“嫩嫩的，绿绿的”，于是将修饰“小草”的词语放到了后面强调。同学们说是不是？

生齐：是。

（生戊、生巳露出了疑惑）

…………

应该说，这位老师教学的预设是不错的，课堂上又注重调动了学生的参与讨论，体现了新课程的理念。但是，很遗憾的是教师未能根据课堂上学生参与讨论的生成性情况灵活改变教学思路。生戊提出的问题，是老师在教学设计中没有考虑到的，这种情况在过去教学中也没有碰到过。这样思考问题，正是新课程中开放的课堂带来的价值。这位学生能从别人不疑处提出问题，非常可贵，我们应该尊重学生的独特体验和感受，而且学生说得在理，有探讨的价值，更应该调整原有的教学设计思路引导学生讨论，进一步联系生活实际，进行思维碰撞，加深理解。可惜的是教师没能及时地将学生闪现的思维火花引向深入，反而因为处理不当压抑了学生的思维。一些有价值的思维火花也许在学生齐答“是”的同时被浇灭了，这正是因为教师教学设计中没有生成性意识和生成性行为而带来的结果。这不能不引起我们在实施新课标体现新理念的教学中高度的重视，深刻的反思。

新课标下的语文教学设计应有新的设计理念，整个设计过程要贯穿生成性的教学思想。这是由新课标下整个开放而鲜活的教学活动过程价值取向所决定的，是一切为了学生的发展决定的。所谓“生成性”，是指课堂教学因许多及时性因素而临时出现的新的问题，新的矛盾，新的局面，这种生成性需要教师快速而灵活的处理。

语文教学设计是教师根据自己对教材理解和学生的情况进行的教学的设想，是一项对教学过程的预测活动，往往带有很强的主观因素，有时是与课堂教学的实际情况不吻合的。现代语文课堂提倡自主、合作、探究的学习方式，学生思维是多向的，视野是开阔的，问题是多样的。随着教学活动不断展开，学生的思维越是激活，新的问题越是不断出现，因此，生成的可能性就更大。如学生在自主、探究学习中会提出一些他们不懂的问题，甚至提出一些教师意想不到的问题；有时还会在学习中出现一些错误；教师也可能临时会产生一些灵感改变教学思路。这种“生成性”的特点主要来自于学生的参与，打乱教师原有的教学设计思路，由此，恰恰可以生成出许多富有价值的问题，激活学生思维，活跃课堂氛围，使课堂充满活力。学生在这种生成性学习过程中，由于是直接的参与，因此，学习的兴趣很浓，认识和体验就会不断地加深，教学带来的效果就更大。

新课标下的语文教学设计不是静止的蓝图、僵死的教案、固定的模式，而是一种流动的过程，动态的过程，体现的是一种发展的观点。真正的教学设计是通过教师与学生、学生与学生之间的多向互动，在相互交流、碰撞的循环流动中不断充实和完善。一堂课的完成，也就是“教学设计”的暂时终结。因此，新课标下的教学设计，不是限制其生成性，而是为了使生成性得到更好的体现，由此获得更好的教学效果。可以说，生成性是新课标下语文教学设计的新视点，我们必须加以重视。

教师在教学设计中要有生成性意识和生成性的行为。那么，怎样体现生成性呢？

（1）教学设计的文本中要体现生成性的可能情况。即在设计中对问题的设计和过程的环节的设计时，要考虑到生成性产生的多种可能，对教学可能出现的几种情况多作几种假设（尤其是年轻教师），预测一些思路，以便做到胸中有数，在课堂上能够灵活地应对和有效地驾驭。

（2）胸中装有生成性，机智灵活变通处理。新课程理念下的丰富多彩的生成性，教学设计是难以预测的。不一定在教学设计的文本中具体体现，可以根据教学的具体内容和学生对象的能力情况，对易于生成的地方，只在头脑中预设几种情况，做好心理准备，重要的是能够根据课堂学生“生成性”的特点和生成的具体情况，机智应变，灵活处理，正如苏霍姆林斯基所说：“真正的教学技巧和艺术就在于一旦有这种必要，教师就能随时改变自己的授课计划。”以此激活学生的思维，尊重学生独特的理解，增强学生的自信，以达到教学的最佳效果。

比如成都七中育才学校吴明平在讲《天上的街市》一诗时，按照新课标理念的设计，其中设计了“质疑”一环节。设计的思路是要求学生通过品读诗歌，能从语言、想象和联想等方面质疑，师生共同探讨，思考的方向是有所限定的。但在课堂教学具体的实施中，正在学生质疑讨论非常热烈时，有一位学生却提出了如下问题：

诗歌第一、二两节的诗句可以交换一下位置吗？效果是否一样？

这一质疑是教师教学设计中没有考虑到的，而这个问题是学生在读的基础上经过思考提出来的。怎么处理？也许有的老师遇到这一问题，或简单地讲一下，或搪塞或不理或责怪，但是吴老师并没有回避这一问题，也没有否定这一问题，而是认为这一问题有助于学生理清诗人写作思路和意图，于是及时抓住这一问题进行引导：

这个问题提得好，说明这位学生在读的过程中动了脑筋。不过这个问题老师还没有思考过，我们一起来探讨一下怎么样？诗人写作时为什么这么安排？两个诗节换一换究竟行不行？下面，我们一起来讨论一下，然后发表自己的看法。

接下来，组织小组讨论，师生共同参与。在此基础上，学生积极发表自己的看法。

一位学生说，诗人是由街灯想到的天上的明星，再由此想到天上的街市，如果把两诗节位置换了，则变成了由明星想到街灯，再想到街市，这样就感觉写作顺序混乱的。

另一位学生说，将两诗节调换后比较，联系诗歌联想的内容可以看出，调换后的诗节思路是混乱的，大诗人郭沫若是不会出现这种失误的。

教师补充，诗人联想的引发事物是街灯，由街灯写起，自然联想到明星，再想象到天上的街市，这不但体现诗人思路的清晰，更符合诗人的创作意图：从现实转向对理想生活的向往。

教师针对这一设计之外的生成性问题，不是放弃，而是顺势引导，师生共同参与，不仅让学生进一步去感悟了课文，品读了语言，更重要的是学生进一步走进了诗歌，深入理解了课文，把握了思路，获得了设计之外意想不到的效果。

教师在语文新课程教学设计中，始终要有一种生成意识，在教学过程中要体现生成意识，真正让学生在学习中生成，在生成中体验，在体验中建构，在建构中和谐发展，这样才符合新课标新教材精神。

如何进行多角度设计

——以《人生的境界》为例

按照新课程理念来看，教学设计是没有固定格式的，不同的教学内容和不同的教师，设计是不同的。但是，目前模式化、格式化的设计比较普遍，缺乏变化，有僵化之嫌，教学缺乏灵动，这一现状必须改观。

教有常法，但无定法。如何体现设计的多角度，应根据具体的教学内容来确定。下面以《人生的境界》为例，来体现如何进行多角度思考。这是一篇具有一定哲学高度的高中课文，下面从几个设计角度和同行交流。

教学设计一

一、教学角度——问读

以“问”（发现问题、质疑辩难）的形式带动课文的阅读。因为提出一个问题比回答一个问题更有价值，只有培养学生善于提出问题、敢于解决问题的学习方法，才能更好地发展学生思维的灵活性和独创性。问读教学设计目的就在于培养学生发现问题、提出问题的能力，培养学生思考问题、探讨问题、解决问题的能力，进而培养创造思维能力。这一设计思想，与当前提出的培养学生语文核心素养理念是一致的。

二、问读教学实施过程

1. 明确要求

问题意识和发现问题能力的培养是新课程改革的一个重点内容。因此，以问读方式来阅读课文就显得十分必要。所谓“问读”，就是从读中去思考问题、发现问题并整理提出问题。本教学重点在于“问”字。

2. 整体感知

这一步主要目的在于让学生了解文章的基本内容，了解文章论述的基本思路，为后面的问读作铺垫。

教师引导学生可以有以下整体的初步了解：本文首先从哲学的任务是提高人的精神境界入笔，定下本文基调，然后具体阐述人生的四种境界及其相互的关系，继而论述哲学的任务是使人对社会、人生、宇宙的觉解，帮助人达到道德境界和天地境界。

3. 问读体验

问读体验可以分为两步。

（1）教师设计问题带动学生问读。

教师设问重在“抛砖引玉”，从不同的角度提出一些问题作示范，开阔学生的视野，诱导学生去发现问题。教师设计的问题必须是具有价值的且具有层次性，对阅读教学过程能起引导作用、支撑作用，能从整体上引起学生思考、探讨、理解的关键问题，能够带动对课文深层次的阅读。如全文主要阐述了什么问题？论述中是按怎样的思路展开的？

（2）学生问读。

其特点是问题从学生中来，学生在阅读中产生问题，而不是老师提出。这里要引导学生善于发现问题。

① 创设宽松环境，开放提问情境，营造心理安全氛围，让学生敢问，唤醒学生乐问的主体意识。要鼓励学生敢疑敢问。对学生提出的问题，实行问题无错原则。让学生不断地阅读课文，不断地寻找问题，不断地发现问题，不断地提出问题。

② 教师介绍问读方法和角度。

第一，从课文的标题入手设计。这篇课文的标题是一个短语，可以让学生在中间补上一些成分，构成一个复杂的短语。这种做法看似简单，实际上比较困难。因为修饰成分不能乱加，必须根据文章的内容来加，这就要求对整篇文章有一个较全面的了解。如本文可以“人生的……境界”设问。题目中的省略号让学生在阅读中去填写。这一问题设计，可以促使学生在仔细阅读课文时融入自身的思考，有利于学生对整体内容的把握。第二，从不懂的地方提出问题，这是问读的基本层次。如：文中所谈到的人生四种境界的根本区别是什么？哪一种境界需要哲学？哲学的任务是什么？怎样达到道德境界和天地境界？这样的发问意在让学生进一步理解文章，解答心中的疑惑。第三，从词句隐含信息背后去挖掘问题，这是问读的较高层次。如：本文中“觉解”的内在含义是什么？（觉悟了解之意）“觉解”与哲学的任务、人生的境界有什么内在联系？（觉解越少，人生境界就越低；觉解越高，人生境界就越高；而哲学的任务就是给予人更多的觉解，使人达到“天地境界”这一人生的制高点）“是人现在就是的人”其内涵怎样理解？（没有受过教育就是如此的人）这样的问读有利于深入把握蕴含在文字背后中的含义。第四，从有探究价值的内容发现问题，这是问读的较高层次。如：为什么说“中国的圣人是既入世而又出世的”？“中国的哲学也是既入世而又出世的”？（既能投身到社会里，又能超越人世，有超越人世的渴望，又不逃避现实）这样意在培养学生的质疑辨难的能力。第五，从没有问题的地方去发现问题、提出有价值的问题，这是较深层次的阅读能力。如文章在谈到“功利境界”时，认为“他做的事，其后果可以有利于他人，其动机则是利己的”。这里的“利己”与生活中所说的“损人利己”有没有区别？（有区别,因为并非都损人）人生的境界和哲学的价值之间究竟有什么关系？（人生境界层次的发展需要哲学来引导和提升）从社会现实的人群角度看，能否仍然划为四个层次？这样的问读引导，目的在于让学生既能深入理解文本，又能跳出文本进行思考，活读活用。

这一步意在让学生了解问读的方法、思路和问读的角度，在“问”的体验中，提高学生质疑思辨的能力。这里的关键在于教师要让学生在读中“思”，在思中“问”，在问中深入去读，真正走进文本。要注意的是要求学生根据自己的实际情况去进行问读，并逐渐地提高自己的问读层次。

（3）问读实践。

留给学生阅读、思考和发现问题的时间，并让学生从说理上、从关键语句、从语言风格、从文章蕴含的深意等方面畅所欲言地提出问题。让学生在具体的阅读中催生问题，发现问题。让问题与思考不断反复，使问题更有价值，使学生对课文的认识逐步深入。

（4）问读交流。

生生交流问题：借助交流进一步碰撞产生新的问题，纠正并完善自己的问题，师生共同将问题分类归并，确定有探讨价值的问题。学生提出问题后，教师可以组织引导学生评论：哪些问题提得好，哪些问题对大家有启发，哪些问题最新颖，哪些问题最富于挑战性。在此基础上，师生共同筛选提炼出有价值的问题进行讨论、解决。

这一步意在让学生从中获得解决问题的快乐，体验成功的喜悦，从而激发学生主动参与、体验的热情，进而培养学生发现问题、解决问题和创新思维的能力。

三、问读反思

紧扣问读的过程，反思问读的收获和存在的问题，并要求学生在解决问题的基础上提出更高更新的问题，将思维引向深入。让学生明确：一堂课的结束不是问题的解决，而是问题向更高层次的发展。这样，将进一步强化学生的问题意识，养成在读中去发现问题的习惯。

教学设计二

一、教学角度——联读

联系生活和自己实际，去解读、理解文本，同时，借助文本的哲学知识去认识生活、认识人生，达到学用结合的目的。

二、联读教学实施过程

1. 走进文本——感知文本

通览全文，了解内容，把握内涵。

明确要求：弄清文中阐述了哪几种“人生境界”（自然境界、功利境界、道德境界、天地境界），明确文中阐述的四种“人生境界”的基本内涵（自然境界：无觉解或不甚觉解，不知道做事的意义。功利境界：有觉解，但做事只知道对自己的功利意义。道德境界：觉解道德的意义，自觉为社会利益做事，事事讲道德，是贤人。天地境界：觉解到宇宙的利益，自觉为宇宙利益做事，具有超道德价值，是圣人），四种境界的区别（显示出了精神境界的高低层次），把握哲学在提升人生境界中的价值（提高人的精神境界）。

这一步主要是为后面的联读打下基础。

2. 活用文本——联读体验

（1）交代“联读”意义。

引导：每一个人都有一个人生，有的人生五彩缤纷，闪耀出生命的光彩；

有的人生暗淡无光，似枯萎的树枝；有的人生平平淡淡，犹如一张白纸。人生的高低价值就从这些表现中体现了出来。本文谈四种人生境界及哲学精神价值，与我们生活中的活生生的现象极为相似，对照阅读更能加深对课文的理解，与作者产生共鸣，感受作者思考的深度和高度。这一步设计是为了引发学生联读的主动性。

（2）联读角度。

① 从历史人群中去联想相应的人群，引发我们对历史人物人生境界的探讨和认识。② 从生活中联系相关的四种境界的人群，加以对比分析，析其表现，剖析实质。③ 联系自己，自己现在属哪类境界的人，今后将向怎样的境界发展。④ 从联系发展角度，看这四种人生境界有没有变化？看看人生的境界还可能体现哪几种态势。这一设计主要是为学生联读具有针对性作准备，并为学生如何联读作一引导。

3. 自主联读实践

教师引导学生进行具体的联系。搜集生活（家庭、学校、社会）现象，找准生活中四种境界的人加以剖析。如文天祥“人生自古谁无死，留取丹心照汗青”；一些领导者为自己的子女谋发展；消防战士哪里有难哪里上；有的歌星出场首先伸手索要出场费；有的同学经常为他人和集体做好事；有的父母宁让自己吃苦也不让自己的子女吃苦；等等。想一想，生活中这类人中有没有自然境界的人，有没有功利境界的人，自己的身边有没有道德境界的人，有没有天地境界的人，生活中还有没有这四种境界以外的人，并在联系的基础上进行分析。同时，看看自己，目前属于什么境界，要勇于解剖自己，正确评价自己，然后确定健康发展的方向，提升自己的人生境界。教师要借助这种联读方式，突出学生情感态度价值观上的引导。这一步是联读的重要环节，要重视这一过程，加强学生这一联读的体验。学生能够做到这一步，说明学生不仅读懂了文章，而且是深入体会了文章的内涵。

4. 加强联读交流

在前面自主联读基础上，师生之间、生生之间联系生活现象及体会进行广泛交流，希望能引发一些争论，产生思维的碰撞，以加强对这几种人群的分析，充实内容，加深认识，丰富理解。

5. 联读评价

针对生活中的四种人生境界现象及与同学、老师交流的情况写出评价，表明自己的看法，达到进一步对社会中人生不同境界的深刻认识。

三、反思联读

教师引导学生回扣文中四种境界，进行自我人生反思，提升自我人生的价值，明确自己追求的人生境界。

教学设计三

一、教学角度——析读

分析辨读课文，提高学生分析研读的能力。

析读教学实施过程

1. 初读课文，整体把握

要求学生通过与文本的对话了解文章的基本内容，理清思路，把握文章基本结构。

教师引导学生可以有以下整体的初步了解：本文按照觉解的程度将人生的境界划分为四个层次：自然境界、功利境界、道德境界、天地境界。从阐述的思路看，先从哲学的任务是提高人的精神境界入手，然后具体阐述人生的四种境界及其相互的关系，继而论述哲学的任务是使人对社会、人生、宇宙的觉解，帮助人最终达到道德境界和天地境界。这一步整体感知为下面的析读打下基础。

2. 细读品味，辨析研读

（1）学生自主阅读、质疑与分析。要求学生选择自己最喜欢的语句或语段进行分析品读，评说自己喜爱的理由。教师要尊重学生的选择和理解，激发学生参与分析的积极性。

（2）教师引导学生分析文中重要的语句的含义，如“觉解”的含义，怎样理解“是人现在就是的人”“人应该成为的人”等词句在文中的意思。

（“是人现在就是的人”是指没有受过教育就如此的人；“人应该成为的人”

是指应把成为贤人、圣人作为自我修养的目标，不断提高精神境界，从而成为道德境界的人、天地境界的人）

（3）多向互动，相互质疑释疑。

①“自然境界、功利境界、道德境界、天地境界”四者的主要区别及联系是什么？

引导学生阅读课文第7段，让学生去辨析四种境界的相互联系与区别。

② 从文中可以看出，中国哲学呈现了一种怎样的脉络？哲学有着怎样的任务？

从哲学的角度看所呈现的脉络是境界不断发展、提升的过程：无觉解到觉解至功利的层次，再觉解到道德的意义，最后觉解到宇宙的境界。哲学的任务就在于帮助人觉解，提高人的精神境界，促进人达到道德境界和精神境界。

③ 剖析人生四种境界的内涵及其与哲学价值的关系。

觉解的程度如何，直接关系到人生境界的高低。觉解越少，人生境界就越低；觉解越高，人生境界就越高；而哲学的价值就是帮助人达到更多的觉解，使人达到最高的人生境界，即“天地境界”。

④ 本文是一篇哲学论文，阐述哲学的任务与人生境界的关系，但读来并不是那么高深和难懂，这是什么原因？

本文阐述的虽然是哲学的问题和人生境界的问题，但语言却深入浅出、平易流畅，因此读来并不晦涩难懂。

（析读的问题可以根据学生的具体情况来确定，以增强教学的有效性）

二、拓展析读

可以采用下面两种方法。

（1）让学生根据文中作者所阐述的四种人生境界的特点和内涵，联系生活中相应的人群进行辨析归类。

（2）提供不同类型的人物，让学生结合对文中四种人生境界的理解，对所提供的人群进行辨析。（如人民的好公仆焦裕禄、见义勇为的解放军、舍生忘死与毒枭作斗争的公安战士、救死扶伤的“白衣战士”、只求衣食温饱的村民、追求享受的官吏等）

这一步意在课内外结合，调动学生平时的积累，突出体验，进一步加深对课文内涵的理解。

三、小结，明确收获

教学设计四

一、教学角度——悟读

从感悟的角度去与文本对话。

二、主要教学步骤

（1）导入文本。

（2）教师带着学生去感悟文本。

（3）感悟四种境界的内容及哲学精神。

（4）课堂互动交流感悟。

（5）写感悟笔记。

三、悟读训练实施过程

（1）激发学生“悟读”的兴趣。本文作为现代哲学论文，将人从哲学的角度进行了划分，提出了人生的四种境界，值得我们去品读、感悟。

（2）教师引导学生去感受文本，走进文本，为读中悟作准备。

（3）进一步与文本作者对话，理解文本，从文中所涉及的四种境界及哲学精神等内涵上去寻找感悟点。（可以是具体的句子，可以是整篇文章）教师引悟：读了本文哪些地方触动了你的心灵？引发了你的思考？由此产生了哪些感悟？珍惜读后的心灵感悟。

（4）师生之间、生生之间加强感悟交流，拓展感悟思路，畅谈感悟的体会，调整感悟方向，加深感悟的印象。

（5）抒写感悟，将自己印象最深的感悟写下来。

（6）再次交流感悟，提升感悟，引发思考，提升自己的境界。

教学设计五

一、教学角度——评读

从“评点式阅读”角度去解读课文，侧重“评点”。

二、主要教学步骤

（1）布置预习，初步了解课文作者的基本观点。
（2）评点方法说明和评点内容提示。
（3）评点实践和评点交流，对评点的评点。
（4）写评点体会。

三、评点训练实施过程

（1）引评：高一年级主要通过文章的学习培养了分析文章的基本能力；高二年级通过文学作品的学习，培养了初步鉴赏文学作品的能力。前两年所培养起来的阅读能力，为高三阅读哲学论文打下了基础。今天我们又借助这些能力采用新的阅读方式——“评点式阅读”来解读《人生的境界》。教师可用毛泽东同志或其他人的读书评点阅读习惯来引发学生这种读书的兴趣，增强信心。

（2）再读课文，在预习基础上进一步把握课文基本内容和基本观点，勾画妙句和佳段，看看哪些精彩，哪些蕴含哲理，哪些值得商讨。为后面评点理解作准备。

（3）明确“评读”方法。教师说明“评点式阅读”方式及内容，让学生能直接感受和操作：① 针对文中的某一个方面用简洁明了的语言进行评价式的点评，可以评其优点，可以提出异议，可以商榷；② 直接在书上右边编者留出来空白处进行评点，这样既方便，又易于操作；③ 评点内容开放，可以是文中观点，可以是某一句话，可以是语言，可以是结构、思路，可以是不同人生境界的内容，如作者从哲学的任务和态度上进行划分，有没有道理？总之，让学生明白，课文中的任何地方都可以作为评点对象，你有什么感点都可以在旁边评点出来。这样，学生有了阅读的自由和解读的自由，就能放开思维，大胆评说。

（4）学生评点体验。要求学生再读课文，边读边想边评点。

（5）生生互动，交流评点，并要求学生对同学的评点进行评点，针对同学的评点简要写出或说出自己的看法。

（6）全班有选择性地进行评点交流，同时师生有选择地对学生的评点进行互评。最好能引发争论，将思维引向深入，让学生在体验中加深印象，提高评点质量，养成评点习惯。

（7）抒写评点阅读的体会，就评点的价值、评点的收获、评点的失误、评点中的困惑、评点的难处等方面任选一点或几点而谈。以此加强评点阅读的实效，为今后的学习打下基础。

教学设计六

一、教学角度——辩读

主要通过论辩的形式去组织学生理解课文。

二、主要教学步骤

（1）通读课文，把握基本内容。

（2）设置辩题。

（3）组织小组分题准备。

（4）组织课堂辩论。

（5）论辩小结，反思效果。

三、辩读训练实施过程

（1）明确要求，整体感知课文，让学生初步了解“人生境界”的四个阶段。

（2）明确“人生境界”四个阶段的内涵与哲学的关系。

（3）针对四种境界，结合生活现状，教师与学生交流，商量设置辩题的内容，明确辩题组别，确定学生辩论小组个数，这一步，要根据学生的实际情况而定。

（4）分小组选题。方法：教师根据班上学生实际情况搭配组合，或学生根据自己的兴趣自由组合，通过自由选定或抽签决定本小组辩论题目。

（5）分小组课下自由准备，查阅资料，充实内容，为本题论辩作充分的准备。

（6）全班举行辩论比赛，由学生充当主持人。

（7）辩后小结，引导反思，借助辩论达到进一步理解课文的目的，同时拓展视野，达到课内外有机结合的效果。

教学设计没有固定模式，上面仅从六个方面进行了设计，还可以从研读、练读、写读等角度去进行教学。教学角度的确定要根据学生的实际情况和自己的教学个性来决定，以取得实效为准。只要我们认真阅读文本，用心思考，精心设计，一篇文章就会有丰富多彩的角度。以上虽是针对高中课文设计，但对不同阶段的不同文本都会有借鉴价值。

“放风筝”与语文课堂教学艺术

新课程提倡自主、合作与探究的学习方式，是新课程改革的一大亮点。它使课堂教学发生了巨大的变化，这是可喜之事。但是，在多次深入课堂听课后，笔者明显感到，在具体的教学行为中还存在一些误区，或把自主、合作与探究变成“放羊式”，“放”之过度，或把它当作一种点缀，只是一种形式的简单体现，“控”之过紧，“收”之过快，这样，没能领悟其教学中辩证的艺术，不能真正体现新课程这一理念。这不由使我想到了生活中的“放风筝”。

每到放风筝的季节，我常常为那多姿多彩的风筝在天空自由翱翔、潇洒动作而喝彩，也为它时而徐行，时而快飘，时而起伏翻飞、花样多变而惊叹，获得一种美的享受。

欣赏后思之结果是：“风筝”尽显风采，美妙变化，是有一定学问的。必须把握好“放”“控”“收”三个环节。“放”即敢放、善放。只有敢放，“风筝”才能展开自由的翅膀翱翔蓝天，展现美姿；只有善放，才能使“风筝”变化多端，显示个性色彩。“控”即调控，操作者用线加以控制，并根据风向或具体场景的需要，变换角度以调控高低远近，这样，才能使“风筝”自由而不盲乱。而“收”，指在“放”的基础上及时地有条理地收回，收是一种总结，也是为了下一次更好地放，到此，才算完成了“放风筝”的过程。可见，“放风筝”是一门艺术。更蕴含一种辩证法。“放”“控”“收”之间有一种内在而有机的联系，又有独自的功能。

由此，我联想到新课程理念下的语文课堂教学艺术，如同“放风筝”一样，具有辩证的艺术。如果我们能从“放风筝”中获得启示，领悟其艺术技巧，把握好“放”与“收”的“度”，并灵活运用到教与学中去，做到收放自如，控制恰当，那我们的现代课堂教学现状将是另一番前景。

一、教学中的“放”

语文以其强烈的主观性特点，为“放”提供了条件。在教学中，教师要敢于借助自己的指导放手让学生自主学习，自己去思考、分析和理解并掌握所学知识。但目前对此存在两种误区：一是顾虑过多，不敢“放线”，人为地将学生思维这条线拉得紧。教学中的不敢放，犹如风筝受到牵制永远无法展示它的风姿而失去灵性和魅力一样，学生思维受到严重阻碍，压抑了学生个性，扼杀了他们的创造性，使课堂“教”与“学”的双边互动变成了静止单边活动或简单形式上的双边活动，显得毫无生气。这是“怕放”的结果。二是弃线“全放”，使教学犹如断线的风筝失去控制而飘浮不定，放任自流，课堂看似热闹而无章法，最后无效果。这是“乱放”的结果。

“怕放”与“乱放”都会使课堂教学走入死胡同。那么，课堂教学中如何正确地“放”呢？

（1）树立现代教学观和学生观，是“放”的前提。新课程理念提倡开放性教学，珍视学生独特的理解，这为教学的“放”提供了依据。为此，我们应该明确教学是教师这一主导的“教”与学生这一主体的“学”的一个互动问题，学生才是学习的真正主人，教师不能包办代替学生。如果看不到学生潜在的能力，把学生的学习期望仅仅理解为单纯的接受知识，束缚学生活的思维，那语文教学永远只能进入封闭状态。当代认知心理学认为，教学过程是调动学生全身心参与投入的认知过程，由此提高学生的认知加工能力，而要做到这一点，就必须开放课堂，由重教轻学转变为学为重心、教学统一。因此，只有给学生松绑，让其自由“展翅飞翔”，才能有所收获。明确了这一点，才能在教学中有意识地“放”。

（2）把准教材，吃透学生，交给学生学法，是“放”的基础。只有把准教材的重难点和关键点，学生的需求点以及文体的特有教学价值，教师才能准确地为学生设计具体的目标，引导才有效。也只有摸准了学生现有的知识水平及接受能力，才能把握好“放”的难度，学生在学中尝到甜头，才有兴趣和激情参与到教学中。同时，“放”包含了如何学，因此，教师要教学法，如将品读课文的方法及角度交给学生，明确如何根据不同的学习内容进行学习，并注意以新带旧的知识迁移，让学生带着问题去学、思、问、辨。只有这样，才“放”得放心。

（3）充分相信学生，强化学生主人的欲望，大胆放手，让学生自己钻研，这是落实“放”的关键。要真正培养学生的能力，就要敢放，并给学生创造宽松和谐的氛围，将课文或学习的内容交给学生。教师提出要求和问题，或让学生提问或引导学生自己去讨论解决，允许学生有不同的见解，鼓励他们多角度思考，充分发挥学生的主动性，展现其能力，让学生在生动的学习中增强获取知识过程的自信心，加深理解和灵活地运用。其间，教师成为讨论的组织者和参与者。教育改革家魏书生的课堂教学就放得开，显得活，值得借鉴。魏老师教什么，怎样讲，如何分析，有时连考试都与学生商量。他的课上，讨论充分，并根据不同的学生程度，允许有的学生写生字，有的划重点语句，有的做习题，有的列文学知识简表。这一“放”的结果，学生对知识接受更快，理解更扎实，因为学生自己选择的学习内容和方式，更适合自己的需要，并在此同时，还要进行能力上的自我培养，在学习中学会自治与自制，这样使“学生比过去更想当和更会当主人”。可见，恰当的“放”，能解放学生的思维，激活灵性，充分展示和培养个性，智力得到最好的发展。正如放出去的“风筝”一样，更能显示自己多姿的个性色彩。

除课堂“放”以外，根据语文本身的特点，还应适当把课堂“放”到课外，拓展学习的空间，让学生进阅览室，让学生参加社会调查和实践，去促进学生语文素养的提高。

（4）“放”而有序，遵循“循序渐进”的原则。“放”不宜求速求快，何时放，放多高，怎样放，要根据学生的知识层次基础和心理接受能力的特点，逐渐加强，让学生每行一步有收获，从而乐于围绕教师“导”中去探求知识。如果忽视学生的实际能力而“放”之不当，太快太难，只能让学生产生畏缩情绪而达不到“放”的目的。因此，逐步放，让学生由浅入深，由低到高走向目的地，就能收到柳暗花明之功效。

会放能更好地把“教”与“学”结合起来，激发学生学习的积极性，极大地发挥“内因”作用，个性和创造性的能力也得到培养，因此，课堂教学中必须重视“放”。

二、教学中的“控”

教学中如不加以有效控制，就如断线的“风筝”很快便会失去风姿，从而失去“放”的价值。因此，教学中的“放”必须加以控制，才能保证“放”的实效。我们可以利用控制论原理，加强“放”中的有效控制。

控制论是研究某个系统中控制过程的一种方法论。控制论研究的对象是受调、自调系统的运动，是研究控制系统如何通过内部和外部条件的变化而进行自身的调节活动，以克服不确定性，使系统稳定地保持或达到一定目标的科学。控制论强调的是反馈原理，反馈就是先把信息输送出去。然后又将结果收回来，再利用收回的信息加以调整、校正自己的行为，对信息的重新输出起到控制作用，以趋向于某种特定的目标。为此要加强以下控制。

（1）定向控制。定向控制就是一种目标的控制。“放”总是为完成一定的目标进行的，正如“放风筝”要展现它的风姿必须由操作者借助“线”来控制一样，如果无的放矢，风筝将随意乱飞。教学中的“放”，既是要让学生放开脚步自由走，同时还要朝既定目标迈进。这就要求教师在“放”前将该次训练目标的有效信息输给学生，无关的信息不要输出。这样，不至于使无效信息干扰而淹没了有效信息。然后在此目标控制下，放开让学生自己去明题、思辨、讨论，并随时在学生中加以引导，并根据学生讨论、发言的反馈情况及时进行处理，对失控情况进行调控、校正，使课堂教学始终不偏离方向。

（2）定度控制。“放”要把握好“度”，既要让学生努力为之能尝到甜头，又不能太简单让人轻而易得。因此，在“放”中给的目标以及提出的问题的难易度和深浅度上要把准，要根据学生的年龄特点、当前学习层次和心理实际加以控制。因为要求过高，学生感到自己难于达到而丧失信心，激不起求知欲望；要求过低；学生又感到索然无味，失去学习的积极性，犹如风筝放得过高难以让人看清，甚至失控，放得过低又无法展示其风采而失去意义。因此，教学中的这条控制线高低深浅须恰当，才能发挥应有作用。

这里“控”与“放”看似是一对矛盾，实则是统一的。“控”只是在大目标和要求上限制，而其他如何分析、思维、理解却是放开的。因此，两者各行其责，都指向学生能力和目标的达成。

三、教学中的“收”

放风筝寓着“收”，同样，教学中的放也寓着“收”。“收”，是指在学生自主学习、独立思考、分析、理解和讨论的基础上，由教师或学生及时对有关问题有针对性地进行归纳和总结，把学生的自学所得，引向一定的深度和高度，使之对所学知识明确化、条理化、科学化，将学习方法不断完善和优化。如果只“放”不收，犹如抛弃风筝而无价值，教学就无效果；如果“放”而乱收，犹如使收回的风筝乱成一团，显得杂乱无条理，教学也就无意义。“放”得开，是为了收得广；“控”得当，是为了收得实。那么如何收呢？

（1）把握好“收”的时机。将学生思考、讨论的分散的零星的认识集中起来，并尽量从规律上加以总结，易于学生把握，从中学会学习，为今后的自学，大胆地“放”打基础。

（2）在学生自学、讨论后最渴望教师的评讲时收，就恰到好处。将学生对问题的分歧意见引到统一的认识上来。当然，有的问题不必强求统一，只要言之成理就行，对有创见性的加以肯定和鼓励，以激发学生的积极性和参与的热情。

（3）引导学生将应该理解而未思考到的地方补充出来，点醒学生，让学生有“顿悟”之感，为下次学习指路。

（4）学生的理解难免有偏颇之处，在收中不应回避，应将错误的或片面的认识明确，并给予纠正，使学生的思维每次都能得到锻炼。

教学中通过及时的调控和及时的“收”，使教学效果与教学目标的差距及时得到反馈，每个学生也能及时了解自己目标达到的程度，从而为积极主动参与学习并获得成功而高兴，对存在的问题也能主动地去解决。

总之，放风筝是一门艺术，教学更是一门复杂的艺术，而“放”“控”“收”则是具体的教学辩证法艺术。教学中只要如放风筝那样收放自如，控制得法，必将带来三者的高度和谐与统一，“教”与“学”也必然和谐统一，进而提高教学效果。这样，学生的学习兴趣会得到提高，自学意识得到加强，能力得以保证，目标得以实现。“放”“控”“收”这一教学的辩证艺术的价值就会显示出来。

灵活处理好教学时间紧与教学容量多的矛盾

新课程理念下的课堂教学，教师放得开，学生学得活，参与积极，思维活跃，学习氛围热烈。这样的课堂，就给教师的教学素质提出了更高的要求。驾驭不好，就无法保证教学的应有效果。教学时间紧与教学容量多的矛盾，就是不少老师们在新课程实施中反映比较多的一个问题。如何有效地处理，是摆在老师面前亟须解决的一个重要问题。

一、问题聚焦

新课程强调过程，尤其是重视过程的质量。这样，教学中就必须强调学生的参与，而要在参与中提高过程的质量，就必须有恰当的方式来保证。而新课程提倡合作、探究的学习方式，鼓励质疑，尊重学生的个体理解，就为提高教学过程的质量提供了有效的途径。新课程倡导的合作、探究的学习方式，是一种开放式的方式，这样课堂上肯定会出现一些意想不到的不可预测的因素，几十个学生必然会有很多不同的问题，思考的角度呈现多向性，思维的交流、碰撞带来的问题也必然是多元化的。面对这种情况，教师不可能回避，必须认真对待和有效处理。这样就势必打乱原有的教学设计和课堂时间安排，使教师难以把握时间的分配。在听课中，我们常常会看到学生在思考和互动中，会提出一些意想不到的问题，面对这种情况，既要教学完成任务，又要重视生成性，更不能伤害学生学习积极性，这样自然增加了课堂教学容量和时间的不可控制性。如不加以控制，势必增加课时，但是一学期的课时是固定的。教学时间紧与教学容量多的矛盾出现了。面对这种情况怎么办？有的教师不能有效处理，或采取拖堂战术，或草草收场，或为完不成任务而慨叹，有的则采用硬性终止学生的问题，破坏了已建立起来的良好的学习氛围，影响了应有的教学效果。面对新课程实施中必然会出现的这一新问题，采取什么对策就显得非常重要。

二、对策呈现

在教学时间紧与教学容量多的矛盾出现时，教师不能急躁，更不能粗暴压制，应充分肯定学生参与的积极性，让学生保持思维兴趣。在此基础上，教师要善于运用教学机智，进行灵活处理。下面提出几种对策，仅供参考。

1. 顺势向深入引导

如果学生参与中提出的问题具有合作探讨的价值，可以根据这一生成性，及时调整教学设计，放弃原有的不重要的教学内容（尤其是一篇课文面面俱到的内容），及时根据现场问题趁热打铁，激活学生的思维，引导学生深入讨论，由此提高学生的合作探究能力和思维能力。

请看下面的案例：

有一位老师讲《宋定伯捉鬼》，在疏通文意的基础上，同学们开始讨论课文的内容。开始都是从肯定的角度谈。正当教学按预设的方向进行时，一位男生憋红了脸站起来说："我不同意他们的看法。人有好人、坏人之分，论理鬼也应如此。文中写鬼与宋定伯同行，这个鬼既没有以青面獠牙的面孔吓唬他，也没有欺负他的行为，更没有丝毫加害他的举动。尽管宋定伯在'互背'和趟水的过程中露出一些破绽，鬼已有所怀疑，但一经解释，鬼就深信不疑了，以至于把自己最忌讳的事情都全盘托出（"惟不喜人唾"），毫无戒心地告诉对方。鬼对宋定伯真可谓以诚相待了。"

这一反向而具有的个性理解，一石激起千层浪，引起了同学们的兴趣。

一名女生没等这位老师点名就迫不及待地站起来助威："可是，宋定伯呢，充满狡诈。作者用'诳'字，概括其特点，也含蓄地表达了作者的褒贬感情色彩。"

又一名男生补充说："不光是宋定伯一出场就露出了诈相，而且故事结尾写其捉鬼的动机是为了'得钱千五百'，足见其小市民的心理；耐人寻味的是，此鬼被缚，如果化为蛇、虎、狐狸之类，还有点象征味儿。'化为一羊'，说明了什么呢？羊，乃善良之物，温顺、老实。以此衬托宋定伯这一少年英雄，颇有滑稽的味道。"

同学们的精彩发言，完全打乱了老师的教学设想。这种突破思维定势的标新立异的观点老师还闻所未闻。有其合理的一面，为了鼓励同学们创新，老师根据当时的情况灵活改变了原有的教学设计和教学内容，跟着学生思维走，于是引导："你们分析得很有道理。见人所未见，发人所未发，言之有理，令人信服。那么，按照同学们的思路，这篇文章的主题将怎样归纳呢？"

课堂在一时"静场"气氛之后，同学们又针对老师的发问进行了认真的思考和讨论，对课文内涵有了更深入的认识。

就这样，本堂课教师根据课堂临时出现的有值得探讨的问题，灵活调整教学内容和教学思路，顺着学生的思维意识加以引导，既使课堂临时出现的问题带来时间与容量的矛盾得到有效调控，又使课堂思维在活跃的氛围中向多维且深度发展。如果教师遇此情况硬加堵塞学生的思路，担心自己的教学内容无法在预定的时间内完成，而按照自己预设的方案讲下去，其效果会大打折扣，也无法体现新课标尊重学生个性理解这一精神。

2. 迅速向重点聚焦

新课程下的语文课堂，往往是在教师引导下的自主学习之后，进行小组同学之间的交流，再进行全班性的思维碰撞。这样，就会出现教学预设中教师没有考虑到的情况，会产生许多新的问题。如果学生在参与学习、讨论中，所提出的问题太多、太散，或者部分问题价值不大，无探讨的必要，面对这种情况，教师就要善于及时点拨，调控问题，驾驭课堂。其方法就是根据课堂教学中所出现的生成性情况，引导学生从众多的问题中迅速筛选出与文本有关的具有价值的问题，作为教学内容，大胆放弃次要的或不重要的内容，这样，就能使学生发散的思维点得以迅速聚焦，既让学生在保持兴奋状态的情绪中体验合作、探究的过程，又能在抓住重点的同时保证时间的有效控制。在这一点上，要避免传统教学中对一篇课文的讲解面面俱到的毛病，要敢于放弃。

3. 衔接话题，引向目标

教学中，在教师的引导组织下，学生的学习兴趣非常浓厚，非常投入，发言积极，也有自己的见解。面对这种情况，教师又不忍心打断学生。打断学生，又担心不符合新课程理念的要求，挫伤了学生的积极性；不及时打断，又担心教学容量大，在有效的时间内难以完成应有的教学任务。在这两难的矛盾中，教师要善于根据学生的参与场面，灵活地从学生那里接转话题，引向必须达成的教学目标。这犹如电视台主持人，在现场直播与嘉宾的对话中，嘉宾不停地说话，主持人的栏目节目时间又有限制，面对此，主持人冷静、快速、果断而有礼貌的接过嘉宾的话，顺势引到应有的话题上来。既保证了时间，又没影响嘉宾的情绪。在教学中，我们也要冷静地面对学生发言兴奋的场面，善于灵活地调控对话场面，将学生的思想及时地引到主要的教学内容上来。这是在课堂教学过程中，教师驾驭课堂的一种重要的方式。

4. 分工合作，调整合作探究的方式

如果学生在学习过程中，思考的问题多而又有探究的价值，放弃可惜，且又容易伤害学生的积极性，可将相关问题快速进行分类，然后将不同的问题分别分给不同的合作探究小组，让小组承担相应的学习责任，然后各小组派代表在全班交流。这样，既保证了问题的多样性，又能通过学生思维的交流，在有限的时间内达到互补，获得更多的收获。

除此外，有的问题可以放到课外让学生进行探讨交流。

教学时间紧与教学容量多的矛盾，是教师在新课标下的教学中经常遇到的问题，我们必须在具体的教学行为中加以重视，并寻求最佳的解决问题的方法。上面只是提供了几种解决的方法，还需要广大同行去不断丰富和完善。

散文教学如何教

散文是文学作品的一种，是个人独特感受的独特表达。它篇幅短小、取材广泛、结构灵活、表达自由，被人称为具有强烈感情的“文学小精灵”。由于散文是一种从内容到形式都非常自由灵活的文体，因此，散文显得丰富多样。正如散文作家秦牧所说：“那些最好的散文，有的使人想起了银光闪闪的匕首，有的使人想起了余音袅袅的洞箫，有的像明净无尘的水晶，有的像色彩鲜明的玛瑙……”散文因其独有的特点，受到了人们的喜爱，在教材中也占有较大的比重。怎样充分发挥散文在教学中的价值，怎样教就显得非常重要。

散文应该怎样教，没有一个固定的模式，但是教的方式不一样，带来的效果自然不一样。因文而教，因生定教是一个重要原则。

在《全日制义务教育课程标准（实验稿）》中对7～9年级的阅读要求是“欣赏文学作品，能有自己的情感体验，初步领悟作品的内涵，从中获得对自然、社会、人生的有益启示。对作品的思想感情倾向，能联系文化背景作出自己的评价；对作品中感人的情境和形象，能说出自己的体验；品味作品中富于表现力的语言。”这是我们教学文学作品的总纲。散文是文学作品的一种，课标的要求也适用于散文。因此，在领会这一要求的基础上，我们应根据具体的散文作品进行教学，根据学生的层次特点和已有知识确定具体教学方式。

下面就散文如何教选择几个点谈谈粗浅的看法。

一、散文教学要选好突破口

散文教学点很多，从哪里入手？怎样入手才有效？这是教学散文要思考的重要问题。而要解决这个问题，其关键是根据文中的具体内容和特点来选好突破口。怎样教学《散步》，不同的老师选择的突破口是不一样的。著名特级教师王君老师教学《散步》，采用关键词语教学方式切入，聚焦“我们”“田野”“散步”三个词语，展开对文本的学习，抓住了文本的关键信息，辐射了全文内容。用“聊一聊‘我们’”“聊一聊‘田野’”“聊一聊‘散步’”这种轻松、愉快的方式学习文章，让学生体会到学习快乐的同时，加深了对课文的理解。我们也可以抓牵动全文的句子或词语来切入。比如，我们可以抓住文章最后一段的“我妻子背上的同我背上的加起来就是整个世界”中“整个世界”一词作为教学的突破口，来带动全文的学习。由“整个世界”引导学生从三个板块进行学习和探究，即“整个世界”中的人、“整个世界”中的事、“整个世界”中的情。这样教学，思路清晰，既能由此牵动全文学习，又抓住文章重点。

二、要引导学生进入散文的情感体验中

文章总是要表达情感的，而散文更突出。散文是作者情感的栖息地，倾泻的场所。孙绍振教授说：散文天生就是抒情的。散文教学，从某种角度说，情感始终是核心、是灵魂，是教学的重要内容。因此，教散文，应教会学生品味文中的情感，在语言的把玩中，让文中感情的清泉流进学生的心田，真切地体会作者所描绘的情景，咀嚼细节，细细体会文中蕴含的滋味，触摸作者的心灵，与作者产生感情上的共鸣，从而去把握文中的情脉，加深对文章的理解。

如教学散文《端午的鸭蛋》，可以带领学生到文中字里行间去感受作者对高邮家乡的那份浓浓的乡情，体会作者对家乡鸭蛋的那份深深地眷念之情。山东莱芜市特级教师于立国老师在教学《端午的鸭蛋》时，不是停留于一般的整体感知和一般的分析，而是让学生进入文中特定的情境中去体会，针对具体的句段和词语，挖掘了文中的情感，品出了鸭蛋的味道。廖俊艳在教学《老王》时，注意从“演读孤苦”“品读痛苦”“洞察善良”“研读善良”“疑读善良”等方面引导学生进入文本去体会情感。

教散文，真正将作品情、作者情和读者情三情结合，将获得美的感受。

三、要根据学生的需求进行教学

教学不是盲目地设定教学要求，也不是老师只根据教参的要求和教材上的课前提示进行教学。目前教学中存在很多问题，其中最大的问题之一就是教学中解决的只是老师的问题。老师的问题解决了是不是学生的问题解决了？学生心存的疑惑怎么办？在这方面老师往往考虑不多。作为散文教学，就应该着眼于学生的问题。让学生在独自阅读的基础上质疑问题，然后在教师的引导下聚焦问题，师生共同来解决。这就是根据学生的需求进行教学，有针对性地教学。

一位老师在教学《老王》时，开头采用质疑的方式，调动学生的思维。该老师一开始就针对文中结尾的一句“那是一个幸运的人对一个不幸者的愧怍”，向学生提问：“这个句子中哪些词有提问的价值？”在老师的引导下，学生由这个句子引出了自己的疑惑：“作者为什么要对老王愧怍？”“作者做错了什么事要让自己愧怍？”然后师生一起来质疑“愧怍”。这种引导学生去发现问题，借助学生的问题带动全文学习，是一种新型的学习形式。如果以此展开对文本的探究，其教学价值很大。但遗憾的是教师随后放弃了学生生成的问题，而是出示多媒体自己课前预设的与学生相近的问题，接下来按照预设的教学问题和教学思路向前推进，消减了课堂生成所带来的教学价值。如果后面的教学，能够围绕学生的问题和需求去展开，走进文本，在推进中不断地生成新问题，学生的思维就能真正激活，教学的针对性就更强，教学的效益就会更大。

四、让学生原汁原味去阅读散文

散文作为一种美文，可以让学生去感受出独自的味道。可以让学生不带着一种框架、倾向性的要求去阅读，而是带着原有的认知，阅读的积淀，生活的经验，自己在读中去发现。教学散文可以不只停留在常规的教学方法上。要根据散文的文体特点，变换不同的教法，调动学生的情感、经验，引导学生用自己的眼光和角度去体验作品。读出他们自己未曾读出的内容；感受他们自己未曾感受过的情感内容；思考蕴含其中的独有思想。借助阅读，发现散文的构思美、语言美、表达美、情感美，发现散文标题的价值。

比如，学习散文《老王》，引导学生在自读中去发现作者为什么要去同情老王？为什么要“愧怍”？作者若干年后写这篇文章，除了“愧怍”外，还想告诉我们什么？文中为什么要写旁人说老王“年轻时不老实”来揣测老王？作者又写邻居对老王不闻不问有没有深意？有没有唤醒人们关心底层的人？有没有强调一种人与人之间应该是平等的心灵吐露？在此基础上，师生共同探讨，共生问题，互动解决，其效果大大强于学生被动的思考。

原汁原味的阅读，尊重学生的阅读体验，能充分调动学生的思维空间，激发其内在的阅读潜能，让学生在学习散文中获得多角度、多层面的收获。如果我们能够放开课堂，引导学生在散文的阅读旅程中，去发现散文的潜在价值，这也是教师教学的一种成功。

五、让学生在诵读中感悟散文，培养语感

古人说："沉潜讽诵，玩味义理，咀嚼滋味。"教学散文，要让学生诵读体会，潜心涵泳。诵读是提高解读散文能力、积累语言、培养语感的有效途径。

明代王守仁在《教约》说："讽诵之际，务令专心一志，口诵心惟，字字句句，演绎反复，抑扬其音节，宽虚其心意，久则义理浃洽，聪明日开矣。"这里强调了诵读要讲究方法，才会有收获。教学中，要引导学生根据不同的散文采用不同的方式去诵读，如自读、默读、精读、细读、背读，要读出层次，读出感受，读出语气，读出变化，读出情感。让学生在自读自悟中，感受文章带给自己的冲击和对心灵涤荡般的快乐。著名特级教师王君老师在引导学生学习《老王》一文时，除了引导学生对全文的用心诵读外，多处引导学生深度的诵读。尤其是对"有一天，我在家听到打门，开门看见老王直僵僵地镶嵌在门框里。……他简直像棺材里倒出来的，就像我想像里的僵尸，骷髅上绷着一层枯黄的干皮，打上一棍就会散成一推白骨"一段的教学时，要求学生用不同的语气去读，并强调要慢、要用沉重的语调，体会特定的氛围，读出作者写作时的心情，体会作者复杂的情感。这样的诵读教学，学生对文中内在东西的把握就更有深度了。

散文教学，在我们引导下，如果学生诵读时能全身心地投入，通过自己的理解，用音调的高低，节奏的急缓，语调的高昂或沉痛，以及情感的酝酿来读出自己的感受，体悟出字里行间蕴含的情感，读出美文佳句的韵味，知晓作者的写作用意，就会大大增强教学的效果，提高学生阅读散文的能力。在这样的诵读中，学生语感能力就会增强。

六、咬文嚼字，细心体会

散文往往意蕴内藏，需要教师引导学生沉醉其中，让他们深入语言的腹地，真正触摸文字的肌肤。引导学生走进文本的语言是散文阅读教学的关键。在教学中，要善于在学生忽略处，值得玩味处引导品析。

傅庚生在《中国文学欣赏举隅》说："创作者之深情，渗透于作品中，出其至诚，映现于文字。欣赏之者，亦宜细细咀嚼，然后乃可得之。"教散文，要抓住文中的重点语句和词语深入文句之中，反复地体会，细细地揣摩，才能对散文理解得更深刻，更透彻。比如，教学《散步》一文，其中的词语品读很重要。如"母亲又熬过了一个冬天"一句中"熬"字，细细咀嚼，这里作者不用

“过”或“度过”等词语，可以深深感受到作者内心情感的流露，对母亲的一种担忧，我们似乎可以触摸到作者的心灵。作者担忧母亲今年能“熬”过冬天，明年能行吗？母亲能熬过多少个冬天呢？正是这种内心的叩问，才更加感受到陪伴母亲的日子不多了，因此，才有萌生带母亲携妻儿出去散步的想法。我们似乎感受到了作者在心中不断提醒自己，抓住时间，多陪陪母亲，让母亲在有限之年享受天伦之乐。如果不细细地品味“熬”字的选用效果，就很难获得上面的深度解读，就很难体会到作者的良苦用心。在《老王》里面，抓住“开门看见老王直僵僵地镶嵌在门框里”一句中“镶嵌”一词进行咀嚼。“镶嵌”一词，写出了老王完全失去了活力和生气，没有了生命力。然而，从这一词语中，我们读出了以下信息：临终前的老王，凭着知恩图报的内心驱动力，依赖着残存的一点生命，奇迹般地走完了答谢作者杨绛一家的生命之旅。又进一步体现了老王的真诚善良。这一形象可能恰恰是作者多年来心怀愧怍的原因之一。由此看出了作者用词的匠心所在。

在教学《端午的鸭蛋》一文时，山东莱芜的特级教师于立国老师，抓住“筷子头一扎下去，吱——红油就冒出来了”一句，引导学生细细品读，玩味“扎”“吱”这一特有的吃鸭蛋的风味，并借助手势和语言的模拟，让学生体味作者家乡高邮吃鸭蛋的特有感觉，对作者对家乡独有的浓烈的情愫有了更深刻的感受。同时，通过这一“扎”进语言细处的品读，又能品尝到汪曾祺先生口语化的叙述，品尝到平淡自然中又韵味十足的语言风格。

要真正感受散文的语言魅力，体会作家遣词造句之妙，就必须引导学生透过语言的外衣，挖掘语言的内涵，去获得美的享受，从而达到“悟意审美”的目的。

七、教学散文要唤起学生的联想和调动其想象

初中阶段，是初中生富有想象力和联想力的年龄段，而散文，由于其独有的文体特点，给了我们很多的联想和想象的空间。我们就应根据文本的可想处和可联处，适时地调动学生的联想和想象，再现相应的场景。

比如，教学《老王》，调动学生对处于生活底层市民的关注，引起学生对自己生活中的回忆，品味生活中的细节，同时唤醒良心，升华责任感。教学《端午的鸭蛋》，也可以引导学生对自己家乡的回味，拾起对家乡某物某事的回忆，从而更好地体会作者为什么对家乡及家乡鸭蛋的深深怀念之情。让学生在“美

景再现甚至再造”的体验中享受阅读之乐，从而感受散文的意境美、语言美和艺术美，提高学生欣赏散文作品的能力。

散文教学中，运用联想，可以调动学生的阅读积累，唤起学生的生活经验，拓展阅读的思考宽度；运用想象，更能激活学生潜在的思维，唤醒学生积累的生活元素，在作者创造的基础上，进行再创造，有助于学生创造思维能力的培养。因此，充分利用散文这一文体特点和文本的特有价值，唤起学生的联想和想象，对培养学生的思维能力具有重要的意义。

八、用比较式阅读教学散文

在散文教学中适当运用比较式阅读，会加强学生对文章表达效果的体会。这种阅读方式，可以是写法的比较，可以是语序的比较，可以是内容的比较。

比如，学习《老王》，可以将课文中结尾的句子与选入教材之前的句子进行比较。原文是“那是一个多吃多拿的人对一个不幸者的愧怍”，选入课文后改为“那是一个幸运的人对一个不幸者的愧怍”。引导学生思考作者为什么要这样改？这样改后有什么区别？引导学生比较，对作者的深意就会有新的认识。教学《端午的鸭蛋》，可以进行局部的语序变化的比较。比如，“不过午饭的菜都是红的，这一点我没有记错的，而且，苋菜、虾、鸭蛋，一定是有的。这三样，在我的家乡，都不贵，多数人家是吃得起的。”这是汪曾祺先生在文中回忆家乡时的一种表达方式，以短句为主。有的老师在处理这几个句子时，不是简单地处理与忽略，而是采用了比较的方法，引导学生去思考。如果我们把这一段用平常说话方式来表达——“不过午饭的菜都是红的，这一点我没有记错的，而且苋菜、虾、鸭蛋一定是有的。这三样在我的家乡都不贵，多数人家是吃得起的。”这与前有没有变化？有怎样的变化？让学生通过这种比较，看到这两种表达，虽是字数相同，但是断句不同，却带来了不同的效果。原文长句化为短句，给人感觉语气舒缓很多，显得亲切，同时让我们感受到作者一说到家乡的那种特别珍惜、特别怀念之情，而改后的句子显得平淡，通过这种比较，让学生切实去感受作者汪曾祺先生散文的语言特色。

比较，可以根据文章的特点，选择比较的内容，通过比较，学生可以多层面地把握阅读散文的方法，体会散文写作的技巧，感受散文的魅力。

九、读写结合，提升能力

有人说，阅读是写作的基石。叶圣陶先生说：“写作基于阅读。”孙绍振教授认为：当下作文教学无效和低效甚至反效的一个主要原因是文本解读与写作脱离。这里都强调了读写结合的重要性。教学散文，更应有读写结合的意识。散文往往有匠心独运的谋篇布局，有多姿多彩的表现手法，有美感的遣词造句。教学散文，让学生在阅读中去合理地吸收，借鉴写法，又借助写作去表达，在运用中内化，就会提升写作的能力。

有位老师在教学《端午的鸭蛋》一文时，在品味语言之后，要求“为作者家乡的鸭蛋写一则广告”，借助写来进一步体会文中作者对高邮鸭蛋的情感。只不过在写作环节，老师没能较好地调控学生写作的内容，过散而不集中，回扣文本不够。有的老师在教学《端午的鸭蛋》时，借鉴文中运用“曾经沧海难为水”等诗文来增加语言的“味道”的写法，让同学们写几句话，要求必须用古诗和文言文来点缀自己的作文。在这一读写环节中，学生通过体验，对语言有味诗文点缀的观点有了一定程度的体会，对活用、巧引诗文也有了一定的感受，同时对文章的这种写法也有了进一步的理解。

读写结合的方式很多。可以采用仿写的方式，学习句式的运用；可以采用替换式阅读，比较其优劣；可以运用想象阅读，填补文中的空白；可以采用评点方式，写出自己的感受。也可以改写、扩写、续写和缩写。在教学散文中，适当进行读写结合，以读带写，以写促读，将会获得读与写的双丰收。

教学散文，没有定法，上面只是从几个角度谈了一些体会。文本不同，教学的方式不同，体验不同，方式也不同。比如从散文的“形散神不散”特点教学，从探究的角度教学，从解读的角度教学，都不失为一种有价值的教学。教学方式只要是符合散文文体特点，有用、有效，就是散文的教法。

写人记叙文应该教什么

写人记叙文是以人物为中心，通过人物的语言和行为，来表现人物的性格、思想、感情、品质的一种文体。它作为记叙文的一个类别，在教学上有其独特的教学功用。在教学中究竟教什么，没有一个固定的内容，可以说范围很广，不同的学段、不同文章都有具体的不同的教学内容。同样，不同的教学实施者也有不同的教学内容选择。

为此，写人记叙文应该教什么，笔者在此不做广泛的探讨，只从几个方面谈点认识。

一、让学生明白写人记叙文的灵魂——真人真事真情

写人记叙文，人是主角。如何写人就是一个重要突破点。只有一个真实的人，鲜活的人在文中才能立得起。因此，写人记叙文教学应教学生去写生活中的真人，认识文中的真人，去品味蕴含于文中的真情，让学生懂得真人真事真情感是写人记叙文的灵魂，从中明白学做真人的重要。

北京特级教师、青春语文的倡导者王君老师的记叙文教学，值得我们思考。在一次全国展示课上，以独特的教学方式和内容，给学生心灵的洗礼，真情的熏陶。王老师的教学，先出示两篇文章，让学生带着“你觉得它是好作文吗”的思考独自阅读文章，然后真实地谈自己的看法，在争论中品评文章，指出优劣，引导学生发现问题，让学生明白随意编造、滥情的文章是难以让人感动的，真正打动人的文章在于“真”，并提醒学生记住这一点。随后又出示《我多想上趟厕所》一文，让学生谈真实的想法，在生成中引导，对情感上有偏向的进行纠正，体现正能量，避免写作中人为的高大上，让学生在“真”的感受中提高对写人记叙文的认识，在“真情”中受到熏陶，明白真人真事真情感，才是写人记叙文的根本。在这里没有说教，但有真实的体验和感受，有灵魂的触动，有情感的陶冶，有价值观的无痕的导向。

人教版《老王》一文，写的是社会中底层的人，写的是凡人真事，但是读

来却让我们对文中的“老王”肃然起敬。他是一个平凡的人，却做出不平凡的事，折射出他的善良，让我们感受他美好的心灵。这一效果，正是作者写的是真人真事，既让读者感动，也让作者感动并自省：“这是一个幸运的人对一个不幸者的愧怍”，这是作者真实的情感表露，也是作者的自我反省。正是这种自我解剖的真实叙写，不仅让我们看到一个平凡的身残而心灵美的下层人，同时让我们看到了一个作家伟大的心灵，在真实的文章中，才给我们带来震撼力。教学这篇文章，我们应引导学生感受这种真，感受这种真中的美。让学生明白，写人记叙文，就是要写好真人真事，把好文章灵魂这一主旋律。

让学生明白写人记叙文的灵魂在于“真”，把握这一真谛，是我们教的首要内容。

二、引领学生把握写人的视角——选择写人角度

不同的作者有不同的写作视角，也会带来不同的效果。不过，一篇好的写人记叙文往往有一个共同点，那就是会选择一个好的角度，去表现一个人。比如朱自清的《背影》，写父亲应该有很多的内容可写，也有很多角度可供选择，但是作为一个作家，却没有选择其他方面，而是选择了“背影”这一视角。因为“背影”是他一生中最值得记忆的，最让他感动的，最触动他心灵的，也是他改变对父亲深度认识的一个点。正因为这样，文中对父亲“背影”的描写，才那么真切，那么感人，那么让人刻骨铭心。

江苏泰兴市济川初中刘军老师的写人作文课《描画眼睛　凸显个性》，就是抓住记叙文段的一个点——“眼睛”来引导学生写作。刘老师先出示一张1991年震撼人心的摄影照片——《渴望读书的大眼睛》，让学生去观察画面，然后出示描绘这幅画面眼睛的文段，让学生揣摩、比较、交流，看看文段是怎样针对一个角度进行描写的，让学生明白写好眼睛对于凸显个性具有的重要作用。这是从写的角度让我们进一步明确教学记叙文要重视写人的视角。

在写人记叙文的教学中，教学生选好写人的角度是非常重要的。要善于根据所写人物的特点，富有个性的言行，选择最能表现人物的视角，是让学生写好写人记叙文的一个重要教学点。

三、有效架设写人记叙文的写作桥梁——教材记叙文写作资源的有效运用

目前教学中存在的一个主要问题：阅读与写作脱离。孙绍振教授认为：当

下作文教学无效和低效甚至反效的一个主要原因是文本解读与写作脱离。“读”没有直接作用于作文，造成了阅读教学资源的极大浪费。在我们的教材中，大量的写人记叙文就是教会学生写作的有效资源，但是很多老师重视不够，没能有意识地让它成为学生的语言之源、写作的思想之源，谋篇布局的创新之源。写人记叙文教学的一个重要任务，就是借助于这些阅读资源，有效地借鉴，有意识地为学生架设写好写人记叙文的桥梁，教会学生写作。

在教材中，很多文章都可以做到这一点。比如朱自清在《背影》中描写他父亲：“我看见他戴着黑布小帽，穿着黑布大马褂，深青布棉袍。蹒跚地走到铁道边，慢慢探身下去，尚不大难。可是他穿过铁道，要爬上那边月台，就不容易了。他用两手攀着上面，两脚再向上缩；他肥胖的身子向左微倾，显出努力的样子。这时我看见他的背影，我的眼泪很快地流下来了。”教学中，我们可以充分利用这一阅读材料中的写作元素，搭建如何写好人物的写作桥梁。这段文字为什么那么感人？其原因之一就是作者善于在细致观察的基础上作真实的细节描写。教学中要教会学生去领悟这一写人的借鉴点。这段文字，为了写好父亲，准确使用了哪些动词，可引导学生将“走”与“跑”“跳”“奔”进行比较，领悟选词的精确。进一步分析，这里不仅用好动词，而且注重在动词前用好符合当时情景的修饰语。如用“慢慢”来形象修饰“探”的情景，写出了“探”的弧度，“探”所用力的大小。在这段描写中，作者把人物连续动作放慢下来，节奏缓下来，过程分解成几个节拍，几个节拍形成动作变化。就这样，作者将这感人的一幕定格下来，凸显了父亲在行动中体现了对儿子的真爱，也正是这样，作者才能铭记于心。在教学中，我们还可以引导学生将这段文字与“父亲爬上月台买橘子”这一概括性的叙述进行比较，让学生明白细心的观察和细节的形象描写，在写人记叙文中的作用。

又如课文《老王》。这篇写人记叙文也可从另一角度帮学生搭建写人的桥梁。借助读，教会学生解读人物的写法。在选材上，文中只选择了生活中的三件小事：送冰、送病人、送香油和鸡蛋。这虽是三件小事，但足以反映所写人物美好的心灵，凸现人物的精神。让学生明白，写人并不一定要选什么大事。在详略的安排上，作者不是平均用力。对“送冰”一事，是简笔勾勒，顺带而写；对“送病人”一事，加重了笔墨，是有意为之；对“送香油、鸡蛋”，更是浓墨重彩，凸显人品。让学生明白，写人时对所选事详略得当的安排，其效果是人物形象逐渐丰满，情感由淡到浓。

在教学中，挖掘教材写作上借鉴的价值点，充分利用教材写人记叙文写作资源，对学生写人记叙文的写作知识的构建和写作技法的把握，搭建起阅读与写作之间的桥梁，学会在规范中突破和创造，提高学生写作能力具有重要作用。让学生真正明白在阅读中学习写作是提高作文能力的重要途径。

四、授给学生以“渔”——把握方法

“授人以鱼不如授之以渔”，这是我们早就熟悉的话，说的是传授给人以知识，不如传授给人学习知识的方法。这在我们写人记叙文的教学中同样适用，教给学生具体的写人方法远比直接交给学生写作知识更有价值。

比如，江苏泰兴市济川初中刘军老师的写人作文课《描画眼睛　凸显个性》一课的具体操作中，刘老师在出示《渴望读书的大眼睛》图片后，紧接着出示描写这幅画面眼睛的的文字，让学生带着“这段文字是怎样画眼睛的”的思考，去揣摩、品读，并让学生讨论在描写眼睛时用了什么方法。通过师生共同的交流，从文段中归纳出搜寻描写的角度：眼之形、眼之色、眼之神、眼之情。随后要求围绕这四个角度分别进行写作体验。然后再通过师生对刚进行的片段写作进行交流，归纳出描画眼睛的方法：锤炼字词、抓住特征、巧用修辞、细致描画、联想想象、突出个性。刘老师在此基础上，要求学生以《那双眼睛》为题，再体验写一段 120 字左右的片段。最后将学生的写作片段与老师自己的下水作文进行交流。在这一系列的教学活动中，刘老师在教学生观察，教学生揣摩，教学生悟方法，教学生体验，教学生比较，让学生获得了描画眼睛多方面的收获。

同样，可以抓《王几何》《从百草园到三味书屋》《藤野先生》几篇文章中写人的描写，教学生体会细微描写对体现神韵的价值，为学生领悟真实的方法，在体验中提升描写的能力具有重要作用。

教学生写人方法，是写人记叙文教学中应教的重要内容。

五、优化作文升格的路径——认认真真修改，实实在在提升

提升学生写作写人记叙文的能力的，仅有方法和体验是不够的，更重要的是在写作体验基础上的修改升格。因此，写人记叙文教学中，教师要教会学生进行修改体验。在实际教学中，很多老师都比较重视学生在方法指导下的写作体验，但是，在体验后，老师更多的是让学生朗读自己的片段作文，偶有老师组织学生进行口头的简单交流。很少看到老师引导学生针对学生的片段作文进

行具体的修改完善。学生不知道自己作文的具体亮点，更难知道所写文段的问题所在。如果我们的作文教学在学生体验之后只停留在学生念自己作文这一步，那我们的作文教学效果就会大打折扣，学生的作文能力很难有更大的进步和提升。写人记叙文教学，应教学生学会修改自己的作文，应教学生如何把握自己所写文段或文章的优点，如何发现文中存在的问题，并针对问题如何进行优化、提升，同时教学生怎样去评判同学的作文。引导学生在修改中思考，并从修改的具体过程中看到作文的提升过程，借助实实在在的修改体验，让学生作文能力获得真正的提升。

写人记叙文应该教什么，答案是多元的。但不论教什么，都要遵循写人记叙文这一文体特点，同时从学生的实际需求点出发，以切实提升学生读懂和写好写人记叙文的能力为目的。

从具体教学行为看课堂教学效益

2008年11月26到28日，在绵阳举办了四川省2008年初中语文文学作品阅读课堂教学展示活动，在展示会上，有来自全省各地市州的23位老师登台亮相，展示了他们的教学风格和教学艺术。既让人感受到了新课程改革带来的课堂教学的可喜变化，也感受到了存在着的许多问题，这许多问题是很多老师并没有重视甚至是根本没有意识到的。因此，笔者认为反思这次课堂教学展示课的经验和问题，对于提高课堂教学的有效性和质量，具有很重要的实际价值。为此，下面笔者就这次展示课谈些感受，与同行交流。

一、新课程改革带来的可喜变化

1. 四种意识

在整个课堂展示中，23位选手都不同程度体现了以下四种意识。

（1）文本意识。在这次展示课上，可喜的是不少老师都注重对文本的阅读和挖掘。在教学过程中，文本在教师的眼中是首要的，脱离文本而过早拓展的现象并不多。教师更多的是带领学生走进文本，去体会、去理解。

（2）诵读意识。诵读是一种体验，是一种感悟，也是一种理解。在这次展示课上，教师普遍重视对文本的阅读，且注意诵读的多样化。如教师范读、学生自读、评读、齐读、默读等。通过这些读，有助于让学生走进文本，感受文本，理解文本。

（3）学生的参与意识。老师们都注重调动学生的参与，虽然，老师在设计学生活动上有层次差别，但是注重了学生参与的设计，体现了新课程的理念。

（4）追问意识。追问是引导学生思维向深入发展的一种方式。学生围绕问题进行思考，在回答后，教师又根据学生的回答提出新的问题，这些问题是紧紧围绕原来的问题进行的。如“从哪里可以看出母亲的‘盼望’？”回答这一问题，学生必须从文本中去寻找依据，这样自然又引导学生去再读文本。

2. 四种转变

与过去课堂教学相比，这次课堂教学具有四种转变。

（1）看重教师威严向民主、和谐转变。课堂上，教师与学生平等交流，教师亲和力更强了，拉近了师生距离，学生有了心理的安全和心理的自由，就更能敞开心怀、吐露心声，与老师共同交流，为学生自觉努力学习打下了基础。

（2）教师的语言霸权向尊重学生的独特理解转变。过去，对课文的理解，往往是老师说了算，成了学生思维的主宰者。学生更多的是听，是被动地接受。随着课改的进行和深入，教师的观念发生了很大变化。新课标强调"珍视学生的独特理解"，在这次教学展示课上，大多数教师的教学行为都不同程度地体现了这一理念。对学生的个性回答有所重视，处理上也相对民主，注重倾听和交流，而不是简单地拒绝。

（3）课堂学生单一的听、记向学生听、看、思、说、写转变，强调学生的手、脑共用。

（4）过去面面俱到的讲解向有选择性（针对性）的讲解转变。

二、反思问题，提高课堂教学效益

教学是一门艺术，也是一门遗憾的艺术。惟有遗憾才显得真实，惟有遗憾才会不断地去反思，在反思中提高。而要真正的提高，必须看到和正视教学中的问题。从这次文学作品教学角度来看，从课堂教学的有效性来看。本人认为，还存在以下问题。

1. 教学设计质量还须提高

（1）设计的问题质量不高。课堂教学不能没有问题，但问题是怎样设计问题，设计怎样的问题。设计的问题要能引导对文本的学习，激发学生的思维。本次大赛中，主要问题是多、碎、平，缺少思维的含金量，在课堂上问题出示的随意性很大。教学中设计问题，应根据课文的特点和所教班学生的实际状况来设计，以一个主问题为主，由此设计几个次要问题，以带动整体的学习，不要面面俱到。

（2）多媒体预设与课堂生成性关系处理不好。多媒体的使用是为了更有效地调动学生的学习和提高教学效率。但是，从这次课堂教学展示来看，不少老师对此认识不够，将多媒体视作板书的代言，更突出的是，在预设中将理解的要点和问题的答案固定下来，而这种预设又往往与鲜活的课堂和学生活跃的思维相矛盾。一旦出现与预设有出入，不少老师就不顾课堂的生成情况，想方设法绕着弯子或刻意地将学生的思维拉到已经预设好的答案或要点上来。这样对学生的思维发展极为不利。由于多媒体一旦预设，其教学的操作步骤就会受到牵制，一步步按照预设机械地操作，无法更改。因此，教学的预设要考虑到课堂生成的多种情况，对有结论性的东西不能过多地出现在多媒体上。许多生成灵活的思想应鼓励，并根据生成的具体情况加以调控。这样，课堂教学才更有活力，才更为生动，才更加丰富多彩。

2. 学生的思维参与不够

本次大赛，各位老师都比较重视调动学生的参与，但是，调动并不等于有实质性的参与；有“动”也并不等于学生的思维真正在有效地动。主要体现在以下几点。

（1）合作交流代替了独立思考。不少老师在课堂教学中抛出问题之后，不是让学生围绕问题去思考，而是紧接着要求进行小组合作交流。试想，抛出问题后，学生还没有来得及思考，他们交流什么？交流能深入下去吗？如果能交流，那更多的是优生的一言堂，小组更多的同学只是带着耳朵听。这样的交流能否成为真正的交流，能否引发全体学生思维的真正参与？如果不能，这种方式又有多少价值？因此，课堂教学中，我们要处理好“动”与“静”的关系，提出问题后，应先让全体学生进入思考层面，有了思考后，再进行交流，学生之间就有思维的碰撞，思维的深度和广度就更大。“静”是思考，是“动”的基础，“动”是“思”的提升，做到动静结合。

（2）生生互动评价不够。新课程强调对话，而且是多层次的对话，但是在这次赛课中体现不够好，理解有偏差。课堂上，提出问题后，针对学生的回答，教师更多的是与之单一对话，对其进行评价。在参赛的教师头脑中，更多地关注的是学生回答后我老师怎样回答，于是，此时的课堂成了上课老师与该发言的同学的单一交流。虽然老师此时很投入，也有引导思维深入的追问，但是却忽略了此时其他同学该干什么，忽略了全体学生的参与状态。这样就影响了学生参与的质量，尤其是思维参与的质量。新课程理念下的课堂，强调多层面的对话。当学生回答问题后，教师不宜马上与之交流，应将此时的平台教给学生，让学生进行评价交流，体现生生的互动评价。让学生看看这位同学的发言好不好，对不对，好在哪里，不好在哪里，应该怎样完善。这样，就会将学生的思维火花点燃，引导学生思维真正走向深入。在这个过程中，教师要做好组织、引导、调控的工作，同时，教师也可以参与到交流中去。但是，教师与学生进行交流时，对其他学生的参与要求有所提醒，而不是不管，让教师与学生交流的价值得到充分的体现。

（3）问题意识不够。从整体上看，这次赛课普遍存在的一个问题是：教师预设的问题多，学生生成的问题少。课堂上的思考问题基本来自教师，基本模式是：教师提出问题，学生围绕问题讨论、交流，最后解决这个问题。这样的课堂教学，忽略了对学生问题意识的培养。新课程要重视学生问题意识的培养，教师要善于引导学生去读书，去思考，去发现问题。让学生在阅读体验、感受的过程中去读出问题、提出问题，尤其是文学作品教学更应如此。教师的问题不是教学的全部，也不能代替学生的问题。教学中，我们要给学生一个思考的平台，让学生在阅读中去发现和探究问题，在此基础上去解决问题。这样，学生主动性就会调动起来，学生主动探究的意识就会培养起来，学生的思维质量也就会有所提高。

3. 教师教学处理方式要思考

教学的方式处理不好会直接影响到教学的效果。在这次文学作品教学展示课上，下面几种不好倾向要引起注意。

（1）教师对学生的发言定位过早，对学生鼓励的“度”把握不好。比如，当学生发言后，不少老师就立即用“不错”“很好”“非常好”“非常正确”来评价。这一评价看似简单，但就在这简单的背后带来了不好的结果，就是这一评价过早给学生发言定位，这一定位让其他同学不敢谈不同意见，不敢对同学的发言有自己的真实看法，他们认为，既然老师就这样说了，那就是对的，即使有相反意见也不可能谈。这样，就压抑了学生活生生的思维，阻断了更多的思维碰撞，教师也不能更多地了解学生对问题真实的把握情况。而这一点我们很多老师并没有意识到。对学生的发言，教师可不可以不做定位或好坏的评价，先让学生对同学的发言评一评，在学生交流中去发现问题，从而调控自己的教学内容和思路。另外，教师的评点要有针对性，要有内涵，不要只用一个如“非常好”之类的一个词，“好”在哪里？“非常”二字又体现在哪里？学生并不明确。对学生发言存在的问题还应指出，引导思考解决，不要一味地只说好。此外，教师课堂上不要随便地要求鼓掌。在这次大赛中一堂课“发动”学生鼓掌最多的达 17 次。这样的教师要求鼓掌恰当吗？有必要吗？鼓掌应发自学生内心，应是学生感受基础上的真实行为，这样才能引起真正的共鸣。当然，教师适当的调动学生的情绪进行鼓掌来鼓励答问的学生，也是可以的，但应有限制，不宜过多，而且还应自然。

（2）自问自答无意中限制了学生的思维。教师的提问已经将答案隐含在问中。如：“老王怎么来的？执意要来，是吗？”“执意要来”不就是答案吗？又如：“文学作品读者要用自己情感与作者达成什么？共鸣，是不是？”“共鸣”为什么要点出来呢？再如：“母亲和儿子加起来就是什么？全部，对吗？”“全部”既然点出来了，学生还回答什么呢？这样的提问还有多少价值呢？学生的思维根本不可能动起来。教师的提问本身应有思维的含金量，提问中更不应将答案或隐含或显现地体现在问题中，要让学生的思维真正地动起来。

（3）教师不断重复学生的话语。在这次展示课上，随时都可以看到教师对学生的回答往往要重复一下。学生回答什么，教师就向其他同学再叙述一遍，有的甚至对每一位学生的回答都要重复。这有必要吗？对学生回答非常重要的内容作适当的强调是可以的，但是强调的内容是必须的，是有所选择的。无味的重复是无效的，只有浪费时间。学生的回答，每位学生都听到了，为什么非要去重复一下呢？为什么不将宝贵的时间放在最需要的地方呢？

（4）不顾学生的感受。新课程理念强调要尊重学生，保护学生的自尊心。但是在这次展示课上部分教师不顾学生的感受，让学生的自信心受到伤害。出现了以下两种情况。

第一，评价的伤害。对某学生的朗读，其他学生没有鼓掌，于是老师评价：“没有掌声说明读得有问题。”没有掌声真的就有问题吗？这句话完全没有普适性。如果学生的每一个行为都有掌声，那才叫不正常呢。这样的评价，对这位读的学生是一种打击，对自信心是一种伤害。在这样的场合，这位学生能够起来大胆地读本身就难得，为什么不在鼓励的基础上引导呢？

第二，对学生上讲台写感悟不理不问。有一位老师在教学中引导学生阅读文本谈感受，设计的一个环节，是要求学生动手写感受，其中请一位学生在黑板上写。当学生写了一定时间（并不多）后，老师要求全班同学进行交流，并说：“讲台上同学还没有写完，其他同学先交流。”当讲台上的同学写完下去后，教师组织学生继续交流并完成自己教学设计的内容，到整堂课结束，老师也没有对讲台上学生写的东西进行处理，根本不过问。试想一想，老师让学生上台书写自己的感受这一环节设计目的何在？如果对学生书写的内容不处理，让学生上讲台的价值何在？如果是一种疏忽，那么，教师的形象在学生眼中就会大打折扣。那位学生心里也会产生多种想法，对今后积极的表现也会有所影响。

（5）教师说半句提醒的话影响学生思维。课堂上教师要发挥引导的作用，既要引导，就要注重方法，让学生在老师引的作用下去阅读，去思考。但是在这次展示课上，有的老师引之不当，在问中说半句提醒的话，让学生没有思考的余地。如："在读书中，我们从哪里去体会感情？'字里'什么？"学生齐声回答："行间。"这里虽然没有将其答案全部体现在问中，但是实际上已经将答案隐含在"字里"中，学生根本不加思考就可以从老师半句提醒的话里获得答案，学生的齐声回答已经说明了问题。能够让学生齐声回答的问又有什么思维含量？又有什么问的价值？这种半句提醒的问话在课堂上还有一定的市场。

4. 虚假教学比较普遍

课堂上教学的虚假较明显。学生思考的虚假、交流的虚假、主体的虚假、发言的虚假都有所体现，我们应该坚决打击教学虚假，还教学的真实。

以上就这次展示课谈了一些看法，希望能引起老师们的认真反思，同时能够带着思考去观看同行的课，以期真正改进自己的课堂教学，提高课堂教学效益，提升自己的教学境界。

课堂教学要杜绝虚假

新的课改，带来新的气象，新的气象带来新的课堂，新的课堂带来新的变化。新的课改又带来浓厚的研究氛围，因研究课堂，自然要深入课堂。笔者因教研员的身份，有机会听很多课。从级别上看，有国家示范学校、省级重点学校、市级重点学校和农村中学；从范围上看，有全国的赛课、全国的研究课、特级教师示范课、优秀教师展示课、省级赛课和展示课、市县级赛课和研究课。正是听得多，看得多，才有比较，才能从不同层次上和范围上看到很多问题。课堂教学面对的是一群鲜活的学生，是可塑性很强的求学者，因此，教学应是一种真实的行为。但是，在课改的背景下，我们的课堂教学存在许多虚假的现象，并没有引起教师足够的重视，甚至没有意识到这是一种虚假现象。没有意识到，这种虚假现象还会继续下去，甚至严重影响课堂教学效益。因此，我们必须引起高度重视。

商品要打假，教学也要打假。只有这些虚假的教学现象杜绝于课堂，我们的课堂才不会变味，我们课改下的课堂才会纯洁，才会远离不真实的课堂，才会正面影响我们的学生。基于此，课堂必须打假。

要打假，必须看清虚假的现象。虚假现象很多，主要体现在以下几个方面。

一、教学目标拟定的虚假，多而杂，不能落实

虚假观察：

《秋天》教学目标：

知识与能力目标：

（1）理解诗歌的内容。

（2）培养学生诗歌的朗读能力。

（3）掌握鉴赏诗歌的一般方法。

（4）培养学生对美的鉴赏能力。

过程与方法目标：

（1）加强诗歌的朗读技巧训练。

（2）重视对诗歌的语言进行揣摩、品味。

（3）通过音乐、图片与文字的结合提高效果。

（4）拓展延伸，培养学生自主学习的能力。

情感、态度价值观目标：

（1）培养学生感受美、欣赏美的情感。

（2）培养学生对诗歌对语言文字的热爱之情。

（3）激发学生对自然对生活的热爱。

打假思考：上面目标的确定和表述，是很全面，但是它适合每一首诗歌，没有体现《秋天》特定的教学特点。更重要的是将三维目标分割开来表述，一篇文章共确定了 11 个目标，多而杂。这样的目标不顾教学对象和学生实际，其效果是难以达到的；既然不能完成，那么它只能是写在纸上给人看的，或者是供人检查的。这样的目标也就有了虚假的成分。一堂课，应根据教学内容和学习对象，确定真实、恰当而适度的目标，通过教师与学生的活动，能够落实，取得实效。

二、学生思考的虚假

虚假观察：思考需要留足时间。但是，在课堂上我们可以看到，不少教师在抛出问题后，就请同学们独自思考，但是当学生刚刚进入思考状态时，老师马上转换环节，要求同学们分组交流或全班交流。老师所要求的任务明明要思考 3 分钟才能达成效果，却只给了 1 分钟，明明要思考 5 分钟的却只给 3 分钟。

打假思考：从这一处理可以看出，教师并没有真正留给学生思考的时间。即使给学生思考，也只是体现在形式和过程上，学生并没有充分的静静的思考过程，没有思考这一质量的保证。这种思考的虚假，其结果，学生之间的交流不可能全体都参与，没有思考，交流什么？即使能交流，也只是少数人的语言霸权，也不可能有更高的质量。这就是一种严重的虚假思考，无真正意义上的思考实效。

因此，课堂上应根据问题的层次和难易度，在学生需要思考的地方留足思考的时间，让全体学生真正地参与进来，静静地动脑，避免形式和无效的过程，这样才会使思考发挥出应有的价值。

三、交流的虚假

交流要能触发思维的碰撞，而要在思维交流中走向深入，就必须留足时间。但是，在课堂上，这很难做到。

虚假观察：现代课堂，交流是一种常态。但是细细观察课堂，其效果总不尽如人意。不少老师要求学生小组交流，一看时间，应交流 5 分钟的却只给了 2 分钟，有的甚至只有 30 秒钟。老师马上就转换到全班交流。在全班交流时，学生刚刚进入发言层面（一两个人发言），老师往往又转换了指令，打断学生的交流，进入评价总结环节。

打假思考：交流应是一种真实的表现，需要有一定的时间保证。上面这种交流明显是一种虚假，有形式，有过程，却不考虑交流是否实在，是否有实效。这种没有时间保证的虚假的交流其结果只能是停留在表面上。在交流的处理上，我们要有实实在在的交流意识，要有倾听的耐心。不论是小组交流还是全班交流，都应该充分体现交流的价值，让学生进行实实在在的思考后的思维碰撞，通过多向的交流，拓宽思维的宽度和厚度，达到对文本的深度理解。同时，通过交流，相互影响思考问题的方式，优化思维的方法。

四、学生主体的虚假

新课程强调学生是学习的主体，在教学中要充分发挥学生主体的作用。但是在实际的教学中，很多时候，学生这一“主体”在课堂上只是虚假的名称。

课堂观察：课堂上我们往往可以看到，教师要求学生能够踊跃参与讨论，发表看法，但是，不管学生回答得怎样，哪怕还有自己的见解，也不一定重视。往往采用诱导方法回到教师原有的设计或结论上来。

打假思考：这样的教学，表面上看，教师给了学生思考和发言的机会，有时还有一定鼓励。但从后面的教学处理上看，对学生的思考和发言是不重视的。对学生的回答教师不通过提炼板书体现对学生发言的实际尊重，而是不断地诱导提示，直到回到了自己原来设计的结论中。这种绕过去绕过来都是想拉回到预设上，学生这一主体的参与只能一种虚假，在上课前和课中，已被老师用一种思路或答案套着，学习只是一个过场，主体只是体现在形式上。我们必须杜绝这种虚假，教师的预设不能代替学生主体的思考，应激活学生思维，发挥学生主体作用，在师生共生共长中推进教学，让学生的主体地位得到真正的体现，让其主体的价值得到真正彰显。

教学的虚假是明显的，要真正提高教学的实效，教学的打假不应只是口号，而应该随时监督，落脚在打假的行动上。只要我们思想上高度重视，在教学行为中立足真实，回避虚假。在教学之后不断反思，一旦发现虚假，“重拳”出击。真正做到这一点，课堂教学的虚假就会远离我们。

学案教学中存在的问题及对策

随着课堂教学改革的逐步深入，学案教学越来越受到老师们的重视，其学案教学的优势也越来越明显。但是，在学案教学中也存在着一些问题，影响着学案价值的最大限度的发挥。

下面，就目前的学案教学存在的主要问题和对策谈点粗浅的看法。

一、学案开发缺乏科学性

为了提高学案教学的最大效益，我们应该清醒地看到学案教学中存在的问题，并加以解决。

（1）学案设计等同于同步练习。学案教学的有效实施，首先要有学案设计作凭借。学案设计的理念直接关系着学案教学的质量。学案设计应有其自身的特点。但是，在学案教学的设计中，不少人将学案设计等同于同步练习，以为设计几种不同类型题就体现了学案特点。这是一种误解。在学案教学的设计中，进行一些针对性强的巩固练习是必须的，但是，它不同于同步练习。在学案设计中，要注重知识结构的梳理，要重视问题的探究，同时，更要重视学生阅读中问题的质疑释疑。另外，还应针对所学内容指导学习方法，让学生在学案的体验中掌握解决问题的方法。

（2）设计的问题缺乏思维的含金量。在学案教学中，问题的设计是重要的，但是不少学案设计的问题过于浅显，过于平淡，缺乏思考的力度，更缺乏思维的厚度和宽度，不能充分体现学案思维的导向价值。因此，要重视学案教学问题的设计，精心设计具有启发性的问题，加大思维的含金量，引导学生积极思考和主动探索。让学生明确要解决问题不认真读书不行，只读书不思考不行，思考不深也不行，从而在此思维的引导下，不断地提高学生的思维层次，最大限度地发挥学案的导学价值。

（3）学案教学没能较好地体现层次。不少学案忽略了学生的层次差异，缺少阶梯性，更多地体现的是整齐划一，不利于不同层次学生的发展。为了增强学案教学的有效性,学案应从所教学生现有的知识水平和基本能力的实际出发,针对不同层次的学生,不同层次学生的需求,提出不同的目标要求,设计成有层次的、阶梯性的、符合学生认知规律的学习方案。让不同层次的学生可根据不同层次目标要求进行自主学习,使优秀学生能从学案的提升中感到满足,一般学生能从中受到激励,学困生也能体验到成功的喜悦。这样,借助学案让每个学生都有所收获,从而调动学生主动学习的积极性,提高学生学习的自信心,发挥学案应有的价值。

二、学案使用缺乏有效性

有了学案并不等于有实效,还要看你怎样使用。对学案的使用,不同的老师有不同的使用方法。但是下面的几点不良做法要引起注意。

（1）学案发给学生,放任自流,缺少方法引导。把学案当成练习本交给学生,让学生自己去完成,缺少使用学案的具体方法指导,让学案的有效性大打折扣。正确的做法应该引导学生使用好学案。在学习新课前可将学案发给学生,让学生知道学习目标和意图,并指导学生按学案的目标要求进行自主的预习,带着学案中的问题读书,通过思考去发现问题,然后带着问题走进课堂。通过这一步,让学生逐步养成良好的预习习惯,同时逐步培养学生自主学习的能力。课堂上,借助学案和学生预习的问题,引导学生讨论、交流,进行思维的碰撞,优化学生解决问题的方法,提升思维的能力。通过科学性的使用,提高学案教学的有效性。

（2）教师学案角色的定位不准确。学案教学是指以学案为载体,以导学为方法,教师的指导为主导,学生的自主学习为主体,师生共同合作完成教学任务的一种教学模式。这种教学模式,学生是学习的主角,教师重在组织和引领。但实际上,在学案的使用上,有的教师不敢放手,担心过多,把自己当成主角,自导自讲,学生则是听众。这样,在学案教学中,教师的角色不能正确转换,实际上,学案已经变了味,谈不上学案应有的效果,学生的自主学习的能力也得不到培养。

进行学案教学,教师必须转变角色观念,定好自己的位置。在学案教学中扮演好组织者,引领者的角色,让学生自己动手动脑,分析解决问题,在探究中加深对知识的深化理解,在生生之间、师生之间的交流中拓展思路,真正培养学生分析问题解决问题的能力。同时,在引导和思维启示中,还要担当起整个学习活动进程的调节者和学生学习障碍的排除者角色，以保证学生学习的实效性。

（3）学案教学缺乏灵活性。学案也是一种预设，并非一成不变。作为鲜活的学生，自然有鲜活的思维，自然将会使学案有生成的变化。但是，对这一点，有的老师认识不够。在学案的具体使用中，过分拘泥于学案设计的要求和内容，固定、僵死地固守预设的学案，不能根据学生学习过程中的具体情况而变化，缺乏一种智慧生成的意识，使一些可贵的生成内容得不到重视，影响了学案教学的实际效果。我们应对学案教学有正确的认识，学案教学并不排斥生成。如果学案教学中缺乏灵活性，排斥具体有效的生成内容，那学案就将成为束缚千差万别的学生思维、限制学生创新灵性的迸发的僵死模式。这不是学案教学所希望的。因此，要树立学案为课堂服务、为学生学习的实际需要服务的意识，根据课堂教学的具体情况和需要，灵活运用学案，补充和完善学案，让学案在生成和完善中成为教师提高教学效益的重要媒介，而不是束缚师生发展的桎梏。这样，才能使学案更具针对性，更具有效性。

学案教学是一种发展趋向，会进一步引起教师的重视。要提高学案教学的有效性，还需要同仁一起来探讨。

我国高中语文教育的现状、症结与出路

随着现代科技的日新月异，人才的竞争日趋激烈，作为高中基础学科中的语文教育应紧跟时代节拍，着眼于人才的培养。然而，放眼当今我国高中语文教坛，其现状仍然令人忧虑。如果我们不客观面对，清醒认识，找出症结，寻求出路，那么，高中语文教育就很难走出“高耗低效”的怪圈，自然培养不出新时代需要的高素质的人才。为此，下面就高中语文教育的现状、症结与出路谈点粗浅看法。

一、现状：忧大于喜，乐不起来

1. 改革中“呐喊”与“沉默”并存

在语文教学改革的“呐喊”声中，出现了一批像于漪、魏书生、钱梦龙等有成就的老一代教育改革家，也涌现出了程翔、陈红兵、李镇西、李海林等青年才俊，他们的成功为我国沉闷的语文教坛带来了新鲜空气。然而，仅就这些并不能让人真正高兴起来，因为这一改革的春风难以吹进更多的学校和结出更多的硕果。只要我们有心到大中城市以及农村中学跟踪调查，其结果会让你大吃一惊：绝大多数学校是“旧貌依然，难觅新容”。即使有改革的行动和成果，也往往停留在初中，而高中多为零敲碎打，修修补补，难成气候。可以说“呐喊”与“沉默”并存，一方面掀起波涛，一方面却死水难起波澜”。表面热闹，深层冷寂，构成了高中语文教育的典型现象。这实在是我国高中语文教育的悲哀。

2. 教育患“怪症”

（1）畸形发展。

在高中各学科中，语文本应是最为丰富的学科，可是现在，丰富的人文精神、深刻的思想内涵、强烈的审美特征、广阔的生活天地在其应试教学中多已荡然无存，反而呈现出以下怪症。

① 惟考是从。高考考什么就教什么、学什么，不讲教法，缺少学法，只重知识传授，学生成了接受知识的容器。为了复习迎考，将教材内容强度压缩，搞速决战，提前拉完教材，如时间不够，又课外加时，不顾教学规律和学生的认知规律、心理接受能力，致使学生消化不良，思维活跃不起来，创造性受到压抑，个性得不到发展。

② 以练代教，以考代教。不少学校为了适应考试，将课文肢解演变成单一、机械的考题，教学成了练习，学生成了做题的机器。学生鲜活的灵性变得迟钝了，课文的神韵变得无味了，丰富多彩的艺术课堂成了练兵的战场。课外，还要将其他套题雪片般飞向学生，让学生整天在题海中挣扎，做一些重复而无效的劳动，学生哪里能体会到学习中生动活泼的乐趣。难怪高中生感叹：天真活泼已离我们远去！

③ 程式化教学模式占主导。教学并不排斥模式，然而目前许多高中的教学已走向了极端，教学过程固定，模式统一。教阅读，不顾具体课文，不去体会文本的特有教学价值，往往只按相同或相近的套路解读课文。写作交给框架、模式，更甚的是有的从高一开始就如此引导，学生依样画葫芦，文章更多是千篇一律，虚情假意 ，导致学生思想僵化，灵性缺失了。

（2）严重贫血。

听说读写是语文的四大能力，但现实的高中语文教学往往只重读写，很难看到有目的有计划地进行听说能力训练，造成了能力上的营养不良。另外，教材陈旧，其课文内容与现实生活贴近的不多，加上教学局限于课堂，脱离生活，使丰富的语文内容变得单一、狭隘，学生的阅读面极为狭窄，致使学生知识上营养不良，久而久之，学生患了严重的“贫血症”。

3. 教学媒体落后、单一

现在国家对教育的投入加大，多媒体改善了教学手段。但是，教学上不少老师没有充分、合理运用多媒体来提高效率，仍然依靠一块黑板、一支粉笔以及简单的幻灯，再凭借一张嘴，这样永远无法调动学生众多的感官，拓展学生认知空间，进行创造性学习。

4. 在众多学科中，语文在夹缝中生存

数理化课时多有增加，甚至超过语文，大量的作业占去了学生课外的时间，学生学习语文的时空受到极大的限制。

5. 教师素质高低不一，心态复杂

有的语文教师学历不达标，知识不扎实；有的只吃老本，缺少培训充电。长期只抱着一本教科书、一本教参，应付了事。不同年龄的教师除了极少数共同致力改革外，更多的教师存在以下不同心态：老教师往往凭经验办事，不屑教改；中年教师认为自己也有经验，改不改无所谓；青年教师虽有思改之心，但怕担风险，顾虑重重，只好随应试潮流而动。

以上仅从几个方面总结了高中语文教育的现状，它带来的直接结果是，几年高中下来，学生的语文能力没有达到期望的高度，反不及只学了几年的外语强。教师教得累，学生学得苦，走进了“高耗低效”的怪圈。

二、症结：多病俱在，患“综合症”

从上面现状可以看出，我国高中语文教育已是多病俱在，患了“综合症”，且非一日所致。我们必须找准病根，为“病情”的彻底根治提供依据。

1. 陈旧的教学观念没有改变

以教师为中心，忽视学生这一主体；只顾眼前高考，不管学生实际能力，带有严重的功利思想。不去研究学生的个性和兴趣差异，不思考如何培养学生的创造能力，只是围绕高考转，其结果不自觉地强化了高中语文教育目的的单一性，将课堂与生活脱离，使不少天真烂漫的学生变得千人一面，万人同语，严重阻碍了学生的学习和发展。

2. 语文教育理论滞后

教学的实践与发展，应以先进的教育理论为指导，然而纵观全国，虽有理论流派，但冷静分析，真正意义上的具有普遍意义的能够用来指导实践的高中语文教学理论很少。面对众多流派（多为经验型），人们眼花缭乱，无所适从，更多的教师没有形成自己的风格，只好各自为政，杂乱无章，其盲目性、随意性大量存在，致使教学效率偏低。

3. 应试教育产生的负面影响很大

高考本来只是一种检测学生能力和选拔人才的手段，而现在却成了指挥棒，反而成了教学去适应考试。现在试题答案较惟一，以出题者的看法去框众人之见，就连作家、教授也难以应答。在这种情况之下，教师不得不小心应付，去机械地训练学生打√画×，揣摩命题者意图。这一无见仁见智的指挥棒导致了错误的教学观和教学方法，扼杀了学生的思维，造成了目前学生语文能力低下的局面，很多时候，学生往往凭运气得分，严重挫伤了学生学习语文的积极性。

4. 教学评估不科学，导致无宽松的教学环境

应试教育向核心素养转轨还需要时日。目前事实上学校仍以应试教育为主（农村更甚），各级教育部门评估学校教育质量也仍以升学率为主要（或惟一）标准，社会、家长更是看重这一结果，学校之间比升学率，学校评价教师的价值也看升学率，过分看重一次考试的作用，应试已成了事实上的高中教育的终极目的或惟一目的。这样的评估导向，无形加重了教师的心理负担，行动上自然是惟考是从，不敢越雷池一步。好在现在教育改革和评估的方法在变化，综合的评估效应有所体现。

5. 教材陈旧，激活不了师生情感

我国高中语文现行教材，可以说基本上仍是几十年前的老样子。教学目标不够明确，各阶段缺乏必然联系，文体混杂，缺乏系统性和层次性。其中不少课文远离今天的学生，教师不愿教，学生不愿学，学习的激情难以出现。加上学生涉猎面很窄，教学中又无较好的补充教材，没有“厚积”，岂能“薄发”？

6. 教法陈旧，教学手段落后

当代学生思想活跃，富有创造性，而教学手法的陈旧，从心理学上说就会压抑学生的兴趣，扼杀创造性，致使学生对语文产生厌恶情绪。同时，随着现代教育技术的发展，多媒体教学已展现出了广阔的前景。然而，纵观全国，除极少数有条件的学校运用了现代教学手段外,更多的语文教学仍凭借一本教材、一块黑板、一支粉笔和一张嘴施教。也有部分学校教师仅仅是在公开课时偶尔使用，很难体现现代教学手段的优势，难以满足学生的求知欲望，更谈不上调动其情绪以达到更好的教学氛围和效果。

7. 高中语文教师整体水平不高

高中语文是基础教育的高级阶段，它要求教师具有深厚的理论基础、广博的知识、扎实的基本功、驾驭教材和课堂的能力。然而，目前很多地方（尤其是农村）的高中语文教师，对现代教育理论基本上是一片空白，知识得不到更新，教学方法几十年一个样。有的由于条件限制，甚至没有研究过课标，没有订过语文书刊，难以获得新知识，借鉴新的经验；有的受经济大潮的冲击本身就不热心语文教学。如此情况，怎能将高中语文教育带入新的天地？

三、出路：全面改革，标本兼治

高中语文教学患的是“综合症”，医治的办法必须是标本兼治，多管齐下，各自发挥“药力”的作用，除掉病灶，使高中语文教育得以健康地发展。

1. 变观念——明确语文教育的终极目标，是高中语文教育走向新时代的前提

思想是行动的指南，人们的思想认识程度制约着行动的范围。为此，我们必须加强认识，转变观念。一方面，要站在俯视古今的高度，以纵观古今中外的视野，分析过去，认识到应试教育的弊端；另一方面，对现代化高中语文教育的研究，要着眼于当今语文与国际化、信息化社会的联系，明确语文教育的终极目标——培养学生能够恰当地理解和运用祖国的语言文字，能听、会说、善读、长写，彻底由应试教育向素质教育转变。同时发挥语文“教文育人”的综合效应，借助其思想性、人文性、艺术性等特性，陶冶情操，净化灵魂，启迪智慧，促使学生获得语文能力之外的更为丰富的教益和发展。

2. 寻路子——理论构建与实验改革双翼发展，是扭转高中语文教育局面的基础

没有先进的教育理论作指导，语文教学就会出现盲目性、随意性，导致高耗低效的结果。面对目前语文教育理论的杂乱和教师的无所适从，有关部门应该组织我国语文界有名望的教师，跳出纯经验或纯理论的圈子去讨论、研究语文教育，构建一部具有现代意识、符合当代以及未来教育发展的高中语文教育理论指导书，并借助它提高教师层次，寻找到教育的规律。同时，加强理论指导下的有针对性的教改实验，将锐意改革的教师组织起来展开实验活动，进行广泛的研讨、试教、交流、总结，不断修正完善，并将其经验加以推广。以理论与实验的双翼发展，来推动高中语文教改，以期早日走出“高耗低效”的怪圈。

3. 选突破口——考试和评估体制同步改革，为教师创造宽松环境，是高中语文走出怪圈的关键

考试，应有利于“教与学”，有利于选拔真正的人才，只有这样，才能使语文改革向良性和优化发展。而目前的高考语文指挥棒，使语文教学为应试而教，偏离了语文教育的终极目的。要扭转这一偏向，必须加强考试改革，进行正确导向。考试内容应进一步体现综合分析能力、实际运用语言的能力和创新

的能力。考试题型应以简答、表述的主观题为主，减少客观选择题；考试方法多样化，如增加听说能力的检测，口试与笔试结合；同时取消校内不必要的考试。在评卷要求上，答案不应像数理化那样精确、惟一，应有灵活性，允许学生有创造性的见解。与考试改革的同时，要建立一套科学而全面的评估体系，摒弃把高考升学率作为评价教育部门的政绩和评价学校师生水平高低的惟一标准的做法。应综合考查一个教师的实际劳动价值，看看他平时怎样做，原来班上 学生的情况怎样，后来有什么变化，学生在其他方面的能力如何，这样的评价才叫合理而全面。现在国家加大力度进行考试的改革和评价方式的改革，让我们看到了新教育的希望。

4. 抓依托——编写一套全新的高中语文教材，是高中语文走出困境的条件

教材作为教师与学生中间的媒介，其作用的发挥，必须以教师愿教、学生愿读为前提，因此，教材的重要性不可忽视。而目前的语文教材，已暴露了它的众多不足，必须根据新课标修订要求，重新编写一套或几套科学而适合学生的教材。教材编写应以学生的心理特点和认识规律为基础，以有助于培养学生的综合能力为出发点。教材可以多样化，可以打破“文选式”的格局；在内容上可多选一些时文，让教材贴近生活、走近学生，并严格规定听说训练的内容和要求；在体系上加强有序性和层次性，让学生愿读、乐读，真正发挥教材在培养学生核心素养上的作用。

5. 夯底子——提高语文教师整体素质，是开创高中语文教育新局面的根本保证

要培养新时代的学生，必须要有一支能够胜任培养新时代人才的教师。教师的水平高，才能教出好学生。因此，要针对目前高中语文教师队伍的现状，结合当代教育的发展，通过培训、教研、进修等途径，学习现当代先进的教育理论，更新知识，加强研讨和实验，在实验中总结，让教师由“经验型”向“科研型”转化，真正变“教书匠”为“专家”。

6. 强整合——优化教学结构和手段，是高中语文教育闯出新路，走向新时代的具体保证

（1）教法改革与学法指导同步进行，做到心中有纲、眼中有生、胸中有法，教会学生学习。

美国认知心理学家奥苏贝尔认为，好的学法往往是以好的教法为前提而获得的，好的教法又是为保证好的学法得以运用而选定的。只有两者有机推进，才能使课堂教学富有生机，提高教学质量。因此，教师要加强教法改革，重视学生这一主体的参与作用，调动他们的非智力因素，使课堂富有吸引力。同时要有意识地加强学法指导，培养他们良好的学习心理和学习习惯，为他们的终生学习打下良好基础。

（2）实现教育民主化，着眼学生语文素质的内化。

内化是形成学生语文素质的心理机制。一切外在教育都要通过学生主体这一内因来实现。因此，在优化教学中必须让学生喜欢语文，乐于接受 而要做到这一点，教师就要放下架子，走进学生，变教学命令式为师生交互式，实现师生关系的和谐化，让学生直接参与教学。同时，要因材施教，关心每一个学生，注重学生个性的引导，这样，在关心和融洽的氛围中充分调动学生的主动性和创造性，使学生的语文素质在内化中得到提高和发展。

（3）课内外结合，实行开放式教学。

语文教学要适应高度信息化的社会，必须由封闭走向开放，拓宽学习语文的渠道，使学校课堂与生活大课堂结合起来。其方法可将与生活有直接关系的课文放到具体的场景中进行学习，加深认识和理解；也可以走出校外进行实践活动，如社区调查、文字纠错、与各界人士交流、参观游览；也可以开展讲故事、辩论、朗诵会等活动，有意识全方位地将学生的语文学习引入更广阔的生活背景之中，创造运用语言的机会，提高运用祖国语言文字的能力。这样课堂内外结合，学用结合，为高中语文教育带来了活力，既能调动学生的积极性，更能培养学生较强的适应性，提高学生的综合能力。

（4）优化教学手段，加强传统教学手段与现代教学手段的整合。

随着现代教育技术的发展，原有的单一、落后的教学手段已远远不能承载瞬息万变的社会信息，满足不了学生的求知欲。高中语文教育要开辟新路，走向世界，必须将现代技术与传统教育手段整合，实现教育手段的现代化。借助现代教育媒体的多种优势，拓展认知空间，加强直观感知，调动多种感官，激发学习兴趣，增强主体意识，提供师生交互学习环境，培养创造能力，以此来提高教学效果，培养素质，强化终身教育。并借助现代教学手段来推动高中语文教学观念、教学内容、教材体系以及教学方法的改革，使语文教学能早日与国际教育接轨。

要重视后进生的“空白点”

听一位教师给一个班讲知识短文“多重复句”，不论这位教师怎样反复讲解定义，举实例分析，如何耐心启发，鼓励引导，其结果都不尽如人意，教师讲得费力，除了极少数学生基本听懂外，绝大部分学生仍旧摸不着头脑。是教师无知识？是学生不听讲？都不是。我后来了解到，原来他们对前面所学过的单句、复句等知识没有掌握，老师讲多重复句时，一提到单、复句概念，学生头脑就模糊了，因此对多重复句就有点不懂了。事实上，在课堂中这种类似的情况经常出现，尤其是学生层次比较差一点的班很明显。比如，讲诗歌的手法赏析，老师讲某某手法带来的效果、妙处，学生就是理解不到，因对相关手法本身不够了解，对其效果理解也难以到位。学生理解不到，教师只好自己讲，还埋怨学生，学生也无法联系相关的知识进行内化，学习效果老师和学生都不满意。这里，学生给我们教师提供了一个反馈信息：要重视后进生知识上的“空白点”。

所谓“空白点”，是由于后进生在过去的学习中，或没有正确的学习动机，或学习不用心，或理解和接受慢，在学过的知识上有缺陷，即没有牢固地掌握“旧知识”，形成了苏霍姆斯基所说的“知识体系”中的“空白点”。特别是近年来，学校围绕中专、高考指挥棒转，人们对后进生重视不够，认为把精力花在后进生身上不合算。因此，没有考虑后进生本身的特点，把他们和一般优生同等看待。随着学生年级的升高，学习越来越难，知识中的“空白点”像雪球一样越滚越大，终有一天学生彻底会学不下去了。如果我们忽视了这一点，跨过“空白点”，那后进生的前后知识就衔接不起来，这就背离了循序渐进的教学原则，同时也违背了学生的能力层次和接受心理。后进生会因“空白点”的不断增大而自感落后，从而丧失信心和增加自卑感，精神负担加重，造成一种反正跟不上的心理定势。这样，学生就会永远差下去，“混”的思想自然而生。结果害了学生，无益社会。因而，在教学中通过不同渠道的反馈，抓准后进生学习上被我们忽略了的知识上“空白点”，在上课中加以关注和讲解，以增强学生学习的自信心。同时，还应针对后进生进行个别辅导，尽快有针对性地弥补“知识体系”中的“空白点”，如果上面课例中花一定时间补上单、复句知识，补上诗歌手法相关知识，那后进生学习多重复句、鉴赏诗歌手法就容易多了。教师教得轻松，学生学得愉快；更重要的是因后进生填补上了“空白点”的鸿沟，衔接了知识，看到了自己的进步，意识到潜藏的能力，从而增强信心，体验到成功的愉悦，就可能冲破跟不上的心理定势，学习将更加努力。

当然，转变后进生的办法多种多样，但不论采用何种方法，弥补知识上的“空点”则是转变后进生上进的一个不可忽略的有效办法。

《伶官传序》美育导读

美育，已和德育、智育、体育、劳动技术一起，构成了我国全面发展教育的完整体系。美育，是用美的信息、形象去唤起人的情感和共鸣，使人在赏心悦目中自愿接受美的熏陶，获得知识、接受思想道德教育，实现精神的愉悦、心灵的满足，促进道德的升华和智力的发展，从而达到学生感受美、鉴赏美和创造美的能力，进而培养其正确的审美观。美育，在文学作品中比较突出，因此，教师重视程度相对比较高。但是，在其他文体教学中不够重视。其实，不同的文体，哪怕是议论文，同样有其美育的因素，只要有心挖掘，也会达到美育的效果。《伶官传序》这样的文言文，也有美育的教学价值。

一、美育点

《伶官传序》一文在论述道理时，寄寓了浓厚的进步的思想情感，理足情深，给人以警醒和震撼。可以将此文美育点确定为“情理美”。

情感，是审美感受的心理因素之一，它是客观对象与人的关系的主观反映。而在具体的审美对象——作品中，作者的情感脉络，常会作为作品的内在结构线索潜藏在作品中，各种文体都隐含着作者的爱憎感情。情感美作为美感的一个特征，当其审美主体感知作品时，无不充满着感情，读者总会怀有一定的爱憎和好恶情感态度与反应。不过这种美感的情感性，不是孤立的纯情感，尤其是议论文，常与“理”紧密结合，寄情于理，使读者感受情理的力量和美的熏陶。该文在富有说服力的阐述中，饱含着作者浓厚的感情色彩。那种在说理中寄托衷心期望和竭力歌颂的情感，以及十分惋惜、同情、深切痛心的情感，交织在一起。这种情感通过一唱三叹，贯穿于全文，伴随着理的力量的扩大，使读者在其情感的潜移默化的艺术感染中，接受了作者在文中表达的正确思想。而这种情理的进步性，足以震荡读者的心灵，它既令人思，也使人悟，最终给人以“情理美”的陶冶、教育和享受。

二、审美阅读与赏析

本文从表面上来看是为后唐而写的，而实则为北宋统治者敲响警钟，促其以之为镜。作者歌颂了庄宗李存勖发愤图强的成功之举，又批他纵情声色导致亡国之行，客观而正确地表达了对统治者的评价；那种带有浓厚感情色彩的劝谏贯穿全篇，感染力、说服力极强。

有理，才能服人；有情更能强化说理。作者通过其引用的史料使说理内容饱含深情。文章以“呜呼”开头，以兴叹收尾，浓烈的抒情气氛自始至终笼罩全篇。作者论述的中心是：“盛衰之理，虽曰天命，岂非人事哉！”强调“人事”于“盛衰”之重要。接着借用形象性强的史料即庄宗的事例加以论证。以“三矢的故事”渲染了庄宗为完成父志，在强敌当前、国难未已之时，励精图治，兢兢业业，艰苦奋战，最后终于捆绑了燕王父子，消灭了后梁，进而统一了中原，大功告成，真是意气洋洋，威势壮盛（“其意气之，可谓壮哉！”）。这里，在突出“人事”的重要作用之理时，对庄宗发愤图强、统一国家的壮举，给予了充分的肯定，充溢着赞颂之情。同时，作者衷心期望统治者都能发此“壮盛”的浓烈情感也溢于言外。可惜庄宗这种值得赞扬的为国忧劳的精神未能坚持到底，一旦“仇雠已灭”，便认为天下太平，最终纵情酒色而宠幸伶官，为亡国埋下了隐患。结果“一夫夜呼，乱者四应”，以致“仓皇东出”“君臣相顾”“泣下沾襟”，国破家亡。此情此景，“何其衰也”！原来何等威风，今日如此狼狈。作者在深沉的感叹中对由励精图治而演变为荒淫腐化、导致国亡的统治者，表达了深切的惋惜和痛心之情。这亡国的惨剧难道不是“人事”所为么？后人难道不应从中吸取教训么？至此，作者进一步引证古训：“满招损，谦受益”，并得出了“忧劳可以兴国，逸豫可以亡身”“祸患常积于忽微，而智勇多困于所溺”这寓意深刻的结论。而这一切又“岂独伶人也哉”！作者对后人真诚的劝诫之情溢于言表。如果后人不引以为戒，小视忽微，沉溺酒色，也必将导致祸患，为其所困。真是理足情浓，用心良苦。

可见，本文将其理寓于具体的事例之中，同时又将浓烈的情感寓于所阐述的道理之内，通篇理论，始终寄情。在一盛一衰、一兴一亡、一正一反、一扬一抑的相互映衬中，通过“岂不壮哉”与“何其衰也”的对比，令读者强烈地感到了作者洋溢于字里行间的充沛感情，真是耐人寻味，发人深思，又感受到“理”的力量。读者既获得了鲜明而深刻的印象，又受到了深刻的熏陶和启发，感受到了深刻的教训，心悦诚服地接受了作者关于国家盛衰由于人事，忧劳兴国、逸豫亡身的进步道理。读者在其整体的情理美的感染教育中，会对我们今天的学习和工作进行反思，看重小事，认真对待，同时，为社会的进步、祖国的振兴，奋发图强。

作 文 篇

作文被称为“半壁江山”，可见其地位，也说明其重要性。从当前作文教学看，虽有不少人进行作文教学方面的探索，有的也取得了一些成绩，但问题仍然很多，作文教学思想不够明确，教学路径狭窄、单一，写作体验欠缺，致使作文教学效益不够高，学生写作能力不够强。因此，教师如何教好作文，如何让学生写好作文，进而提升作文效益，是摆在语文老师面前的问答题，应该好好思考和策划。

中学作文训练思想的三个统一

在现实语文教学中，作文备受广大语文教师的重视，总想采用不同的训练方式，来提高学生的作文能力。纵观多年来的作文教学，虽然取得了一些成绩，但在教学中还存在一些问题，其中缺少一种明晰的有意识的训练思想指导下的教学。表现出训练思想单一，训练思想短视，训练思想模糊，学理不明，由此带来作文教学训练层次达成不够高，作文缺少内涵，这与训练思想缺乏有一定的关系。为此训练思想要重视。本文强调的是教师要在明确的思想指导下对学生的作文训练，让作文教学承担起应有的教育教学功能。

写作文是为了什么？是为了表达自己的思想，是为了表达自己的感情，并能以独特的方式将独特的看法表达出来。北京师范大学中文系教授刘锡庆先生认为："作文教学的目的在于解放人，解放人的精神和心灵，把写作主体潜在着的想象力、创造力和表现力，即鲜活而强悍的'生命力'(精神之'独创性'是其魂魄)，都尽情地释放出来。"这里突出了作文是抒写心灵、创造个性精神的意义所在。如果教学中教师没有这种训练思想的引领，学生的作文就很难有自己的思想，没有自己的个性，作文的层次就会降低。为了使学生在思想指导下训练，不但提升作文能力，而且更能升华作文的境界，在中学作文教学中必须确立正确的训练思想。限于篇幅，这里只强调作文训练思想的三个统一。

一、作文与做人的统一

新课程实施以来，我们的中学生作文教学有所改革，但在考试还很现实的情况下，很多教学仍然从功利性出发，从应试角度考虑，把作文的训练看成是单纯的技能训练。由此思想出发，追求"四平八稳"，进行"技巧作文""模式作文""套路作文"的机械训练，忽视了作文教学的育人功能，忽视了思想认识和教育，忽略了学生在作文中的人格培养。这种人格意识的淡化，导致学生人生观、价值观的低下，使学生作文走向误区：往往为作文而作文，为应试而作文，一提起笔来就虚假连篇，胡编乱造，灵魂扭曲，导致学生人格分离，这样延续下去，非常危险，这种情况必须扭转。

中学生作文教学，必须还原作文教学丰富的内涵。首先应将作文训练与学习做人统一起来，树立“为做人而作文，以做人促作文”的训练思想。绝不能单纯教给学生写作的技巧，或简单的思维训练。因为写作并不仅仅是一个技巧问题，也不仅仅是一个思维问题，还涉及学生人格形成问题。中国传统文论中也强调“文品即人品”，突出思想的重要。清人唐彪在《读书作文谱》中提出：“养其根而俟其实，加其膏而希其光，不汲汲于为文而文愈工。”这里强调了要想提高写作能力，首先得加强品德修养，才可能达到所希望的效果。我国语文教育家叶圣陶先生更是多次强调“作文”与“做人”的统一。他认为，要写出优秀作品，“惟一的方法乃在自己的修养，磨炼到一个‘诚’字”。他在《答章熊的信》中说：“话与文都是不可以‘做作’的，有几分品德知识能力只能说几分话，写几分文，不会打折扣，不会超过增多。所以，说和写似技能而又非技能，实际是其人的表现，一封信如此，一部小说如此，一首诗如此。我想劝大家不要把作文当技能看。”他告诫教师：指导学生作文不能只着眼于技能，必须时时顾及学生“其人”这个整体，把精神训练放在首位，这里的精神训练包括陶冶情操，培养情感等内容。他强调作文要写真情实感，“虚伪、浮夸、玩戏，都是与诚字正相反相对的。在有些人的文字里，却犯着虚伪、浮夸、玩戏的弊病。”(《叶圣陶语文教学论文集》)，这里将文字表达与“立诚”联系在一起，突出了表达与做人的表里关系。可见，叶老对作文教学中训练思想的重视，这在《语文课程标准》里也有更多的体现。如果我们忽视了作文中“做人”的训练，就必然会影响一代人甚至是几代人的思想养成和人格发展，这是极其危险的。

然而，教学中教师在引导中的偏颇，往往导致学生真情的丧失。如一篇《如何进行片断作文训练》的文章举了一个例子，该例训练目的为“怎样通过环境描写（包括自然环境和社会环境）来渲染气氛、衬托人物、突出中心。”其例摘录如下：

以“一位工作认真的老师的办公室”为题，让学生仿写环境片断。一位女同学曾这样写道：

“刚一推门，一股浓郁的香水味就扑面而来，沁人心脾。踏进屋门，我扫了一眼，房屋布置得井井有条，靠南窗摆着一张办公桌，上面的玻璃板在阳光下闪闪发光。西北角的一张床上叠着整齐的被褥，上面苫着一条印花巾。整个房间的布置给人以美感。”

很明显，这段环境描写不是为烘托一位认真工作的女教师而设计的，没有达到这次片断训练的目的。老师不满意，要求学生修改。

教师指导后修改为：

“刚一推门，一股刺鼻的煤油味就扑面而来，叫人难受。她正用煤油炉做饭。乘老师洗面手的功夫，我扫视了一下房间：靠南窗摆着的办公桌上，散乱地放着翻看过的书籍和刚带回的课本、教案，还有两摞没有发下去的作业本。西北角的一张单人床上，不规则地堆放着被褥和老师刚才上课时穿的风衣。整个房间的布置，与我面前这位大学刚毕业的青年女教师的形象怎么也对不上号。”

不言而喻，这段环境描写渲染了老师生活的清苦，作风的朴实，衬托“她”一心扑在教学工作上的崇高精神。

这样的作文写的好坏我们暂且不论，就教师的这种指导我们感到遗憾。为了所谓的“高大上”，衬托教师所谓的精神，表现其所谓的崇高，指导中按照自己认识生活的框架来要求学生，以教师的思想来替代学生的思想，不惜以牺牲学生的真实为代价，更是将以生活中真实的美好变成了虚假的“崇高”。值得担忧的是这种作文与做人的分离的指导在当今应试痕迹很重的作文教学中还有很大的市场。

由此看来，作文与做人的统一是中学生作文首要的训练思想。尤其是在提倡社会主义核心价值、突出立德树人的今天，语文教学更应承担起这一重任。在作文教学中，不论是哪种类型和方式的作文，要有机地引导学生追求做人的真谛，把作文写作过程作为认识生活、锤炼思想，陶冶情操，升华人格的过程；同时把作文能力的培养融入做人的生存、发展和成长之中。这样，借助作文教学，进一步培养学生的人文素养，健全学生的人格，使作文与人品共同和谐发展。正所谓：善为人才能善为文，善为文有利于善为人，二者相辅相成，密不可分。

二、作文与生活的统一

学生的作文内容，源自何处？源于自己的生活，源于自己的真切体验。这是写作的一条规律。我国著名教育家叶圣陶先生早就说过：“写作的根源在于生活，脱离了生活，写作就无从谈起。”刘勰在《文心雕龙》提出“流连万象之际，沉吟视听之间”，实际上也是强调深入生活，认真观察，真实感受。

在原则上，可以说没有人反对把作文与生活联系起来，但在思想的重视上并不够，在具体操作中，为作文而作文的倾向却是屡见不鲜的。在应试教育的封闭模式中，现在的学生生活被人为地限制在狭小的范围内，生活程式更多的是围绕应试读书这个中心环节的机械式运作，而生活内容则局限于课堂内容的技术化训练，这种紧张而单调的生活空间和生活节奏使学生很难有放松的心态去扩展生活的外延、体会生活的乐趣、品尝生活的味道。教室、饭堂、寝室（或家里）三点一线几乎是学生生活的全部内容，缺少生活体验。很多学生是“两耳不闻窗外事”，对周围的生活熟视无睹，对社会变化漠不关心。这一脱离生活的实际给学生作文带来的结果是无新鲜的材料，无米下锅，于是只能闭门造车，文章缺少真实感受。写作时往往是抓耳挠腮，苦思冥想，随意编造，使之言之无物，虚假连篇，饱尝搜肠刮肚之苦。本来是反映生活而作文，而现在却为了作文而编造生活。这都是作文教学脱离生活源泉所致，这说明我们作文训练的思想有问题。

倡导学生说真话，就必须让学生有话可说，有事可叙，有情可抒。帮助学生开发写作资源，走进生活，打开生活之门，是消除作文“言之无物”的最为重要的举措。《全日制义务教育语文课程标准（实验稿）》强调写作要“根据日常生活需要”。《普通高中语文课程标准》也强调：“在写作教学中，教师应鼓励学生积极参与生活，体验人生，关注社会热点，激发写作欲望。”这为作文与生活统一的作文训练思想的确立提供了依据。

我们的作文教学要增强训练思想的意识，必须真正回归生活、以生活为本源，要充分发掘各种作文教育资源，寻找机会，为学生创造参与生活和接触社会的机会，把反映个人情感、个人生活的作文训练与参与生活的有益活动真正结合起来，有意识地引导学生走出课堂，关注周边生活，关注社会，关注人生，关注大自然，参加社会实践，真切感受社会跳动的脉搏，及时捕捉生活信息。教会学生在平凡的生活中感受到处处都是素材，时时都在体验。通过这些活动，拓展学生的生活视野、丰富其人生经历和体验，汲取丰富的写作营养，从而为作文提供丰富的题材和人生感悟。这样才能使学生作文走出无病呻吟的怪圈。而要做到这一点，不是说在口头上，而是在我们的训练思想中明确树立生活作文的意识，使训练思想得以真正落实。

相信在作文与生活的统一的训练思想指导下，学生文章将会更有生活的灵气，更有真实的情感流淌，更有鲜活的思想内涵。

三、作文与个性的统一

作文，是学生的精神家园，是学生生命的独白，是心灵的栖息地，是情感的倾泻地，是最富有个性创新性的活动。作文是作者主观见之于客观的产物，由于其生活经历、性格爱好、体验角度、情感兴趣、家庭环境和思想认识等方面的差异，所以在具体的文本中就具有鲜明的主观性，也自然体现出个性来。因此，在训练思想中，中学作文教学应该将作文与个性有机统一起来。

而现实的学生作文最缺少的就是个性。作文教学以应试为出发点，以几乎近似的方式进行训练，往往以共性的标准来评判学生的作文。在内容上，限得比较死，范围狭窄，思想空洞。在形式上，学生被应试模式牵着鼻子走，进行机械性的操作。有人将这种作文戏称为“解应用题”，有已知的条件和未知的条件，并且要求求解的未知数也是规定的，如同数学题一样，作文也要求解的准确和精确。有的甚至要求每段写什么，写多少字都作了指导。这种作文教学必然使作文落入套用某种公式或范文的尴尬境地，写出的作文千篇一律，失去了灵性，更缺乏个性。学生的自由作文被剥夺，时间一久，学生头脑僵化、思维阻滞、文思枯竭，结构固化，创造性思维被扼杀，自主精神缺失。

因此，作文教学的训练指导思想必须转变，其重要任务之一就是唤醒学生的个性，旗帜鲜明地提倡作文的个性，发展创造性。《普通高中语文课程标准》提出：“鼓励学生自由地表达、有个性地表达、有创意地表达，尽可能减少对写作的束缚，为学生提供广阔的写作空间。”可见，作文教学不能忽视个性。

对于作文与个性的统一这一训练思想，应把握好以下几个原则。

1. 抒写真情实感

《全日制义务教育语文课程标准（实验稿）》在“教学建议”中明确提出：“要求学生说真话、实话、心里话，不说假话、空话、套话。”这是针对传统作文中假话连篇而提出的，具有教学的针对性和教学的导向性。

作文，是作者情感的真实流露，真实是作文的生命。我们的作文教学必须提倡真实。所谓真实，就是写自己真实的想法和看法，不说假话。真实才能体现个性。传统作文教学指导思想的偏差，致使学生的作文充满着虚假，被大话、空话所包围，这种虚假不断地吞噬着学生纯洁的心灵，甚至到了令人震惊的地步。为了所谓的考分，不愿意抒发自己的情感，惟恐它不高尚；为了所谓的高分，不愿意表露自己的思想，惟恐它肤浅；在作文中充塞着伪圣化的情感、功利化的思想，丧失了学生自己的个性。有一年高考作文是“战胜脆弱”，不少考生编造出了父母去世、亲人伤残、家人下岗、父母离异等内容，不惜以牺牲父母、亲人来换取所谓的高分。这说明我们的作文教学是多么的悲哀，这种教学思想必须纠正。在这种假、大、空里面，在千人一面、万人同语里，看不到真实，更看不到个性。可以说，在虚假的思想中掩盖了真实，在大量的假话中吞噬了个性。课标中要求“有个性地表达”就无法落实。

叶圣陶先生说：“在作文教学中，首先要要求学生说老实话，绝不容许口是心非，弄虚作假……说假话之外，还有说套话，说废话，说自己莫名其妙的话，等等。”在作文教学的训练思想中，不要人为地用所谓健康的、高尚的标准去扼杀学生真诚的天性，不要让学生天真的面容上早早地戴上伪圣的面孔。要尊重学生真实独特的情感体验，要呵护学生纯洁的真情，让学生说真话。说真话是作文的起码要求，这是与做真人联系在一起的。当然，说真话的作文当然并不一定都是好作文，因为有的“真话”可能是情调低下的，甚至是不健康的。因此，说真话又涉及了精神境界和价值观的问题。我们的训练思想在追求“真”的同时，还要进行价值观的引导，使学生作文朝求真、求善、求美的方向发展。

2. 牵手与放手结合

学生作文的“牵”与“放”是辩证统一。在学生作文的初期，学生经历的有限、认识的深度有限，对训练的把握还不够准确，对写什么、怎么写、为什么写都还难以驾驭，因此犹如小孩学步还需要大人扶持一样，还需要老师指导，需要老师牵着学生走一段路程，熟悉路标，把握方向，掌握技巧。当学生走上了正轨，掌握了一定的基本方法，有了一定的写作思维能力，教师就应该大胆放手，犹如放手让小孩自己去走步，沿着方向自由地前行，让他们借助体验自己去思维，自己去写，自己去悟，在过程观察中，教师适时引导，从而在“牵”与“放”的有机结合中，培养学生的个性，提升学生的作文能力。

3. 模仿与创造结合

作文是学生一项创造性的劳动。“模仿”与“创造”的关系实际上是“入格”与“出格”的关系。学生的写作是从阅读模仿开始。模仿是创造的基础，创造是模仿的发展和归宿，是作文的高级层次。模仿能尽快让学生作文“入格”，把握作文的基本写法和规律。因此，作文教学允许学生借鉴模仿，引导学生阅读名著、阅读时文，有意引导学生从读中去领悟，揣摩文章的构思、结构的安排、过渡的设计、语言的运用等方面，从读中去模仿，从模仿中提高。到了一定的层次，引导学生在吸收中内化，跳出模仿，真正“出格”，将借鉴的东西内化为自己的东西，善于变通，灵活运用，体现创造。能创造才是作文的高要求。北京师范大学著名写作理论家刘锡庆教授认为:“个性色彩和创新意识是作文的灵魂。”他还说过，如果我们的作文没有自己的个性，没有创新性就没有存在的价值。这说明了个性和创新在作文中的重要作用。

4. 限制与自由结合

中学阶段，作文教学有其自身的任务，学生作文的基本能力必须得以保证。因此，在作文的指导和学生作文的实践上，在训练目标和一些要求上都应该有适当的限制，以使基本目标得以落实。但是不要将“限制”作为惟一，所出命题要有一定自由度，限而不死，让学生能写自己想写的东西；同时允许有自由写作，并给予大力指导和提供自由的写作空间。因为，要让作文充满个性，必须让学生拥有写作的自由。没有自由，就没有个性。所以，在选题上、在立意上、在选材上、在写作方法上都应该让学生有充分的自由，让作文成为他们生命成长的自发需要。只有作文教学中将限制与自由统一起来，才能让学生作文的基本能力既能得到很好地培养，又能使写作个性得到最大发展。

作文教学的指导思想必须有助于学生作文能力和个性的发展。要让学生作文的个性得到真正发展，对学生作文中出现的合理的思想观点、各种风格特点就应采取包容的态度,尤其是对那些不合老师心意的观点和风格更应宽容一些，使其有一席之地，这样学生的个性就会得到尊重和保护，学生创造性的思想就会闪现。学生作文个性的培养才不会是一句空话。当然，对其错误的思想和观点必须纠正。

总之，思想是行动的指南，作文训练思想，直接影响着作文教学行为，而正确的作文训练思想才能把准中学作文教学的航向，才能达成课程标准中作文教学的目标。因此，确立作文训练思想，并在教学行为中具体落实，意义重大。

作文教学的科学序列及训练步骤

作文教学是中学语文教学中最重要的组成部分，要高效率地提高学生的作文能力，应该在科学序列控制下进行严格的训练。下面，试结合自然科学的“三论”对作文的科学序列及训练步骤作一探讨。

作文序列训练，是一项极复杂的系统工程，从系统论角度看，系统论把研究对象看作一个整体。强调整体性，整个系统由许多相互作用的子系统组成，各子系统又相互联系，语文教学就是一个完整而复杂的整体系统，而作文教学则是以写作训练为主体的子系统，这一系统的排列是否恰当，设计是否合理，直接影响到作文教学的整体效果，也会影响语文教学任务的整体效果，同时会影响语文教学任务的整体完成。因此，在设计这一系统时必须通盘考虑，每一程序都要具体落实，训练的相关内容纵横向要加强联系。

一、确立训练目标

设计作文教学的科学序列，目的在于让学生在此序列的训练下，以保证学生作文能力的渐次提高，达到一定的目标。因此，我们必须首先对序列训练要达到的目标有一个明确的要求。这个目标可分为宏观目标和微观目标。宏观目标即总目标，这个总目标可以确定为《语文课程标准》对作文教学的总要求，微观目标指在总目标下，每一次作文训练要达到的小目标，它根据总目标，按由低到高，循序渐进的原则确定，分散在各册各单元。这就好比建筑房屋一样，既要有一个总体设计，又要把好每一关的设计，以便建造按此设计完成。

二、训练序列

作文教学任务的完成，是以整个中学阶段来完成的。以系统论整体原理看，从初中到高中应拉通为一个完整的训练序列。因此，根据学生的认识规律和心理接受能力，结合教材层次的安排，可将整个体系分文体进行，以记叙文、议论文、说明文、应用文四个训练序列进行。每一文体的落实不是随意、盲目的，而是在准确把握课标要求的基础上，明确设计好不同的文体在初中和高中阶段各训练什么能力，各册各单元又训练什么能力，同时将训练的内容设计成训练点分散在各册相应体裁的单元之后，每次训练可由以下几部分组成：① 明确训练点，指导有关训练点的写作知识和技巧，并提出具体要求；② 结合相关课文分析说明训练点是如何体现的，可以教材作借鉴，为后面写作服务；③ 学生按此要求作文；④ 教师评改、师生共同修改；⑤ 学生修改、优化、提升。每练一次解决一项能力。整个训练点按照由易到难，逐步加深提高的原则排列，合理安排各文体纵向和横向的联系，从而理出系统的训练线索，形成从初中到高中的训练体系。

下面，列出四种文体在各阶段的训练点。

记叙文的训练点

七年级（上）：

交代清楚记叙要素的能力

写人能抓住特点的能力

学会观察生活、选择素材的能力

运用顺叙、倒叙、插叙等记叙方法的能力

一般扩写的能力

抓住景物基本特征的能力

七年级（下）：

围绕中心选择材料的能力

能够根据事和人恰当地抒发情感的能力

概括叙述与具体叙述相结合的能力

详略得当，主次分明的能力

能用简明语言表达的能力

想象丰富，记叙与描写结合的能力

八年级（上）：

通过一件事表现一个人的能力

人物肖像描写的能力

能够得体表达的能力

以典型事例突出中心思想的能力

通过典型事例突出人物性格的能力

八年级（下）：
抓住景物特征恰当类比的能力
语言表达连贯的能力
细节真实、具体的能力
环境、场面描写的能力
线索清楚、剪裁得当的能力
能写一般游记的能力
环境描写的能力
九年级（上）：
景与情紧密结合，有真情实感的能力
人物行动描写的能力
围绕中心选择几件事表现一个人物的能力
人物语言描写的能力
修改作文的能力
九年级（下）：
叙述和议论结合的能力
记叙和抒情相结合的能力
高一年级（上）：
多角度观察取材、写景的能力
根据材料提炼中心的能力
写景、状物的能力
中心的确立和深化，训练修改文章的能力
写文章要有波澜
高一年级（下）：
根据中心恰当安排结构的能力
运用想象和联想的能力
做到散文形散神不散的能力
修改文章（材料的选择和剪裁）的能力
高二年级（上）：
培养夹叙夹议，安排好段内层次的能力
高二年级（下）：
修改文章调整段内层次的能力

高三年级（上）：
含适当想象进行改写的能力
修改文章推敲词句的能力
记叙中能体现深刻的能力
高三年级（下）：
记叙文综合运用表达方式的能力
综合修改文章的能力
能体现一定创意的能力

议论文的训练点

七年级（上）：在叙事的基础上适当议论的能力
七年级（下）：在一定程度上能谈感想和看法的能力
八年级（上）：能用一定事实和道理阐明看法和主张的能力
八年级（下）：阐述看法要突出中心的能力
九年级（上）：能提出论点阐述清楚的能力
做到论点明确、论据充分的能力
九年级（下）：初步掌握议论文的一般结构；提出问题—分析问题—解决问题的能力
学会驳论点和驳论据、驳论证等基本方法的能力
高一年级（上）：选准角度确定论点的能力
高一年级（下）：根据论点选择论据的能力
高二年级（上）：合理安排论证结构的能力
辩证论述的能力
修改文章调整结构的能力
高二年级（下）：运用多种论证方法的能力
掌握和运用议论文的语言特点的能力
高三年级（上）：表达方式的综合运用的能力
议论文的思路和结构的能力
高三年级（下）：能写出具有思想深度的能力
强化议论文复杂思维训练的综合能力

说明文的训练点

七年级（上）：说清楚方位的能力

七年级（下）：抓住特点，用作比较、列数字等说明方法说明一件物品的能力

八年级（上）：把握说明的准确性，适当描写的能力

抓住事物特征，按空间顺序说明的能力

八年级（下）：用分类、打比方、作比较、举例子等说明方法说明事物功能和用法的能力

按操作顺序说明的能力

九年级（上）：符合事理、运用恰当的说明方法，条理清楚的能力

九年级（下）：准确、生动地说明事物的能力

高一年级：抓住特征运用恰当方法说明事物的能力

根据合理的顺序说明事物的能力

高二年级：能够形象地说明事物的能力

高三年级：多种说明方法综合运用的能力

应用文的训练点

七年级（上）：能写一般日记的能力

掌握制订学习计划的能力

做读书摘记的能力

训练做会议记录的能力

七年级（下）：掌握通知的写法

掌握启事的写法

八年级（上）：写说明书的能力

学会消息的写法

掌握申请书的写法

写阅读提要的能力

八年级（下）：掌握书信的写法

掌握感谢信的写法

掌握表扬信的写法

掌握祝贺信的写法

九年级（上）：掌握倡议书的写法

掌握建议书的写法

写读书笔记的能力

写一份实验报告的能力

九年级（下）：写广播稿的能力

写讲演稿的能力

掌握调查报告的写法

掌握总结的写法

高中一年级：掌握请柬、开幕词、简报的写法

高中二年级：写详细计划的能力

高中三年级：选题调查，写简短的调查报告的能力

把以上四种文体的各个训练点的能力连接起来，就构成了整个中学阶段作文各种能力的完整而系统的训练序列。从这个序列中，不难看出记叙文、议论文和说明文的特点在于：几种文体各有一条训练线，呈纵向螺旋延伸。同时又适当结合教材，按年级学段强化。每一条训练线的训练点都由最简单的技能开始，限制了训练范围和要求，后面难度逐渐加大，做到了前面训练为后面训练服务，后面训练又是对前面训练的巩固、扩展和提高。这样逐层递加、环环相扣，更符合学生的认识规律和心理接受能力。同时，横向上三种文体并不排斥，而是在逐渐递加的能力训练中，各文体的知识、技能又互相渗透、互相补充。如记叙文训练中，含有议论和说明的参与。这样，就在训练某一文体能力过程中，同时也兼顾了其他文体技能的训练。这样整个系列体现了纵向的发展和横向的联系，体现了单一与综合的统一。另外，从整个系统中看出，初高中都突出记叙文的训练，而议论文主要放在高中阶段训练，说明文主要在初中。这样安排是符合学生思维发展规律的，也是符合教学实际的。应用文作为一门独立的文体，目的在于培养学生常用应用文的能力，也是在难度上逐渐加深，训练的阶段主要放在初中，使得高中阶段更突出了主要文体的训练。

从上面训练序列和简单分析中，可以看到学生作文整体能力的提高，是由简单到复杂、从低到高、由单项到综合的逐步提高，这一训练序列体现了循序渐进的原则。

三、训练步骤

有了序列，训练步骤就显得尤其重要了。在具体的训练中，各文体应该在初一同时并进，其步骤应按照各文体训练点的排列顺序进行训练，做到各文体

知识一步一得，逐渐递增，不要随意打乱。在序列训练步骤上，可利用控制论原理，加强训练目标的有效控制。

控制论是研究某个系统中控制过程的一种方法论。控制论研究的对象是受调、自调系统的运动，是研究控制系统如何通过内部和外部条件的变化而进行自身的调节活动，以克服不确定性，使系统稳定地保持或达到一定目标的科学。控制论强调的是反馈原理，反馈就是先把信息输送出去，然后又将结果收回来，再利用收回的信息来调整、校正自己的行为，对信息的重新输出起到控制作用，以趋向于某种特定的目标。

控制论创始人维纳说过："有效行为必须由某种反馈过程来提供信息，看它是否达到预期目的。最简单的反馈是检验任务的成功与失败。"根据控制论反馈原理，语文教师完全可以根据自己的作文序列训练进行有效控制，达到作文教学的总目标。

具体说来，作文科学序列训练步骤要实现以下优化控制。

1. 定序控制

这里的"序"，就是上面所设计的作文科学训练之序，学生写作能力先后训练之序。从心理学角度讲，这个序列符合学生识记、观察、感受、想象、思维等能力的发展过程，也是根据学生的认识规律和教材的系统性确定的，各文体的写作知识和能力技巧的培养都分散在各册训练点上，体现了由低到高、由浅入深，以点带线，连线成体，从简单到综合的阶梯式渐进。既有阶段性，又有连续性，既有适当重复，又有变化和提高。因此，定序控制就要求教师按照上面确定的作文科学序列进行教学，逐层落实各文体的训练点，体现训练线。一旦序列确定，教学中不能随便打乱这一序列，不能将后面训练的能力拉到前面来，既淹没了这次训练的重点，又使学生不易消化而压抑了学生作文的兴趣，也不能将前面的放到后面去训练，使学生在写作知识和能力上留下"空白点"而无法理解后面的训练内容。更不能将前面的内容作不必要的重复，使学生无新鲜感。通过学生的反馈信息，一旦发现自己以及学生对序列失去了控制，必须立即调整，校正自己的教学，严格控制到序列训练上来。通过中学六年逐步提高的方法，以序保证质量，达到作文教学的总要求。

2. 定向控制

定向控制，是作文训练中优化控制的关键之一。定向除了作文教学要求达到的总目标的控制外，这里谈的是每次作文时各文体训练点的定向，每次训练培养某方面能力的定向。只有每次作文能力训练定向得以落实，才能向总目标迈进。根据控制论的反馈原理，完全可以对每次作文训练点进行有效控制，达到小目标的实现。

这种定向控制，就是教师根据整个序列训练点的安排，在写作指导上，将该次训练点的信息输出给学生，而且只传递这次作文的训练中应当传递的有效信息，即有关训练点的写作知识和技巧，对训练目标进行控制。学生已训练过的（除必要的重复巩固外）不重复，学生在后面将训练的内容不提前。这样，不至于使无效信息干扰而淹没了有效信息。然后让学生在训练点的控制下，去明题、思辨、选材、构思、作文、自我修改，做到自我定点控制。教师再根据学生作文的反馈信息，进行评改。评改要控制在该次作文要求上，以检查训练点是否落实为目的，不要面面俱到，对失控情况予以调查、校正。然后对学生信息进行处理（提出修改意见）再输出交给学生。学生获得了新的信息又进行调控，重新作文，直到有效控制为准，使教学效果与教学目标的差距及时得到反馈，每个学生也能及时了解自己的目标达到的程度。这一有效控制实际上体现了教师指导的定向控制和学生作文的定向控制。

这里需要说明的是，这种定向只是训练点的定向，并不影响学生选材、组材、表达的自由，仍然要有诸如观察、分析、思维等的渗入，只不过在训练点的控制下罢了。

3. 定度控制

定度控制是指在为完成作文序列训练的步骤中，要把握好作文训练点的难易度和深浅度，不能过急，要针对年级学生的年龄特征和心理实际接受能力，不要盲目随意加大不必要的训练项目和内容，要把握好训练重点和难点，做到“适度”。如在培养初一学生议论文“在叙事的基础上”进行“适当议论”，如何进行“适当的议论”等方面去要求，交给学生有关知识和技巧，而不能一涉及议论文就拿高中的论证结构和论证方法去作训练内容，只为了速成，就加大训练度，这就不符合初一学生的实际接受能力，学生吃不消，其结果必将欲速不达，不但无收效，反而让学生厌烦，失去了兴趣。这就是在难易深浅度上控制不好，违背了作文教学的规律。因此，训练中要把好“度”的控制也是重要的。

加强作文教学科学序列训练步骤上的优化控制，是作文序列每个训练点得以落实，能力得以保证，序列得以体现，目标得以实现的关键。只要我们在训练步骤上严格要求，加强控制，把准训练点，每练一次突破一项能力。这样，就会随着年龄的升高，训练点的增加，写作知识的加深和作文能力的提高，作文的科学序列就会显示出优越性来。这样就会克服过去作文教学目标的杂乱，避免了作文要求面面俱到的缺点。

总之，只要教师和学生真正树立起作文训练的序列意识和整体训练意识，并严格按照序列进行有计划、有方法、有步骤地训练，经过中学六年的努力，学生作文的综合能力就一定会提高，中学作文的整体系统工程就能完成。

新时期下的作文教学路径

作文是中学语文内容的一个重要组成部分，是语文教学的重头戏。多年来，作文难教，作文难学，作文成就感不大，是很多语文教师头疼的事。在教学中，不少教师进行了积极探索与实践，取得了一定成效，但依旧不够理想。怎样让作文教学迈上一个新台阶，不少同仁也进行了新的探索。下面从几个视角谈谈自己的看法。

一、革除应试作文弊端是作文走向健康之路的起点

“听说读写”能力是语文的四大能力，“写”是极其重要的能力。作文教学承担着培养学生“写”的能力的任务。反观现实的作文教学，现状令人担忧。从某种程度上说，作文教学已走向畸形发展之路。在应考的现实下，应试作文大行其道，模式化、公式化、概念化成为了一种趋势。虽有改革之士力图扭转这种局面，也取得了一些成绩，但是被应试的滚滚涛声所掩盖。不少教师虽有不愿，但势单力薄，被应试作文的滚滚洪流推着前行。教师的拳脚施展不开，学生的思想逐渐僵化，灵性枯萎，个性被压抑。在此不健康的作文教学路上，我们应该清醒，回头看看我们所走的作文之路是不是正确。全国中语会理事长顾之川先生就以敏锐的眼光看到了我们作文教学的问题所在。他在《创新与守正：作文教学的主旋律》一文里，剖析了目前作文教学功利化、程式化、模式化的弊端，强调了单一的技巧训练大行其道的不良影响，并列举了 15 种应试作文模式，真正让人警醒，并就当前作文改革趋势进行了分析和展望，让我们看到了希望。在新的“八股文”盛行的今天，顾老师的观点无疑是一剂清醒剂，让身在其中、陷入其中的语文人猛醒。我们需要语文人整体的清醒、整体的反思、整体的改革。我们在呼唤考试改革的同时，不能等待，应该行动起来，用语文人共同的力量，革除作文的弊端，扭转应试作文泛滥的局面。在明确课标对作文目标要求的前提下，敞开我们的心胸，接纳五彩缤纷的作文，宽容个性化的作文，容许作文思维的多元。让学生作文更能贴近自己，贴近年龄，贴近

生活，贴近成长，让学生真正能敞开心胸表达真情实感。在自由作文与规范作文的双翼训练中，让我们的作文课堂鲜活起来，让学生的思维飞翔起来。只有我们大家都行动起来，达成共识，努力践行，我们的作文才能真正向健康之路出发。

二、定好中学作文教学之位是抓好作文教学的前提

中学作文教学怎样定位，可能是很多语文教师曾经或现在思考的问题。不同的专家有不同的定位，不同的语文教师也有不同的认识。由于定位的多样性或模糊性，使不少语文教师游走在作文教学的边缘，为作文教学带来了难度。

中学作文教学究竟怎样定位，黄厚江老师的观点具有一定的参考价值。他在《中学作文教学的基本定位和基本策略》报告中认为，中学作文侧重于指令性写作，培养的是公民性写作，从教学目标上看，让大多数学生能写平平常常的好文章，即切题、得体、言之有物。这些主张，比较贴近学生，贴近我们作文教学的实际。目标太大，要求太高，教师不好把握，教学任务往往会落空。中学作文教学，不是培养作家，不能好高骛远，而应踏踏实实地立足现实，从公民性写作落脚，以课标要求为基础，树立我们的作文教学理念，培养学生基本文体的作文能力。我们应该根据学生的具体情况，根据年级层次和学生的年龄特点，分解教学目标，训练学生的写作能力，让学生能够运用语言文字写好课标规定的不同文体的文章。在这个大前提下，允许作文优秀的学生个性发展，更鼓励有写作天赋的学生特长发展，进行特别的指导。但是，更多的学生不是去当作家，不是去创作。因此，立足于学生写作基点，构建不同文体的基本的写作知识，培养他们写作的基本素养，提升他们运用祖国语言的能力，是我们应该完成的作文教学的基本任务。

三、作家创作经验的分享是打开作文之窗的新视角

作文难以走出瓶颈，不是我们没有思考和探索，语文教师一直行走在作文路上，但是效果并不理想。正因此，值得进一步思考。换一种角度，换一种方式，听听作家的声音，看看作家的写作实践，或许会给中学作文教学带来新鲜空气。虽然作家的文学创作不同于中学作文，但他们的素材来源、写作实践、创作过程，会给我们带来启迪。山西作协副主席葛水平，在 2015 年全国“三新”作文研讨会上，站在她创作的角度，用轻松愉悦的故事娓娓道来，结合自己的生活经历、

创作冲动以及创作实践，强调了她的作品就是来源于生活，来自于生活的感动和感悟，来自于对生活的思考。这一经历告诉了我们生活是写作的源泉这一道理，强调了生活对于写作的重要作用，说明生活的体验就是作文的基础。在生活中我们就是在积累素材，在生活的积累过程中触动心灵，在触动的过程中就可能有作文的冲动。学生每天都在接触生活，只是没有意识到生活之于作文的重要性。因此，我们教师的一个责任就是要引导学生明白接触生活、思考生活对于作文的重要意义，要强化这种意识，有这样的意识才会让作文变得不再难。

分享一下作家的文学创作经验，反思我们作文教学行走的路径，是作文教学改革的一种新探索，拓展了我们作文教学的视野。

四、设计视角的变化是作文教学的一种尝试

作文教学需要在探索中行进，在实践中优化。著名特级教师黄厚江老师的《写出人物的特点》一课，教学设计是用好现场资源，以老师作为观察对象，让学生进行描写。这种根植于课堂生成、现炒现卖的教学设计，显得新颖。深圳向浩《如何写好喻体》一课也带给我们很多思考。该课的设计聚焦目标，采用层次推进的方式，引导学生一步一步从单一的比喻句到多个比喻的层次转换，达成的喻体生动形象，并体现丰富性，让学生在体验中把握比喻的写法。这样比单一的说法和例子的分析更加有效，凸显了探索的价值。该课在设计中的另一视角，就是学生在进行描写时（包括学生对老师外貌的描写），老师亲自下水，针对学生的眼睛采用喻体的方式进行层次推进的描写，写作的现场感强。这种现场教学的设计，教师要有胆量，要有驾驭课堂的能力，当然能给我们不一样的感受。这种尝试给我们带来新的思考。

五、在生成中激活学生思维是提升学生能力层次的关键

作文是思维活动强度大的一项活动，因此，作文课堂中注重学生的生成，及时激活学生的思维很重要。黄厚江老师的《写出人物的特点》就给我们演绎了生动的一课。黄老师首先让学生观察并写出自己的相貌，要求学生在观察的基础上通过简单的对话，初步概括出自己的特点，在学生说出“幽默”“渊博”“平和”“童心”“可爱”等五个词语后，又要求学生写一段话，通过描写，写出老师的个性特点。在描写的基础上进行交流。在交流中，黄老师不断对学生进行追问，并在追问中纠偏，不断地优化文段，在生成中激活思维，在激活后再修改，在不断修改中使描写更加准确、细致、到位。这个教学过程，虽没有预

设，全是根据生成情况步步推进，但是学生的观察得到训练，捕捉细节的能力得到提升，运用语言准确描写的能力得到夯实，学生作文的能力也得到提高。

苏州市工业园区初中语文教研员刘铁梅执教的《材料的多层立意》一课，让学生针对提供的两则材料，扣住“这也是幸福”这一题目，从不同角度去立意。学生通过自己的理解提出了不同的立意角度，教师边听边通过屏幕打出来，让学生能够一目了然，这是在生成中推进学生的思维。为了更能把握立意角度，教师又引导学生从独立个体（情感层次、感悟层次）和人物关系（能力层次、品质层次、感悟层次）上去思考，这样使多层立意变成了可能，思考的路径更加明确。在此基础上，刘老师又让学生对前面提出的立意点根据“独立个体”“人物关系”角度进行分类，使学生的立意角度更加清晰。这种在生成中推进，不断激活学生思维的教学方式，对于学生材料的把握，立意的确定，角度的多样，都有一定的实效。

作文教学，不限于教师的讲解，更注重学生的体验，及时地激活思维，不断在生成中推进，是作文效益提高、学生作文能力提升的重要保证。

六、开辟作文教学空间是多角度训练学生思维的又一路径

作文教学的单一训练和枯燥的评讲，是学生作文兴趣低和作文教学低效的一个原因。有的教师只在作文前简单指导后就让学生作文，然后简单地批阅后进行简单的评讲；有的教师连指导都没有，随意出示一个作文题就让学生写。这种单一的作文训练模式和不痛不痒的评讲，难以激起学生作文的写作欲望，学生在应付作文的过程中没有得到真正提高。要更好地让学生积极主动地投入写作，就应避免单一的作文教学形式，开辟丰富多样的写作空间，让学生能发挥其潜能，主动写作。

北京十一学校的特级教师曹书德，在他的《学生需要怎样的写作能力》报告中，介绍了他们的一些做法。其中的“个体激励，让亮点闪光”很有特点。他们的理念是让每份作品都有一席之地，让每位学生都能看到自己作文的存在。他们在作文教学路径的探索中，除了常规作文教学之外，根据学生的兴趣爱好，相机引导，开辟了新的作文之路，让学生积极参与写作。比如开展诗词展、评论展、手机评议展、科幻小说展、文言作品展等活动，极大地调动了学生写作的积极性。在这个过程中，教师顺势引导，学生易于接受，写作训练落实了，思维宽度拓展了，思维的厚度也得到了提升，作文的能力也得到了提高。这种作文教学，既是一种新理念的体现，也是一种新路径的探索，同时更是作文课

堂的一种拓展，较好地将课内作文与课外作文结合了起来。

在作文教学中，根据学生的情况，不断思考、探索作文之路，必将丰富作文教学空间，提高作文教学实效。

七、开发作文的“区域课程”是作文教学走实走远的有效路径

目前大多数作文教学只是跟随教材安排进行，或者到写作文时临时安排，作文课程简单甚至随意。开放作文的“区域课程”可以弥补教材的不足，提高作文教学的针对性，也能切近学生生活的实际，是实施作文教学的另一路径。苏州市工业园区教研室的徐飞老师，在他的《中学作文教学课程化的行与思》中，介绍了他们课程化的理念及践行情况。他们在作文方面进行课程化的几个路径值得我们思考。一是“从随意到自觉：作文教学内容的开发”；二是“从讲义到课堂：打磨普适性作文课”；三是“从课内到课外：‘大作文’教学的实践”；四是“从教练到陪练：教师要练好写作硬功夫”。他们结合区域特点，大胆进行作文教学内容的开发，比如《记叙文写作课时教程》《议论文写作课时教程》《高考写作课时教程》，极大地丰富了写作的内容。同时，教学中注重课外延伸，比如随笔与板报，电影作品推荐与影评。区域课程的开发，不仅是写作框架的建构和知识的呈现，更重要的是在具体的操作上进行研究，让教师教有依据，学生学有方法，在体验中提升。教师和学生在这一探索中尝到了课程开发的甜头。

作文课程区域开发是作文课程的一种补位，是可以操作且行之有效的一种方法。如果每位教师都能有意识地根据自己区域优势进行课程的开发，并在作文教学的行为中有意识地践行，我们的作文课堂就会有另一番景象。

八、抓好学生写作的体验过程是提高学生作文能力的有效抓手

任何作文教学，若没有学生的亲自体验，学生的作文能力是不可能提高的；没有学生写作体验的指导与升格，其训练的收效也是非常低的。因此，重视学生的写作体验过程，把好体验升格关，是学生作文水平提升的重要环节。黄厚江老师认为，目前作文教学存在的最大问题是不作用于写作过程，没有对问题进行及时的纠正。这点到了问题的实质。

纵观作文课堂，我们练的次数并不少，写的作文也很多，但是学生作文能力没有多大的长进。认真反思我们的作文教学，其中的一个重要原因就是，作文训练注重的是训练的数量，忽略的是每次练的质量，换一句话说，就是没有

在学生体验过程中进行扎实的指导。很多教师在作文教学中采用的是将学生作文收上来进行不痛不痒的批改，然后进行简单的评讲，对学生写作中的问题关注不够，对学生写作中可能的升格处指导不力。我们要在反思中看到作文教学低效的原因，转换教学方式，关注学生的写作过程，重视学生在体验过程中所反映出来的问题。教师要让学生看到怎样让不好的作文写得好，把较好的作文变得更好的过程。在写作过程中实实在在地指导，让学生看到作文升格的变化，经历这一过程，学生才会有更多的收获，也才会有更多的自信。黄厚江老师的作文课，其有效性的重要原因之一，就是非常重视写作过程的体验以及在体验过程中的及时且耐心地指导，在体验指导中不断优化。他的作文课，细细琢磨，反复思考，会给我们很多启示。

九、拓展作文交流空间是分享作文智慧的又一方式

作文教学具有丰富性，不同的教师具有不同的教学思考和教学路径，不同的区域也具有独特的教学个性。教师个人的思考和实践探索，也会取得一定的成效，但毕竟有限。在作文教学中，加大对话的范围，拓展交流空间，分享更多人的智慧，是提升我们作文的教学智慧，进而提高作文教学效益的重要途径。

多层面、多范围的交流，要突破学校内部的范围，进行校与校之间，不同地区之间，进行新思想、新理念的交锋，进行新探索、新做法、新实践的交流，在此更大交流空间范围里，不仅会丰富我们的作文思想，开阔我们作文教学的新视野，拓宽探索作文教学的实施思路，更重要的是在倾听中分享，在分享中思考，在思考中内化，在内化中酝酿作文教学的实践思路，优化作文序列。

如果我们的作文教学，多加强与校内的同行交流，适时进行校与校之间、地区与地区之间的对话交流，新的思想就会丰富我们的教学实践，新的探索就会少走弯路，新的课堂就会多样，积累的经验就会更加丰富，作文教学的实效就会更强。

作文教学既是一个古老的话题，也是一个富有现代感的话题。黄厚江老师说，作文教学是一个千古难题。全国中语会理事长顾之川老师说，语文课改永远在路上，作文自然在其中。这些观点都说明了作文教学的难度。正因为有难度，才有探讨的价值。只要我们大家一起来思考，认真反思作文教学现状，用新的思想来探索作文教学的路径，构建作文新课堂，无论这条探索之路走多远，只要我们在路上，价值是无可否认的。

作文创新能力培养管见

作文是一项创造性极强的思维活动，对培养学生创新精神和创新能力有着重要作用。然而，当今的作文教学多被应试作文所“捆绑”，创造性精神被削弱，创造性思维被扼杀。这一严重的现状必须引起我们高度反思。新课标和语文核心素养都强调培养学生创新精神和实践能力，着眼于未来社会需要勇于开拓的高素质的创造型人才，因此，时代呼唤教学的创新体现，自然作文教学也必须进行创新教学。

作文创新是有广阔前景的。心理学研究表明，人的左右脑远没有被开发出来，左右脑各有其功能。人们对智力的开发着重于大脑的左半球，而对于培养创造性有重要作用的右半脑的机能开发得不够，使创造思维这一广阔空间没能得到利用。心理学研究还表明，人的思维形态在小学到中学阶段大抵定型，形成侧重于某方面的优势。如果学生在这一重要时期，思维品质没有得到良好的培养，就会落下病根，使创造思维受到局限而难以适应新世纪的需要。因此，我们要在教学中尤其在作文教学中，使学生的左右脑有机结合，碰撞出更大的思维火花，创造出奇迹。

那么，怎样培养学生的作文创新能力呢?

（1）树立作文创新的观念，增强作文创新意识，是培养学生作文创新能力的前提。我们可举办创新讲座，组织学习创新理论，传递创新思想，分析时代发展对人才的要求，鉴赏创新文章。这些措施有助于改变旧的观念，树立创新观念，培养创新的精神和增强创新的意识，为学生具体的作文创新活动打下基础。

（2）将作文的主动权交给学生，激发他们的创新热情，是培养学生作文创新能力的根本保证。

过去的作文教学，在应试的影响下，多是由教师定框架，定基调，限制太多，学生为了稳妥不敢越雷池一步。这样的作文教学，往往忽视了学生的主动性，忽视了学生的感受，压抑了学生的写作激情，扼杀了学生的创新精神，致使写出来的作文千篇一律，缺乏新鲜感。因此，我们必须走出这一误区。一方面教师教学中要贯穿创新的思想，使学生放下包袱；另一方面也要指点创新的路子，让学生明确创新的方法。更重要的是应将创新的主动权交给学生，鼓励学生自由作文，发挥想象，大胆创新，弘扬个性。这样才能激发学生的创造激情，调动学生的创新潜能，充分发挥学生的主观能动性。在这种有意识的引导下，学生的创新精神和创新能力就会得到培养。当然，在这个过程中，离不开教师的正确引导。

（3）大胆引导学生用批判性思维去质疑，是培养学生作文创新能力的重要保证。“疑”能启动创造的闸门，触发想象和思考。很多科学家、作家正是在“疑”中取得创造性成果的。可以说，敢于质疑，才能更好地发挥聪明才智，发展创新思维。而这种创新思维常常是以思维的批判性为前提的，如果没有辩证的批判性思维，就难以有独特创见的形成和发展。因此，教学中，教师在引导学生掌握所学内容的基础上，鼓励学生打破思维定势，面对作家及现成观点，不要迷信，不要盲从，不要满足已有的答案，而要引导学生善于在有疑或无疑处质疑，大胆鼓励学生有不同的见解，敢于否定现成的看法，勇于发表自己的观点或与名家探讨。教师要善于发现学生的创新之处，并及时给予表扬，这对鼓励创新、激发创新热情具有重大意义。这样的教学引导，不受其原有观点的束缚，可以让学生充分发挥自己的才能。经常如此，就可以培养学生不盲从、深入思考、勇于发表独到见解的良好的心理品质，真正有助于学生作文创新意识的增强和创新能力的形成。

（4）训练学生的发散思维，是培养学生作文创新能力的有效方法。发散思维是创造思维的核心，它强调从一点向四面八方扩散开去，其特征就是“思路不为习惯所囿”。因此，作文教学中要教给学生发散思维的方法（如逆向思维、联系思维等）。面对同一题目，有意识地用发散思维去指导和要求，引导学生多方向变换角度去认识和分析，以寻求不同的答案，这是出新的重要方法。如教学《雷雨》，可抓住周朴园复杂的性格、情感的多变性，让学生站在不同角度去作文，提出自己的新见解。再如，用数学符号去命题，可设计“1＋1＝？”等题目让学生自己去思考，得出更多的答案。这种发散思维的训练，能激发学生创新探索的兴趣，变单一思维为多向思维，变封闭思维为开放思维，变静态思维为动态思维。学生思维的空前活跃，必将带来学生作文创新能力的飞跃。

（5）拓展想象空间，提供创新环境，是培养创新能力的有效保证。科学家爱因斯坦说过，想象力比知识更重要。创造必须以想象为基础。作文教学也一样，必须重视想象力的培养，给学生营造想象的环境。苏霍姆林斯基说："如果一个学生到了十二三岁还没有在某一个方面显示出自己的兴趣和想象力，教育者就应当为他感到焦虑、坐立不安。"这说明想象的培养在教学中非常重要。我们必须重视语文课本为我们提供了极大的想象空间。教师要善于利用课文中的想象因素，尤其是文学作品提供的材料，抓住文中的想象点，设计训练点，让学生充分展开想象的翅膀，进行再造想象、推测想象等。如教学朱自清的散文《春》，让学生在头脑中绘制文中描写的图画，并根据文中的明快色调，去描绘当时朱自清的心情；教学《项链》，可让学生根据情节续写路瓦栽夫人后来的发展命运。只要多方面拓展想象空间，就会创造出新的思维火花，创新的能力也会得到培养。

（6）运用整合思维，是作文创新的新路径。整合思维就是将各学科知识看作是一个完整而复杂的整体系统，各学科知识既有相对的独立性，又是互相联系的。整合的核心强调的就是系统内各要素的整体协调，相互渗透，力求避免用孤立的、片面的、静止的观点来认识问题，而应用整体的、联系的、动态的观点来认识问题，以达到最佳效果。此处的整合思维就是运用这一理论将作文与其他学科各个要素结合起来进行开放的、立体的交叉思考，以获得尽可能丰富且富有新意的答案，从而提高创新思维能力。比如，整合"物理"学科"作用力与反作用力"的原理，可以获得对人生的新的认识。按物理原理来看，作用力越大，反作用力越强。由这一原理可以结合对生活中人与人之间关系的理解，引出你怎样对待别人，别人就会怎样对待你的道理。你对人不礼貌（作用力），就会遭到更大的不礼貌（反作用力）；你对别人献出爱心（作用力），别人会通过对享受"爱"的切身体验，将来会对他人献出更大的爱心（反作用力）。结合物理知识来强调人与人之间的和谐相处、相互支持，这样写出来的文章不但整合了学科知识，而且比直言更有创意，更有效果。

把对万象生活的理解融进其他学科知识中，写出的文章将不落俗套，具有创意，更能引起人们阅读的兴趣，也能促进人们对各种生活现象的思考。

（7）开展课外作文创新活动，是培养学生作文创新能力的又一保证。作文创新能力的培养仅仅依靠课堂教学是远远不够的，仅仅封闭在课堂上是难以取得更好效果的。因此，作文创新能力培养也要有"大语文教育"观念，进行开放性的教学。教学中要重视开展课外活动（第二课堂）和走进生活课堂（第三课堂）。借助课外作文活动，组织影评、阅读评论竞赛，开展辩论会，自编课本剧，自办文学刊物，为学校广播站撰稿，为学校电视台编写节目脚本，举办作文沙龙等。通过这些动手动脑的创新的作文实践活动，去体现创造性。同时，让学生走向社会大课堂，在一个更为自由、广阔的思维环境中，体验生活，获取更为丰富的知识，发挥他们的个性潜能。

创新是人生的高境界，也是一个人的亮点，是智慧撞击的火花。在人类智慧大放异彩的今天，我们应该在作文教学中，努力践行课标和语文核心素养的要求，增强创新意识和提倡创新的精神，充分开发学生的创新潜能，调动学生富有智慧的大脑，去出新，写出不朽的诗篇，从而切实提高学生的作文创新能力。

新理念下的命题作文教学思考

新的作文教学理念，让我们对命题作文教学有了重新审视的必要，以使命题作文既能克服现有的不足，又能发挥其更大的优势。

本文所谈的命题作文是一个大的概念，是相对自由作文而言的，是指由教师出题带有一定命意，让学生按照指定命题所规定的范围、内容、体裁等要求来写作一定规格的文章的作文方式，包括供材料作文。供材料作文，实质上也是一种命题作文、条件作文，只不过是命题作文的一种变式，只是所命之题不限于用文字表述的一个现成而简明的概念或判断，而是一种有规范、有寄寓、形式多样、灵活实用的材料而已。

命题作文这种严格的限制性，与非命题作文的差异性，对于学生来说，有可能影响写作的积极性，抑制思维的广阔性，但可以保证训练的计划性，激发思维的敏捷性。命题作文作为写作训练的一种方式，本身无可厚非，关键在要善于命题。作文命题要化弊为利，扬长避短，教师要掌握命题要领，提高命题技巧。正如清人郑板桥所说："作诗非难，命题为难。题高则意高，题矮则诗矮，不可不慎也。"

一、命题作文的类型

命题作文，各种体裁都有，题型多种多样，侧重点也不同。有的是一个词，如"交往"；有的是短语，如"同桌的他"；有的是句子，如"我们共同拥有一个地球"。给材料这种命题作文稍微复杂一点，它分为若干类型。一是文字类型。这些材料可以是几句话、一段话、几段话乃至一篇文章，要求学生利用这些材料按规定作文。要求多种多样，有的需自拟题目，有的需根据材料展开联想与想象进行描写，有的需提炼论点论述，有的需先"聚焦"，从提供的不同材料中提炼出"共同点"，然后再作文等。二是提供图画（含图表），要求根据画意作文。其图既可以是单幅画，也可以是连环画；画既可配文字说明，也可不配文字说明。三是提供实物，要求根据实物写作文。其一是实物写生，要求用文字把所观察到的实物详细地描述出来，目的在于培养观察能力；其二是把实物作为由头，写作者看到这个实物可以海阔天空展开想象，写自己领悟最深的。如新概念作文大赛的命题是：桌子上，放着一个被咬过的苹果。没有任何文字说明和提示，参赛者限时写出作文。命题作文的另外一种类型，就是“情景作文”，即教师提供生活中的具体情境，要求学生设身处地去想去思，最后用文字表达出来。

近年全国高考出现了任务驱动型作文，这种作文就是要求学生紧紧围绕作文题目中的任务去完成作文，这种任务主要体现为紧紧围绕材料中提及的事件表明自己的思考和权衡，需要引起重视。

二、命题作文的意义及价值

作文教学中，教师必须起主导作用，必须有明确的教学目标，有严格的教学计划，有科学有序的教学内容，才能确保完成各学段规定的作文教学任务。而命题作文更能达到这一要求。因此不能简单地否定命题作文，也不能走向极端，随意地让学生自由地写作来完全代替命题作文教学。叶圣陶先生在他的《论写作教学》一文中认为：“按题作文，首先遇见题目，得从平时之积蓄中拣选那些与题目相应合的拿出来，比较的不自然。若嫌它不自然，废而不用……这就达不到写作教学的目的。所以定期命题作文的办法明知不自然，还是要用它。”从这里可以看出，叶圣陶先生在提倡写自由作文的同时，并不否定命题作文的作用，认为要达到作文教学的目的，即使命题作文的办法“不自然”，也不能放弃它，要根据学生的年龄特点和教学序列，合理地设计出符合要求的作文题目来，让学生先写好命题作文，打好作文的基础。这样体现了由易到难、由简到繁的规律。

新的课程改革要求，教学要面向全体学生，要使每一个学生都得到全面发展。这就要求在作文教学上，每个学生的作文都应该达到一个基本的标准。先从写作的基本要求入手，进行多种文体的规范化训练，从审题、选材、剪裁、组织材料、语言等诸多方面下功夫，脚踏实地，循序渐进，练好基本功，掌握作文的文体规范，并适当地将此与学生的个性发展结合起来，结合自由写作，使之成为作文训练的有效途径。有一位专家呼吁：“我们每一位同学还是得狠狠地打牢各种文体的基础，从训练每一种基本文体入手，进而融会贯通，以求在一定的规范下求异创新，实现跳跃提高。”我国现代著名教育家王森然先生在他的《作文与实验》一书中谈到："创作就是自由作文，自由作文和出题作文比较起来，意思可以自由，作品每每发现出人意料的优良。可见出题作文是练习的工作，创作是成熟的发表。"这里阐述了命题作文与自由作文的关系，命题作文有着基础的价值。

三、命题作文的规范

（1）贴近学生生活，命题具有真切性。不论哪类命题作文，要多从学生角度考虑，要"使练习与实际一致，见题作文与自发作文无殊"（《叶圣陶语文教学论文集》）。生活是写作的源泉。贴近生活命题，关键在教师：一方面教师要细致观察学生生活，考虑学生的个人体验、生活及阅读积累，让每个学生都有话可说；一方面要认真指导学生观察生活，捕捉生活中闪光的情景，从中去挖掘具有写作价值的题目。《全日制义务教育语文课程标准（实验稿）》在"教学建议"中提出："写作教学应贴近学生实际，让学生易于动笔，乐于表达，应引导学生关注现实，热爱生活，表达真情实感。"高中课标也有相应的要求。实际上这为新时期作文教学指出了正确方向。

（2）具有亲和力。体察学生心态，命题富于情趣性。叶圣陶先生曾提出教师要"钻到学生心里出题"，也就是要求作文命题要体察学生的心态，使写作训练与学生心理保持同步。这样做，便能把作文题出到学生心里，使之富于情趣，激发学生的写作兴趣。瞄准学生心理出题，当然要把握学生的年龄心理特征和心理能力发展的历程。比如小学生幼稚天真，命题要富于童趣；初中生是半幼稚半成熟的"小大人"，命题要形象具体，角度较小；高中生日趋成熟，期待着超越与飞跃，热衷于把好奇的目光投射到五光十色的大千世界，有自己的观察，有自己的思考，也有自己的评价，自然命题应当有些深度。

（3）配合阅读教学合理命题。作文命题应当配合阅读教学，根据不同的年级作文要求进行命题，促进语文知识教学和听说读写训练同步进行，使作文命题与阅读教学对应。

（4）引导学生自己拟题，激发写作兴趣。引导学生自我命题，调动学生的参与意识，既是培养学生主体意识的重要途径，也是激发写作兴趣、提高作文教学效益的有效手段。具体做法是。

第一，自拟题目。根据本次作文训练的目标，教师规定一个大致的写作范围，提出写作的某些要求，而具体题目则由学生自拟。

第二，半命题。一个作文题，教师只命定一部分，其余部分采用填充的方式，让学生去确定。这种半命题命而不定，限而不死，灵活度大，可变性强，学生可根据自己的生活体验、积累的材料，完善题目，这种命题具有一定的自由度。

第三，向学生征题。根据本学期作文教学的目标要求和整体设计，向学生征题（之前要教给学生命题的方法），通过学生讨论，建立班上作文题库。每次作文时，可从中抽取作文题或由师生从中共同选择确定本次作文题目。

（5）命新题，作新文。新题易于引起学生的新鲜感，易于刺激大脑，激发作文欲望。不断地改变作文的形式，增强新鲜感，是改变目前命题作文不受欢迎、走出命题困境这一现状的有效途径之一。上海市第十中学钟勇发老师针对作文困境而倡导的“系列作文”就值得思考。所谓“系列作文，就是用成组成批的一连串小题目写若干篇同一类型题材的作文”。也就是教师将一个大题目分散，细化为许多个小题目，学生也可以在此基础上发挥，创造出其他小题目。比如，钟老师在教学实践中设计了“家”“我的高中生活”“我”三组系列作文，其中“我的高中生活”的系列作文细化题目如下:学习篇、好课篇、差课篇、成绩篇、作业篇、考试篇、竞赛篇、导师篇、同窗篇、学农篇、军训篇、春游篇、考查篇、成功篇、失败篇、校园篇、运动篇、娱乐篇、高中乐、高中苦、高中忧、高中累、高中趣事、高中轶事。这样的细化作文，不是老套的面孔，符合学生的年龄心理特点，切合学生生活实际，人人都有体验，又感到新鲜，这样能引发学生深层思考，抒写真情实感。

（6）命题容量要大，下笔切入点多。要让学生对具体的写作内容有一个自由选择的余地。如“不能没有你”这一题目，“你”的选择范围大，可以是妈妈、奶奶，可以是老师、同学，可以是空气、水，可以是家，也可以是书，等等。这种命题可以借助多义词、代词来体现，也可以采用半命题方式，如“第一次__________”。这样的命题给学生提供了思考的广度，易于激发学生的作文欲望。

总之，新的作文理念并非要否定命题作文，而是要在提倡自由作文的同时，认真审视命题作文，以便更好地发挥其应有的价值。

张开自由作文的翅膀　让学生的心灵飞翔起来

前面一文从命题作文角度谈了一些看法，这里从自由作文角度谈论，希望在教学中将两者结合起来。

一、自由作文的内涵

自由作文是学生的一种内在渴望，是对传统作文模式付出沉重代价后反思的结果，是对传统作文模式的一种革新，是作文本身发展的一种趋向，更是人才培养的迫切需要。

所谓“自由”，就是让学生成为作文的主人，放飞学生的心灵，让学生在写作中拥有绝对的选择权力，写自己想写的内容，选用自己喜欢的表达方式，以我手写我心。自由作文允许学生不用教师确定的题目，学生可以根据自己的生活和体验，灵活地选择作文的内容和方式。在这里，教师的职责更多的是创造一种宽松、自由的写作氛围，设计具体训练计划和完成教学过程的调控。

《义务教育语文课程标准（2011 年版）》在“教学建议”中提出：“为学生的自主写作提供有利条件和广阔空间，减少对学生写作的束缚，鼓励自由表达和有创意的表达。鼓励写想象中的事物。加强平时练笔指导，改进作文命题方式，提倡学生自主命题。”在《普通高中语文课程标准（实验）》中也明确提出：“鼓励学生自由地表达，有个性地表达，有创意地表达，尽可能减少对写作的束缚，为学生提供广阔的写作空间。”从这些纲领性的语言表述中，可以看出自由作文得到了应有的重视。因此，我们的作文教学应该做到真正意义上的体现。

二、自由作文的价值

（1）自由作文强调了开放性，激活了学生思维，有利于学生个性的发展。

自由作文教学把作文当作学生自我体验、自我发展、自我宣泄、自我创造的手段，其意图便是引导并鼓励学生用独特的语言去再现个人独特的思想，充分展示自己内心深处最真实的想法，让自己的心灵和情感作一次倾泻和释放。

这样，作文的内容、写作的形式，思考的空间、创作的时间都是开放的，学生在这种充分的自由和宽松的氛围下，容易激活思维，较少顾虑地运用自己的智慧和想象，最大限度地发挥自己的思维能量，使创造性思维得以极大地发展，个性得以充分地张扬。这自然就避开了套路作文之束缚，避开了人云亦云、千篇一律之不足。

（2）自由作文是命题作文的延伸，二者具有互补的功能。

命题作文有自己的特有价值，但由于特殊的规定和要求，学生的实践性和开放性不够；而自由作文则以灵活的思维、开放的形式，让学生在主动的体验中培养了兴趣、增强了动手能力和探索解决问题的能力。这些能力的提高，又大大帮助了学生在命题作文中的写作。这样，将命题作文与自由作文有机统一，都着眼于学生的能力发展，互相弥补，既能“入格”作文，更能“出格”创新，那么，我们的作文教学必将出现新的气象。

三、自由作文的类型和形式

1. 类型

自由作文主要有两类。一类是课堂上有一定限制的自由作文。这类作文不是对学生的作文任其自然，不闻不问，而是只给出一个大致的范围，尽量给他们提供写作的自由空间和选择的自由。一个是完全自主的作文。这两类作文与命题作文训练时应有一个大体先后（无绝对先后），层次上须逐渐提高。命题作文打基础，有限制的自由作文又为完全的自由作文打基础。自主作文则完全自由，放飞心灵，自由挥洒，几者相互促进。

2. 形式

自由作文的形式要体现多样化，主要由学生自己选择，教师适当点拨。比如下面的几种形式。

日记或随笔。学生每天有感而发写下的小文章即随笔。教师可指导学生将这些随笔集中写在一个本子上，并为这本随笔起一个名字，编上目录。等这个本子写完，一本“随笔集”便诞生了。

读书笔记。每学期学生根据教师推荐的课外书籍和自选书籍进行阅读，然后结合自己的阅读体会写成读书笔记。

书信。让学生给教师、班主任、同学、家长或其他人写信。至于写什么、怎么写则由学生自己决定。

创写。就所学课文进行文体改写和表达方式的改写，对文段进行扩写、续写，对空白点进行补写。

小论文。学生对课文的不同理解或对作者观点的不同看法，参加课外科技活动的一些收获或体会，都可以在教师的指导下写成小论文。

剧本。这里的“剧本”，指的是学生学习了故事性较强的课文（如《石壕吏》等）后，尽可能按剧本写作要求所进行的创造性改编，也指学生自编自演的小品脚本。

小小说。让学生为某些文学名篇进行“续写”（如为《项链》续结尾），或者根据自己的生活练习写小小说。

诗歌。学生在课外练笔时可以试着学写短诗。

班级日报。按学号轮流主办。要求上面的文章都必须自己写，但内容自定，文体自选，长短不论，要求活泼生动，富有生活气息。

四、自由作文的策略

（1）奠定心理基础，营造民主和谐的自由作文心理空间，激发创造潜能。

著名心理学家托兰斯说：“我们要想促进创造力，就需要提供一个友善的和有奖赏的环境，以便使之在其中繁荣发展。”有研究证明，心理自由和心理安全是创新能力发展的两个非常重要的条件。因为，学生只有具有了创新的自由感和安全感，思维的闸门才可能开放，创造的心灵才可能放飞。因此，教学中，教育者应该具有虚怀若谷的气魄，允许有不同的看法和新颖的见解，从而营造一个民主、宽松、自由、和谐的创新心理空间；要接纳、尊重、鼓励、欣赏学生合理的奇思异想、保护学生的自信心、好奇心和自尊心。长久坚持这种有意识的引导，学生的思想就能飞翔，学生就能拥有那种不惟上、不惟书、敢于挑战权威的精神，学生的作文能力和创新能力就会逐渐培养起来。

（2）尊重学生个性差异是学生作文个性发展的前提。

自由作文的前提是承认学生在写作能力上的个性差异，这种差异包括个体之间的差异和同一个体在不同能力层次上的差异。只有承认了学生的个体差异，才能不只用命题作文的方式把学生的思维束缚起来，才可能把自由作文落实到具体的作文教学行为中去，这样才更有利于不同学生作文能力的发展。

（3）唤醒学生作文主体意识，还学生自由作文权。

要让学生的主体意识和自由作文成为现实，就必须打开套在学生心灵上的精神枷锁，开启作文手脚上的镣铐，开启作文逐渐构建的开放的、活泼的、动态的学生全程自主作文训练体系。命题可采用渐进的方式，由适当的限制进而做到“命题自主—立意自主—文体自主—题材自主—构思自主—表达自主—字数自主—评改自主—交流自主”全程自主开放的作文。

（4）资源共享，向学生征集作文文题，建立自由作文题库。

自由作文一旦实现，必然激活学生的思维，必将释放压抑已久的激情。作为作文教学的组织者，教师应该抓住这样的机会，提供一个交流平台，向学生征集自由作文题目，建立班级作文题库。作文课时，可以让学生结合训练目标，针对题库中相应的作文题进行讨论，从而活跃思维，扩大思路。也可以根据需要，从题库选题或让学生从中抽题作文。这些作文题目来自学生，与学生生活切近，能进一步调动学生作文的热情，学生也不会把作文看作是一种外在的压力，一种精神负担，而是一种享受，一种愉悦。

（5）灵活发挥教师的指导作用。

两种自由作文形式虽然突出了学生的主体作用，但并不是放任自流。由于学生可塑性较强，对事物的认识还不够深刻，对材料的选择和处理还不够成熟。因此，自由作文还应在教师的指导下进行，以达到自由作文应有的效果。当然，教师的指导不是像传统作文教学那样定框架，给限制，而是在学生自由作文这一前提下根据具体情况作适当的点拨。

（6）鼓励有创意的表达。

只有在思维上开放，学生才会冲破习惯思维，才会闪现思维的智慧之光；只有在内容上开放，并有宽容之心，学生才敢于抒写对生活的真切感受，才敢于发表自己的看法；只有形式上的开放，允许不拘一格，大胆构想，学生才能突破作文框架，才能发展学生的创新潜能和个性。也只有这样才可能创新，才可能完成新课标所赋予我们的作文教学任务，教学才可能结出作文创新之果。

当然，提倡写自由作文并不是否定命题作文，而是丰富作文的形式，让学生成为自己情感抒发的主人，同时也与命题作文达到互补的效果。作文形式不同，但写作的指向都是着眼于学生作文能力的提高。命题作文与自由作文的教学实践，是作文教学多元化的体现，必将使中学作文园地百花齐放。

张开自由作文的翅膀，让学生的心灵飞翔起来吧！

淡化模式，走出应试作文教学的困境

这里将“淡化模式”内容独立成篇，意在表达在新课改背景下，要走出过度“模式”化的“怪圈”。

人们感叹如今的学生作文脱不了俗，能力弱，阅卷场上，看到的多是千篇一律的作文而很少有独具一格的佳作。虽然原因有多种，但是作为语文教师，为了改变这一现状，也应对作文教学进行反思。国家核心素养出台，呼唤教学的改革，自然包括作文教学观念的转变，每一位语文老师就应该对现行作文教学进行认真审视。

在对某校进行的“语文学习方法现状调查”中，对“你最喜欢的作文训练方式是”一题，学生回答“考场作文”的仅占21.12%，而“自由作文”却占了53.61%。这一结果，反映了学生的心理倾向，希望能够写自由作文以抒真情写真话，张扬自己的个性。这可以说是代表了同龄人的共同心声。

一、应试作文是主流

那么，现在的作文教学现状怎样呢？认真观察，冷静审视，其结果令人忧虑，因为现在的作文教学现状往往是应考模式的指导和训练。

据笔者调查，从农村到城市，作文教学在很大的范围内是以应试为目的，受中高考作文左右。教师担心学生作文不合中高考要求而失误，教学中放不开手脚，跳不出应试的圈子，于是唯中高考作文是从。不是根据课标要求对四大文体进行系统的作文能力指导和训练，而是将富有创造性的作文简单化、机械化。为了求考试中得分保险系数大，有的老师根据应考经验总结出一些模式。不少报刊也堂而皇之地刊登一些“作文套路”，推波助澜。于是，教师在写作指导上，不论材料作文还是其他作文，往往交给学生一些固定的套路让其按图索骥地进行操练。这种文章常常是三段式：即开篇点题，中间列举材料，最后点中心或回扣材料。由于害怕学生“标新立异”而丢分，往往不让学生大胆表露自己的真情实感，发表自己的见解，学生的思维得不到发展。同时，目前的作文教学不是从培养学生的实际能力出发，扎实抓好各年级的基本能力，而是乐于追赶当年的中高考作文，有的是今年考什么就追练什么，设计框架让学生死套，或者煞费苦心地揣摩明年中高考意向而反复入格训练，并不顾学生心里的感受，对学生今后的作文实际能力不管不顾。

二、应试作文与培养学生实际能力的矛盾

作文教学急功近利的短期行为，又演练出了新时代的“八股文”，使学生在束缚中缺乏系统的思维训练，长期这样，学生的作文怎能脱俗？这样的作文教学，必然会带来应试作文与培养学生实际能力的矛盾。

笔者并不否认应试作文是一种能力，但是，作文能力是一项综合性极强的能力，它是学生综合水平的集中体现。而应试作文能力仅仅是作文能力中的极小部分，现在的作文教学恰恰夸大了它的作用，更多的是以此代替了整体能力的培养。这样下去远没有达到课标对学生作文能力的要求，更没有达到素质教育中着眼于学生未来的要求。这就导致了急功近利的应试作文与着眼未来培养学生实际能力的矛盾。应试作文让学生在束缚中被动地写作，具有如下弊端：

（1）压抑了学生作文的兴趣。应试作文，由于以应试为目的，不顾学生的心理需要和年龄特点，使学生失去了抒真情写真意的机会，使学生完全处于被动地作文，导致其内在的因素难以起作用。时间一久，压抑于心中的厌倦情绪就会产生，对作文逐渐失去兴趣，甚至产生抵触情绪，非智力因素失去了作用，心灵的港湾很难荡起涟漪。而一旦这样，可以想象学生是以一种什么心态来对待作文，学生的作文能力能提高吗？调查中，学生对作文感兴趣的仅占36.36%，我们作为教师绝不能忽视这一现实。

（2）导致了学生写作上的“贫血症”。作文教学的结果应该使学生善写不同文体的文章；但应试作文由于目标的狭窄，文体单一，训练机械，应试功利的短期行为，忽视了学生作文能力的全面培养，导致学生往往只会写干瘪无力的应试文，一旦离开应试文，就束手无策，难于下笔。这一严重的片面性带来了学生作文中的“贫血症”，无法完成课标对作文教学的要求。

（3）扼杀了学生的创造性。作文本身就是一项创造性极强的思维活动。然而，应试作文追求一种形式上的能力，学生被老师按应考模式牵着鼻子走，进行机械性的操作。缺少自我思想和情感的体现，学生鲜活的、活泼的灵性久而久之被消磨掉。创造性思维被扼杀。这样下去，学生很难写出别具一格的好文章。

（4）助长了说假话的习气。应试指导一味突出要符合考试要求，过分强调思想健康（笔者在此并不否定思想健康，只是反对过度），致使学生在应试作文中畏手畏脚，难抒真情、说真话，总是从好的方面编造，哪怕心中不愿说而为了求稳、保险，只有违心而作。有的考题也不顾生活实际，也不管学生体验过没有，让学生进行瞎猜乱想，导致生活与作文错位。这样的作文，形式呆板，内容虚假，影响了学生良好品格的形成，给说假话提供了场地。

由于应试作文存在着以上的弊端，只有应试能力，而无全面能力的培养，这一急功近利的短期行为，只能以牺牲学生的作文素质发展或个性发展来换取眼前的考试分数，这就与核心素养着眼于个性品质的培养，极大地发挥个性潜能和创新精神相抵触。一些在写作方面的优秀学生将被压抑和埋没。这样，既使应试作文与学生自由作文的矛盾加强，更使应试作文与学生能力培养的矛盾日趋突出。

三、还原作文的本质特征

既然应试作文与培养学生实际能力存在矛盾，那我们的作文教学应该怎样走出应试作文教学的困境而全面提高作文能力，并向核心素养看齐呢？要做到这一点，笔者认为必须还原作文的本质特征。

作文，是学生语文水平的综合体现，也是语文能力最强的一种体现，正因如此，人们常从作文上去评判一个人的语文能力。语文即生活，生活即语文，要想达到这样的能力，语文教学必须是开放性的，作文教学也必须这样。应该抓住各种文体，紧扣课内课外生活，有目的有计划地进行全方位、多层次、多角度、多范围的开放性教学，力求在写作中体验，让学生成为写作的真正主人，变作文为学生内在的需要，在学生主动写作中全面培养作文能力。这样才算抓住了作文的本质特征，而不仅仅是作文的应试能力。要做到这一点，应抓好以下几个方面。

（1）解决认识问题，转变作文教学思想。

作为语文教师，应该认真审视当前的作文教学，分析弊端，主动跳出应试作文的圈子，将应试作文转变到适应核心素养的要求上来，着眼于学生未来，培养其良好的写作习惯，提高其作文的综合能力，为学生今后能够胜任各种文体的写作打下坚实的基础。如果急功近利，只盯着眼前的考试，而不顾学生的实际能力，这种教学实际上是一种短视行为。有了清醒的认识，才能转变思想，才能为正确作文观的确立和开放性作文的进行提供保证。

（2）大胆放手，把写作主动权交给学生。

教学的民主会带来学生思维空前的活跃，作文教学的民主更能激活学生的思维。因此，要大胆放手，相信学生，给他们自由宽松的写作氛围。因为纯技巧性的作文指导和训练，远不如唤起学生的表现欲望、调动学生的写作兴趣更重要。而把写作的主动权交给学生，与规定性作文结合，将学生的思维从条条框框的束缚中解放出来，满足他们创作的心理欲望，让其想说自己想说的话，这样能调动学生的写作兴趣和激发学生的写作热情。为了写好作文，学生就会主动地去阅读、观察、分析、思考、构思，将所见所闻所感真实地写出来，无矫揉造作的痕迹和瞎编乱造的虚情假意。这样写起来精神愉快，容易产生优秀作文，有助于写作能力的提高和诚挚品格的培养。

（3）采用丰富多彩的作文方式全面提高能力。

变应试模式的单一作文为丰富多彩的开放式作文。根据不同文体，做到课内作文与课外作文的结合，引导学生走进生活这个大课堂，去体验、访问、调查，积累材料，并随时写下感受，以领悟生活。同时，做到书面作文与口头作文的结合。口头作文可进行演讲、辩论、新闻发布会等形式，让学生从不同角度、不同范围中去尝试、训练，成为写作的能手。另外，组织文学社办好班报或校报，给学生提供发表的园地，使他们体验到成功感。这样，不仅能调动学生的写作积极性，而且能提高学生的口头表达能力和书面表达能力，更能多方面训练学生的思维，全方位地培养学生综合的作文能力。

（4）鼓励大胆创新，培养学生的创造性。

未来社会需要高素质的创造型和开拓型人才，也需要这样的才华横溢的写作人才。开放作文为写作能力强的学生提供了施展才华的机会，它兼顾了不同兴趣、不同个性和不同智能的需求。作为教师，要鼓励学生大胆创新，善于积极引导有独到见解的学生放开思维，将自己潜在的写作才能充分发挥出来，真正张扬自己的个性，使创造性思维得到极大的训练。

（5）处理好开放式作文与规定文的关系。

我们提倡写开放式作文，走出应试作文的困境，并不是全盘否定写规定文（包括应试作文）。规定文有自己的特点，自有其规范性、系统性和合理性，也能在一定范围内培养学生的作文能力。因此，仍然要重视规定文的指导与训练，当然不是以应试作文为主，而是以四大文体的系统训练，为落实课标对作文教学的任务起到应有的作用。但是，规定文的范围毕竟有限，能力训练也显得单一，尤其是应试作文局限了学生的思维，也就不能较好体现作文本身的特点。因此，开放式作文更好地弥补了规定文的不足，在思维训练上更具有优越性。大力提倡这种教学，对学生综合能力及适应社会能力的培养很有益处。当然，这种开放式作文并不是放任自流，仍要教师有目的地引导。只要我们分清轻重，着眼于学生的能力，合理安排开放式作文与规定文，这样既能“入格”，更能“出格”，那么我们的作文教学必将出现新的气象。

如果我们能够正视现实，看到应试作文的弊端，又能展望未来，着眼于学生的素养，进行一场作文教学的改革，那么，不久的将来，我们必将走出应试作文的困境，语文学界以将呈现出作文教学的春天——原来单一的作文园地里定会百花齐放。学生也将会以真实的能力，赢得社会的称赞。到那时，我们才能无愧地说：我尽到了一名语文教师的责任。

作文写前准备三要点

作文被称为考试的“半壁江山”，可见作文的重要地位。教学中没有谁敢放弃作文。但是作文教学的效果仍然不理想。认真反思作文教学，我们会清醒地看到作文教学中存在诸多问题，其中写作前的准备意识的忽略和写作教学过程的缺失是很重要的两个问题，更应引起我们的思考，有必要探讨。

下面仅就写作之前的准备谈三点。

观察生活，积累素材，感悟生活，是作文的一条规律，也是写作前需要准备的三个要点，以此为作文打下基础。

作文的先决条件就是要有内容可写，而观察生活和积累材料是解决“写什么”的问题，认识生活、感悟生活是解决写作内容厚度的问题。生活是“源”，写作是“流”，“源”开则“流”畅，“源”堵则“流”竭。

一、观察生活

生活广阔无垠、丰富无比，犹如一座宝库，取之不尽，用之不竭。如何让生活成为写作素材而源头活水不断？那就要依赖于观察，提高观察的质量。《全日制义务教育语文课程标准（实验稿）》明确指出：“多角度地观察生活，发现生活的丰富多彩，捕捉事物的特征。”既强调了观察的角度，又强调了观察的目的。如何在观察中培养能力呢？学生观察生活有两种类型：一是有意观察，另一种是无意观察。有意观察是带着目的性的，为了取得效果，要“授之以法”。其方法可以结合课本相关文章进行。如初中课文朱自清的《春》、老舍的《济南的冬天》，高中课文李乐薇的《我的空中楼阁》，其描写角度、方法很有特点，可以将其方法运用于生活的观察中。要让学生养成观察生活的习惯，学会全面细致的观察。全面的观察，就是既要看到事物发展的全过程，又要注意事物发展的每一个阶段；既要看到事物的正面，又要看到事物的反面；既要看到事物的过去，又要看到事物的现在；既要看到事物的本身，又要看到此事物与彼事物的联系。而细致观察，就是要注意事物发展的某个阶段以及构成事物的某个部分的细致的隐蔽的特点。

观察的另一重要方面就是要善于抓住事物的特征，即指一事物区别于他事物的个别的、特殊的地方。通过观察的训练，培养观察的意识。只要认真观察，就会有收获。清代画家郑板桥，为了揣摩竹子的特点，了解竹子的变化，他特地种了许多竹子，在不同的季节、时辰对它们进行深入细致地观察，他看到竹子在四季的形态变化："江馆清秋，晨起看竹，烟光、日影、雾气，皆活动于疏枝密叶之间，胸中勃勃，遂有画意。"这正是他留心观察生活，善于抓住竹子特征的写照，才有了"胸有成竹"之成语流传。另外，由于学生仅能有限地直接接触社会生活，所以教师还应该引导学生借助大量的、广泛的阅读间接地认识生活、丰富生活。

二、积累素材

观察的效果还在于材料的积累，素材的搜集。材料的积累，一方面包括对生活的观察、经历、体验而直接获得的内容，另一方面包括通过阅读丰富的材料（尤其是中外名著）间接获得的知识。而积累的方法在于储存，储存分内储和外储。材料的内储是指作者将直接和间接获得的生活物象和知识储存于头脑，成为今后写作的素材。材料的内储要在头脑中反复进行，以加深记忆的痕迹。如果作者对获得的材料不加以储存，不化作自己的东西，隔一段时间就可能忘掉，作文时也就会头脑空空，空虚一片，也会因为"无米"而无法"下锅"。材料的外储是指将作者直接和间接得到的材料经过筛选、分类，用卡片、摘抄、剪贴等形式进行保存。材料的外储和材料的内储互为表里，相辅相成。材料内储到一定阶段或达到一定数量会引起创作冲动。这时不仅内储的材料会活跃起来，而且外存的材料也会活化起来，二者都成为写作的有用材料。

三、感悟生活

在对客观事物的观察和积累的基础上，还要重视内在心灵的感受。如果说在写作与生活之间，观察是桥梁，那么感受与体验则是这桥梁的基石。因此，仅仅满足于表层的看得见摸得着的观察还不够，只限于材料的储备也不可能达到一定的深度，必须加强对生活的感受，把自己融入于观察中，多问几个为什么：从观察中获得了什么？有什么发现？有什么体会？有什么认识？别人怎样看？引起了你怎样的思考？从教学角度说，要注重引导学生关注自己的体验，加强内心的玩味、咀嚼，使自己的体验、积累不断地内化，使自己的认识不断地深入。这样，观察的内容就会充实、丰富，积累的材料就会活起来。这就为作文的写作奠定了坚实的基础。

《学习应讲究方法》发散导引

【训练题目】

在当今高度信息化的社会，获取知识必须在得法的前提下提高效率。针对当前不少学生学习不得法，效率不高而又对此认识不足的实际，以《学习应讲究方法》为题，写议论文。

【训练目标】

针对学生不善于思维，害怕写议论文的心理负担，就同一题目，从不同角度引导学生打开思路，写出不同的写作提纲，以此训练学生的发散思维，落实创新能力，克服畏惧议论文的心理障碍。

【指导设想】

（1）整个过程紧紧扣住发散思维，体现创造，并与口头作文结合起来，充分发挥学生的主动性和创造性。

（2）先出题让学生口头作文，然后出示题目让学生独立思考拟提纲，随后由学生交流、讨论，再由教师从另外角度引导思考，写出与之不同的提纲，最后选择一名学生，学生针对所拟提纲任选其一进行口头作文，检测其效果。

（3）课后作文，给出作文题，让学生进行发散思维训练，以达到实效。

【指导过程】

一、以口头作文导入新课

（1）教师板书苏轼的两句诗：“横看成岭侧成峰，远近高低各不同。”

（2）任选一学生上讲台针对苏轼的这两句诗进行口头作文，表达对两句诗的理解。要求：先思考一分钟，再作文。

（3）学生评点基础上，教师评价学生口头作文导入新课。

先针对学生的口头作文作评价，然后扣诗句导入本课的主题：宋代词人苏轼这两句名句，说的是庐山正面望去，高岭横空，侧面看去，却成了峭拔的奇峰。这里谈的虽然是庐山，却蕴涵了哲理，给人以理性的思考，强调了观看的角度的不同，会看到不同的美景，得到不同的结论。这两句诗让我们明白了看山是如此，写文章也是如此，不同的角度不同的思维也会带来不同的文章。可是，我们很多同学却缺乏这种思考意识。根据我们对同学们的问卷调查，接近50%的同学害怕写议论文，50%以上的同学不知道怎样写议论文。真的议论文就这么难写吗？实际上议论文并不是那么难写，产生难写的念头，其原因一方面是怕写议论文的心理因素作怪，另一方面是不知道方法，不懂得怎样去思维。今天，我们就来解决这一心理和方法难题。

二、出示训练题目

（训练题目见上）

三、出示训练目标

（训练目标见上）

四、具体操作

1. 引语

思维是人类特有的一种精神活动。而发散思维与求异思维、创造性思维是思维中最重要的内容。发散思维的特点就是从一个中心点放开，向外扩散，即从一点向四面八方作射线，去寻求要解决问题的全部可能。运用发散思维构思立意，目的在于摆脱习惯性思考，不至于造成思路僵化、阻滞和狭窄，以另辟蹊径，标新立异，追求新、奇、巧，做到“人无我有”“人有我优”。如果我们作文时，有意识地从不同角度去认识、理解，避开别人易于思考的角度，换几种角度思维，就会写出不同的文章，这样，就会避免文章的千篇一律。今天，我们就是针对《学习应讲究方法》这一题目，进行发散思维的训练。请同学们积极参与，认真思考。

2. 学生自主活动、思考

（1）学生根据要求围绕题目独立思考，快速从不同角度拟出提纲，不能重复，能写多少写多少。（学生思考、拟提纲，教师来回巡视看学生的完成情况）

（2）学生根据自己的思考主动回答。

教师根据学生的回答板书（可能会出现以下常见的思路）。

思路一：

{什么才算“学习讲究了方法”
为什么要做到“学习讲究方法”
怎样才算做到“学习讲究了方法”

思路二：

{突出不讲究学习方法的害处
强调讲究学习方法的益处

上面第一种思路：抓住了主要问题，而且思路清晰，纵向思考。只是仅从一个角度去思考，思路较为单一。

第二种思路：从对比的角度去思考。

（3）教师鼓励学生再思考，并相互交流、讨论。

（4）学生再回答。

3. 教师评价并及时引导，打开学生思路，发散学生思维

学生目前可能只从常规思维去思考，不善于从更广阔的范围去思考，使得思路阻塞。此时正需要教师及时发散思维，引导学生进一步思考。教师引导如下：“上面从纵向和正反两种思考获得的作文思路都很不错。第一种能层层深入地谈下去，层次清楚，第二种则运用了对比，态度鲜明，论述全面。但是，这两种思路往往是同学易于想到的，如果都从这两种角度去思考，所写出的作文有雷同之嫌。同学们能不能再转换一下思维，从另外角度思考，思考的范围大一点，体现新意，以避免人云亦云呢？”此时，教师要走近学生，一边点拨，一边和同学一起讨论、交流，得出如下新的思路：

思路三：横向思维。

如果我们从纵的角度去思考可以寻得一种思路，那么也可以从横的角度去思维，从几个方面分开论述，也可以获得一种新思路：

学习讲究方法{
有助于学生提高学习效率
有助于学生摸索出适宜的学习规律
有助于提高终身学习能力
有助于提高在高度信息化的社会快速获取知识的能力

这种思路的优点是：紧扣中心，分述作用，层次清楚；各要点既有相对的独立性，又与总论点有内在联系。

思路四：推理思维。

推理是思维的基本形式之一，是由一个或几个已知的判断（前提）推出新判断（结论）的过程。我们进行作文思考也可以借用这种方法获得新的思路。其推理的公式是：从甲推出乙，从乙推出丙，从丙推出丁……再回扣于甲。《学习应讲究方法》借助这一推理可以获得下面思路：

学习讲究方法，才能使学生自学能力得以提高
自学能力提高，才能更好地提高学生效率
学习效率高，才能快速获取知识
能快速地获取知识，才能适应高度信息化、知识化的社会
适应社会，才能奉献自己的才智为社会做贡献
想使自己立足信息社会并做出贡献，学习就得讲究方法

这种思路的优点是：逐层推进，一环扣一环，显得十分严密。

4. 学生即兴口头作文

要求：针对上面的写作思路，让学生任选一题即兴口头作文，然后由学生点评。

老师小结：上面从四种思路进行了思考，如果再进一步思考下去，还会获得更多的作文思路。这说明议论文并不可怕，我们可以从不同角度成文。（此处可以扣住学生的即兴作文进行）“心眼口到最为真，展卷深思能通解”。只要我们平时抛弃心理负担，乐意走近议论文，阅读广一点，用脑多一点，思考范围大一点，思路放开一点，理解深一点，练笔勤一点，修改重视一点，那么，我们笔下的一个个文字，就犹如一个个跳动的音符，通过我们活的思维，将这些音符进行最佳组合，就会谱写出一首首旋律优美的乐章。这样，我们心情舒畅，没有心理压力，自然便可做到“思路贯通构思新，左右逢源皆成文”。

五、课外作文训练

从下面的文题中任选一题，用发散思维，从不同角度拟出写作提纲，至少四个以上，然后选择一个写一篇议论文。700字左右。

① 文章最忌随人后

② 方法是打开一切知识的钥匙

灵感思维与作文创新

众里寻他千百度，蓦然回首，那人却在灯火阑珊处。

——辛弃疾

灵感往往是文学创作和科学发明的引爆剂。打开世界文学宝库，不少作品就是作家灵感思维的结果。一些科学成果，也离不开灵感思维。如光波动学创立者惠更斯从石头扔入水中荡起的涟漪中获得灵感，创立了光波概念。

马克思主义认识论认为，灵感是脑的机能，是人在创造性活动中产生的一种特殊心理现象。灵感的心理机智是大脑暂时神经系统的接通。新的信息的输入，激活过去贮存在大脑中的信息，是信息的重新组合，从而产生灵感。可以说灵感是创造性想象能力和大脑神经系统贮存信息的碰撞融合时产生的突发性飞跃及敏锐的顿悟，是一种突破，一种升华。灵感思维的本质特征在于它具有突破性的创造功能。灵感的出现，是别人无所悟而我独有所悟，是自己独有的，是不同于他人的，是新的思想火花的闪现。因此，写创新作文也要善于运用灵感思维来达到创新的目的。

我国当代作家王汶石对自己创作中产生的灵感状态作了如下描述："……忽然得到了启发（人们通常把这叫做灵感），它就像一支擦亮了的火柴投入到油库里，一切需用的生活记忆都燃烧起来，一切细节都忽然发亮，互不相关的事物，在一条红线上联系了起来，分散在各处的生活细节，向一个焦点集中凝结，在联系和集中凝结过程中，有的上前来，有的退后去，有的已消失，有的又出现，而且互相交换位置，有的从开头跑到结尾，有的从结尾跑到中腰……一篇文学作品形成了。"（王汶石《答〈文学知识〉编辑部》）突出了灵感到来时的感受及作用。

一、灵感的几个特点

（1）突发性。灵感往往是不期而至，突然来临，让人领悟，以解决原来思而未决的问题。古代谢榛在《四溟诗话》中的"尽日觅不得，有时它自来"之话，说的就是这种情形。著名美学家朱光潜先生认为，灵感“是不由自主的，有时苦心搜索而不能得到，偶然在无意之中涌上心头，希望它来时偏不来，没有期待它来时，它却蓦然出现”。著名诗人郭沫若一生写下了大量的作品，影响很大。其中，在创作《地球，我的母亲》一诗时，本来是在图书馆看书，可是，在看书的过程中，突然间受到了诗兴的袭击，一种情绪萌动了起来，于是他立即跑出图书馆，奔向图书馆后面的石子路上，脱了鞋踱来踱去，时而躺在路上，“想真切地和‘地球母亲’亲昵，去感受她的皮肤，接受她的拥抱”。(郭沫若《我的作诗的经过》) 在这突发性灵感到来的激荡、冲击下，完成了这首诗的创作。

（2）模糊性。灵感思维不同于有意识地进行的形象思维和抽象思维，灵感思维是在无意识中进行的。你希望灵感来临，但它偏不来；你没有想到它时，却往往突然闪现了，而且稍纵即逝。正因此，它所产生的某一新的念头，新的线索，新的思想并不明晰，常常使人感到模糊不清，必须紧紧抓住它，并借助于形象思维和抽象思维使之变得明确起来。

（3）情景性。灵感的产生虽然是突发性的，但它的产生往往需要一定的内外部的情景。从内部情景而言，要让人的心理处于放松状态，避免紧张。因为灵感常常产生于轻松的心理状态之下。从外部情景而言，灵感往往需要某一事物、某一语言的激发、诱导。借此刺激大脑某一领域的兴奋性，提高大脑神经活动的灵活性，从而产生灵感。如马卡连柯想写一部著作，但是，用了 13 年的时间，辛勤搜集积累了大量的材料，却难以下笔。直到作家高尔基来家作客时的一席话，才使他茅塞顿开，激发了他的灵感，于是他立即开始写作，完成了著名的《教育诗》。

（4）独创性。由于灵感是突发地到来，是出人意料的顿悟或发现，往往没有什么准备，是自己独有的，既不是头脑记忆的再现，也不是对他人思维成果的模仿，因此，灵感思维具有独创性。借助于灵感的独创性，我们可以写出创新作文。

二、作文创新借用灵感的方式

（1）激发联想、碰撞产生灵感。每个人都有一定生活经历，积累了丰富的生活素材和知识，接受了一定的思想观念。因此，当我们碰上某一件事，接触了某一种思想，看到了某一种观点，我们可以调动已有的积累和经验，进行多向的联想，类似的，接近的，相关的，相反的，因果的，等等。在这一联想过程中，通过思维的开放，多向的碰撞，诱发灵感的产生。

（2）原型诱导。这是一种以文字描述、日常用品、示意图、自然现象等作为原形，在这些原型的暗示、启发下，让灵感闪现。如美国工程师杜里埃为了将汽油雾化输入汽缸，曾经苦思冥想了很久，仍然无从下手。有一天，他忽然听到妻子用喷雾器打香水的“嗤嗤”声，使他灵感闪现，思路顿开，汽车发动机汽化器便诞生了。这正是原型启发下产生灵感的结果。奥地利作曲家舒伯特，由于家庭生活贫困，19 岁的他只能在他父亲的学校里教小学生。有一天午后，他回到自己的卧室里，顺手拿起歌德的诗作《侏儒王》读了起来，读着读着，他忽然感到有什么东西涌上了心田，跳入了脑海。所读的诗句也忽然变成了节奏、旋律，眼前的诗句越来越模糊，而脑海中的乐曲却越来越明晰，感受越来越强烈。他马上拿起笔来，抓住这灵感，很快就创作了一首名曲。

（3）头脑风暴法。营造热烈互动的氛围和重视同学间、师生间的争鸣、辩论，使不同的观点、不同的思想源源不断地撞击头脑，从而把多年积累的贮存在头脑的知识调动起来，重新组合，以触发灵感思维的闪现。因此，写创新作文，要重视进行多向讨论，使头脑不断受到撞击，以闪现更多的创新思维火花。

（4）借梦境获得启迪。即从梦中情景获得有益的“答案”，推动创新的进程。做梦并不是都能产生灵感。但是，做梦往往会闪现出创造性的灵感。做梦产生灵感，其条件一般说来，是当所思考的问题焦点不十分明确，使你到了吃不好睡不着的时候，或者是紧张后的松弛，这时在睡梦中灵感往往会来临。如著名音乐家瓦格纳创作描绘莱茵河的三部曲时，一个开场白始终没有想出来。一次他乘船过海，昼夜不能安眠。在一天午后，他在非常疲倦之下微睡，仿佛觉得自己沉在激流里面，听到流水往复澎湃的声音自成一种乐调，醒后他便根据在梦中所听到的激流声，谱写成了三部曲的开场调。

（5）冷却突爆法。在写作时，有时苦思冥想也写不出来，有时思路堵塞无从下笔，这时就不宜硬写，可以放下笔，去做做其他事，刺激一下大脑，或者找几位朋友闲谈、神侃。如此，让大脑处于松弛状态，往往会因某一事物或朋友的一句无意的话，如春风飘然而至，吹开心扉，思路顿开，灵感降临，使原来苦思冥想的问题突然解决，写作顺畅而行。这正是“水尝无华，相荡乃成涟漪；石本无火，相击而发灵光”。如苏联火箭专家库佐廖夫，为解决火箭上天的推力问题而苦恼万分，食不甘味，在与妻子的无意交谈中，妻子说：“这有何难呢，像吃面包一样，一个不够再加一个，还不够，继续增加。”他一听，茅塞顿开，马上试验，采用三节火箭捆绑在一起进行接力的办法，终于解决了火箭上天的推力难题。

（6）紧张思考激发。灵感有时会在大脑放松的情况下突然闪现。但有时也会在紧急的情况下，不自觉地调动自己的记忆能力、想象能力，从而爆发出灵感来。清朝才子纪晓岚曾为乾隆皇帝的扇子题词。题的是王之涣的《凉州词》："黄河远上白云间，一片孤城万仞山，羌笛何须怨杨柳，春风不度玉门关。"当时乾隆皇帝接过题扇一看，生气地"啊"了一声。纪晓岚闻声急忙上前细看，不看不知道，一看吓出了一身冷汗，原来所题的词掉了一个"间"字。怎么办？这是欺君之罪。在这关系生死的紧急关头，迫使自己快速思考，突然灵感降临，使他找到了应对的办法，度过了危难。原来，灵感使他在原词上加了几个句读，戏剧性地创造了一首新词：

黄河远上，白云一片，孤城万仞山。
羌笛何须怨，杨柳春风，不度玉门关。

这一紧张时的思考，灵感的闪现，使纪晓岚不但度过了危难，而且创造性地改造了一首诗歌。这启示我们：在写作时也要善于捕捉紧张情况下的灵感，以获得新的思维。

三、借用"灵感"写创新作文应注意的几个问题

（1）要重视积累，勤奋思考。俄国艺术家柴可夫斯基说："灵感是这样一位客人，他不爱拜访懒惰者。"我国著名数学家华罗庚也说过："科学的灵感，绝不是坐等可以等来的……'偶然的机遇'，只能给那些有素养的人，给那些有独立思考的人，给那些具有锲而不舍精神的人，而不会给懒汉。"我国著名作家张天翼在《创作的故事》里谈过自己追寻灵感的一个过程。听说创作要有灵感，于是他什么也不想，坐等灵感的到来。有一次听说某位作家喝酒诱发了灵感，于是他也喝了酒，但是，喝得头昏脑涨也无灵感的光临，只得上床睡觉。后来又听说某位作家在郊外大自然的环境中有了创作的冲动，于是带了纸笔到郊外去，但是，依然不见灵感的踪影。只好静下心来，勤奋学习，反复练习，加强积累，不断思考和总结。这样，创作冲动的"灵感"反而悄无声息地来临，并由此而获得了创作的成功。鲁迅创作《阿Q正传》后曾说："阿Q的影象，在我心目中似乎确已有了好几年，但我一向毫无写出来的意思，经这一提，忽然想起来了。晚上便写了一点。"（鲁迅《阿Q正传的成因》）这里的"忽然想起

来了”正是“灵感”的降临的体现，而这一“灵感”的来临，正是基于“阿 Q”的“影象”在心目中已有了“好几年”，才能水到渠成地从脑海中跳跃出一个活生生的“阿 Q”形象来。以上都正好说明了多积累、勤思考对于“灵感”的重要性。作为学生，就应该有意识地做到这一点，为作文创新打下基础。

（2）让思维处于开放状态，善于接纳各种信息，促进灵感的产生。人的思维本身是一个开放的系统，只是人们往往人为地将自己的思维封闭起来，堵塞了滚滚而来的外界信息，使灵感的产生大大降低。因此，我们要有意识地将思维开放，既要多方接纳各学科的知识，丰富自己，也要善于将大自然的妩媚春光、嫩草青青、映日荷花、连绵秋雨、落叶萧萧等纳入思维之中，同时，思维还应向社会开放，接纳广阔的社会信息。这样，使灵感从开放的思维中产生。如世界光波动学创立者惠更斯仅从石头扔入水中就获得了灵感，从而创立了光波概念。如果他思维不是处于开放状态，而是处于封闭情形之下，是很难有这一成就的。

（3）有了灵感必须及时抓住，跟踪捕捉，避免稍纵即逝。苏东坡曾说：“作诗火速追亡逋，情景一失后难摹。”说明及时捕捉的重要。因此，平时注意准备一个随身笔记本，灵感的出现及时记下。古往今来不少作家都做到了这一点。唐代诗人李贺常随身携带“锦囊”，灵感的火花一旦闪现，就可立即写下来，并进一步追踪。他写的诗往往具有独立性，不落前人窠臼。他的“黑云压城城欲摧，甲光向日金鳞开”（《雁门太守行》）就是千古传诵的名句。北宋著名诗人梅尧臣同诗人李贺一样，每次外出游玩或会亲访友，总是随身带着一个布做的袋子，突然想到什么好的句子，就马上写在纸条上，投入袋中。他的《鲁山山行》一诗就是和诗友游鲁山时，在灵感突然到来下及时捕捉下完成的：“适与野情惬，千山高复底。好峰随处改，幽径独行迷。霜落熊升树，林空鹿饮溪。人家在何许？云外一声鸡。”这首诗把晚秋的鲁山美丽寂静的景色，写得十分生动，得到了诗友们的一致赞扬，每个诗友还抄了一首，作为这次游山的纪念。明代戏曲家汤显祖在自己的住宅里多处放置笔砚，连鸡窝猪栏旁也不例外。诗人郭沫若在晚上睡觉时一时灵感涌现，及时捕捉，便伏在枕头上用铅笔飞快地写，哪怕全身冰凉，牙齿打战也不顾及，由此创作了著名的《凤凰涅槃》一诗。

灵感在创造性活动中具有重要作用，在作文出新中也同样具有不可低估的作用。它虽然行踪难觅，但并不是可遇而不可求的。只要你加强知识的学习，勤勉的积累，注重思考和探求，灵感就会来叩击你的心扉。

在作文教学中，让学生了解一下灵感思维的特点和在写作中的价值，于作文是大有裨益的。

从独特构思看如何写人

写人，是作文中谈不完的话题，学生写人的频率也是最高的。因为，在生活中，无论是在家里，还是在学校，学生每时每刻都在与人接触、打交道，都在接触、打交道过程中认识人、了解人、感悟人。但是，真正将生活中的人物写好的作文不多，即使是经常见面、接触的人，也难以在笔下鲜活起来，特点没有，个性不明显，角度不新颖，也难以让人感动。这是学生写作中的困惑，也是教师感到不易突破的地方。

如何写好人？尤其是如何写好自己熟悉的人？下面结合自己学生写的《父亲的那座山》一文，谈谈如何写好自己熟悉的人。文章如下。

父亲的那座山

熊明国

我从山里走来。在那遥远而贫瘠的山区，茫茫的天空下，横卧着几个古老的小村。每当夕阳西下，那层层叠叠的山呵，便将一座座小土屋房顶上袅袅的炊烟，将那牛背上牧童悠悠的柳哨声，扯得好远好远。小时候，父亲常常牵着我的手，一路讲着动人的故事……

读山，便是读父亲。

小时候我最爱做的梦是山的梦。父亲说，牙牙学语的时候，我悄悄溜出父亲的臂弯，磕磕绊绊地蹒跚在大山的小路上，可是从来没有走出父亲的那双眼睛。当我玩累了，父亲就大步走过来，双手抱起我，亲昵地吻我，用硬硬的胡子蜇我，痒痒的煞人。这时，我就会温顺地偎依在父亲的怀里撒娇："爸爸，那是什么？""是山。""山那边是什么？""是天空。""天空下面又是什么？""又是山。""大吗？""大哩。"……我用两只手卷起来，捂住嘴学着父亲粗犷雄浑的声音向着山说："大——哩——"

读山，便是读父亲。

在我的记忆里，农村的生活是呆板而平淡的，农村的生活是苦的，紧的。

每天早晨，父亲一声如雷般的吆牛声惊醒了太阳，迎着那火红的血球走向田野，走出一幅希望的风景；每天黄昏，父亲的锄锹磕碰硬土块的声音溅出了星星，惊起月亮，父亲才踏着黄昏的脚步，扛着那银白的弯钩犁铧走向村庄。本应是疲惫的，但父亲却没有一点倦意，尽管父亲脸上的皱纹如一座座有沟有壑的山脉。

读山，便是读父亲。

岁月悠悠，往事如烟，童年在父亲的甘露滋润下遥遥远逝。我长大了，要到山外面去，因为有一个更为广阔的天空更丰富的世界等待我去了解，去探索。送我启程那天，父亲紧握着我的手说："孩子你去吧，我等着你干大事业……"走过一道道山梁，父亲把我送出了山的怀抱。当我转身向父亲道别时，我望见父亲高大的身躯站成一座山的雕塑，那慈爱的目光变成父亲给我永久的期待。

读山，便是读父亲。

山的希望是容易满足的，父亲的希望也是容易满足的。那年冬天，父亲送衣服来,他瑟瑟地站在每块砖头都洋溢着现代化气息的省重点中学的校园门口，我对着我的那些浑身都洋溢着现代化气息的老师和同学们理直气壮地宣告：这是我的父亲。父亲回去后便心满意足地痛痛快快地哭了，一颗颗晶莹的泪珠在昏黄的灯光下，折射出他的大半辈子艰辛，大半辈子或忧或喜或悲或乐或苦或甜的记忆。大半辈子山里人的幸福……

读山，便是读父亲。

我从山里来，是山赋予我一颗心灵，是山给我风骨支起一个生命，是山给我灵性造就一种性格。读山，便是读山的目光，山的气质，山的情怀，山的希冀。

啊！读山，便是读父亲。

这是一篇写父亲的文章，写父亲的文章并不少见，而一般写父亲，多是通过父亲的一件或几件事的记叙来表达作者的感情，常给人雷同之嫌而缺新意。但本文不一样的构思，不一样的视角，却能给人耳目一新之感。读后给人以启迪，让人产生强烈的共鸣。父亲的形象不仅在作者的心中高大起来，而且也让读者感动。

为什么能达到这一效果呢？下面结合文章作一探讨。

（1）捕捉感动：善于从身边的真切体验中去挖掘写作素材。

要写好熟悉的父亲，写出特点，应在众多的小事里面、家事里面，去筛选、挖掘司空见惯的那一个动作、那一个眼神、那一个对话、那一个无言中的忧虑，去挖掘生活窘迫下那一种坚持的精神，去捕捉那份感动，去尽力体味父亲所给你的一切，从而去提取所要表现的内容。

《父亲的那座山》一文是怎样触动作者的呢？该文作者从小生活在农村。出生前，家中遇大火，全家住进了岩洞。作者出生后从小就感受到了父母的辛劳。父母坚强的品德，父母吃苦耐劳的精神以及父母从小对他的关爱，深深地刻印在他的心中。高中到县城求学，在各方面尤其在生活上表现出了与城里同学的差距。有一次，与城里同学谈天中，同学们谈到了自己家庭情况，谈到了父母在生活上的照顾，在零花钱上的慷慨。谈到了对父母的看法。在一旁没有炫耀自己家庭资本的作者，在同学们的谈论中，突然撞击了自己的心灵，激发了灵感：我们家虽然经济不富有，但精神是富有的，父母给予我的是金钱无法衡量的，是城里学生无法拥有的。父亲的形象又浮现在脑海中，对父亲又有了独特而深刻的认识，由此产生了写作的冲动，于是决定写下本文。这就是作者在真实的体味中感受到的不一样的“父亲”，作者捕捉住了那份情感，那份感动，存于胸不得不写。

（2）巧妙构思：找准“父亲”情感寄托物——山。

有了材料，有了感动，并不一定成为好文章。还必须思考如何选材和构思，避免与他人雷同。

《父亲的那座山》一文的成功是避开了一般选材及写法，不落窠臼，将对父亲浓浓的真挚的情感蕴含于巧妙的构思之中，体现出三个特点。

第一，文章安排上跳出了时间、空间的限制，并不按一般记叙文那样记叙一件或几件完整的事，而是根据表达的需要，选取几个印象深刻的片断，采用跳跃的形式，使情感随文字流动自然倾泻出来。

第二，找到了感情的寄托物——山，并赋予山特殊的含义。山，博大、沉稳，蕴含丰富的内容，给人以力量、智慧，可以塑造人的性格。而“父亲”正是那蕴含丰富、博大的山。“读山，便是读父亲”，这样就巧妙地将“父亲”与“山”有机统一起来。正是父亲的“那座山”给了“我”生命的源泉，也是“我”成长的摇篮，同时也造就了“我”的性格。在这里，父亲给“我”的是多方面的，因此，才有了“父亲那座山”的感受。

第三，对父亲，不是简单地看，也不是简单地忆，而是“我”要“读”。着一“读”字，情感深沉又恰到好处，强过了其他赞美之词语。因为只有“读”才能深悟到父亲的爱，唯有“读”才能体会出“父亲如沟如壑”的内涵。正基于此，文中主要从四个角度“读”出了“父亲”丰富的内涵，对父亲热爱之情也蕴含其中。

（3）以线连珠：串起情感波澜。

文章成功的另一原因是内容散而不乱。文中以“读山，便是读父亲”一句反复运用，既串起了变化的内容，强化了感情，又在结构上显得条理清楚，结尾再次强调既照应了题目，呼应了全文，又给人深沉的回味，情感的共鸣。

由上面揭示可看出，本文选材精当，构思新颖独特，给人以情的感染，理性的思考。从中给我们作文以启示：只有真切体味才能找好抒写点，只有情才能感人，而唯有独特的构思表现情，才能辟出一条新道，走向成功。

让“情”与“理”融进文中

文章总是用来表达作者的心声，抒写作者情感的。但是好的文章仅仅停留在这一点往往是不够的，尤其是散文，还要适当的理性介入，让文章具有情理之美。请看下面的文章。

别了，小屋

已经是春天了，尽管枝头还没有发芽，种子还没有播种，尽管冬天还没有走远，雪正纷纷地下着……

“那一夜/我留下/所有的梦/不带走一片云彩/只把一口琴/伴后来的苦旅……”

他默默地念着，这是相册扉页上的几句话。其实，他所知道的，后来的苦旅就是告别所有的梦！

梦什么？

梦是什么？

梦是那些情思，那些赤诚，那些睿智，那些相逢在遥远的冬季的纯真和爱意；

也有阴郁，也有烦恼，也有苦楚，也有酸痛。绝望和展望的姿势一样优美。

告别小屋，就犹如告别心中的恋土，情愫怎么能呢？“把兕者/读了又读/把色调/润了又润/抑不住心海的涌动/思绪在礁石上撞击出火花。”

小屋前方那点黛绿的山峦，虽无万丈，却也高。他曾经想过，要展现在眼前么？“既然昔日夙愿/已在蹉砣中消失/既然告别/将这蹉砣的岁月灌溉/我情愿/化作一枚大头针/来修补那片空白的帆樯。”

本来还可以缱绻在秉性的躯壳里栖息、沉睡，或者伫立门楣前凝望蓝天的纸，咀酸酸的梅子；但我深知：沉睡久了躯壳会成窠臼而被禁锢于桎梏里，蓝天的纸鸢是山外小男孩的，不是永远的幸福，酸酸的梅子亦会萌动不安的和谐和甘美。

梦是美；

告别也是美。

该知道，告别小屋是美好的。

他微微一怔。

可你/毕竟/要长大。他双眉频蹙，怦然心动。冬不拉的木屐声也遽然响起。

静静地/望着/夜色的小屋/孤独的身影/我轻轻地/吹起了/口琴。眼睛里的热泪涌出，才发觉青春的韶华有些炽热。

于是可以去看渠江岸畔无帆的乌篷船，去哼嘉陵江的川江号子，去听凤凰山如歌如泣的啁啾……喝醉了六月的夕阳，也不再苦恼在小屋里兀自徘徊。

哦！别了，我的小屋。

“文章不是无情物”。一篇文章自然离不开“情”字，唯有“情”贯穿，才能更好地感染读者。

《别了，小屋》是我学生熊明国的一篇文章，他恰当地选取了一个抒发感情的寄托物——“小屋”，将自己的情愫笼罩在文中。文中的“梦”“小屋”无不打上作者的情感色彩。“小屋”是心中的“恋土”，一旦别离，自然不是滋味。“把跫音/读了又读/把色调/润了又润/抑不住心海的涌动/思绪在礁石上撞出火花。” 这就是“情”，“情”体现在对“小屋”的依恋，对“小屋”的不舍。这种对“小屋”的恋情随文字的跳动体现了出来，显得实在、具体、丰满。

如果作者只停留在“依恋”“不舍”的情感上，那文章的效果就会大打折扣。本文另一可贵之处就在于情感的宣泄并不是无法控制的，没有被“告别”的恋情左右而失去深沉的思索，而是在文中蕴含着丰富的内容，寄寓一种哲理的思考。“小屋”虽然是美得难别的，但生活中不可能永远受其约束。因为人“毕竟要长大”，并借助“纸鸢”“梅子”等物象来具体托其志：要长大，就应该勇于告别狭窄的小天地，到外面去，到广阔的天地里，接触更多更大的世界，获得更为丰富的东西，使自己自由成长。因此“告别也是美”。

文章将“情”“理”融合，情中蕴理，理中含情，因“情”，使文章有血有肉；因“理”，使文章得以升华。

考场作文急救措施

考场作文，由于特殊的时间空间、特殊的文题，往往会出现各种危机，从而影响考生情绪而无法成文。遇到危机时，必须采取相应的措施加以急救，避免不必要的失误。下面对考场上易出现的危机及措施谈点拙见。

危机一：偏离题意。

措施：对症下药。

在行文过程中突然发现了所写内容偏离了题意以后，切忌慌张，越紧张越不能控制情绪，也就无法静心修改。遇到这种情况，首先必须冷静，然后检查一下是哪里偏离，为什么偏离。弄清原因后就可对症下药。如果是内容不全，顾此失彼，就应该立即补上该写的内容。如《雨·苗·草》一文，假若只写了“雨”和“苗”两个方面，而忽略了“草”的论述，及时发现后就应该在“雨”和“苗”后面的地方补上一两段，阐明“草”与“雨”“苗”的关系，使之完整，不必做大的调整。如果所写的内容的部分与中心无关，就应立即把偏离的部分删去，不要犹豫。随后赶紧补充与中心密切相关的内容。如果是审题失误，内容不合文题要求，就应该果断全部删去，抓紧时间，结合自己易写的方面，重新快速写作，尽力弥补。

危机二：题目出现在自己的“短处”。

措施：扬长避短，发挥优势。

人有所长，也有所短，一个考生总会在写作方面存在着这样那样的“短处”。有的擅长议论、说明，但描写、叙述能力较弱；有的记叙、描写能力强，但议论能力较差；有的阅读范围较窄，搜集的材料不多，等等。而考试题偏偏出在自己的“短处”上。遇到这种情况，也不必惊慌，要善于应变，仔细思考，尽量扬己之长，避己之短，发挥自己的优势。要选用自己熟悉的材料和结构。具体写作时，如果擅长议论的应试者遇到记叙文时，就应争取在记叙的过程中阐发一些画龙点睛的议论，给人以哲理的思考，使文章中心升华，以博取阅卷者的青睐，提高作文等级。如果是擅长记叙的遇到写议论文时，就应采用事实论证法，在概述事实论据时，充分发挥自己的记叙优势，尽力露巧藏拙。如果是遇到分别写一篇记叙文和一篇议论文时，擅长记叙的就应多在记叙文上下功夫，擅长议论则在议论文上下功夫，以争取高分。如果擅长描写的遇到写说明文时，就应采用形象的语言介绍，写成文艺性说明文。如果是没有规定文体的作文，那就选择自己熟悉的文本而写。如果遇到写议论文而苦于无材料时，就应从所学课文中提取相应材料运用进去，尽力弥补现实材料的不足。

除以上外，发挥优势还体现在，你若能写一手漂亮的字，就要以书写美观和卷面整洁取胜；如果语言上易出现病句，就应多用短句，以避其不足；如果掌握的名言警句多，写议论文时则多用引证法，以增强文章的力量和深度。

危机三：思考角度定向而卡壳致紧张。

措施：曲径通幽。

应试中，有的考生往往会定向于某一角度的思考，但始终想不出头绪来，卡了壳，此时心理紧张。遇到这种情况 ，应随机应变，曲径通幽，采取迂回战术，绕道而行，放弃原有的角度，另求门路。这个角度不行，那个角度行；这种材料没有，那种材料有。只要多渠道变换，总会出现“柳暗花明”的境地。

危机四：作文未完而时间将到。

措施：调整原有的写作程序。

有的考生对时间的分配不合理，或者犹豫不决而拖延了时间，致使考试时间逼近而作文却未写完，有的因此只好写半截就带着遗憾交卷，致使分数下跌。遇到下列情况，要采取相应的急救措施。第一，在打草稿中，由于举棋不定而拖延了时间，且离终场时间又很近时，必须抓住战机，果断停止打草稿，稍加思考按腹稿快速拉通成文，使之按时成篇。第二，如果因审题立意、列提纲花去了大量时间而正文未写，考试时间又将结束时，就应该抢时间，按照已拟就的提纲，缩减材料，减少容量，采用粗线条成文，后面快速用一两句结尾，虽然内容不够充实，但能保证思路的清晰、整篇文章头、中、尾的完整性。

危机五：考试中做试卷前面的题花了大部分时间，眼看考场时间不多，手忙脚乱而不知如何开头结尾。

措施：单刀直入，戛然而止。

先谈谈开头。高尔基说："最难的是开始，就是第一句话，如同音乐上第一次定调一样，全曲的音调都是它给予的。"说明了开头的重要性，考场作文的开头，更应让人一见就心喜以显示考生迅速切题和精当表达的能力。开头方式多样，但在考试中遇到时间紧张应采取什么办法最好呢？应在立意基础上，果断采用"开门见山，直接入题"（即单刀直入法）的方法，不能去绕弯子。因为开门见山能快速涉及文章的主体部分。是记叙文就应将主要人物或事件点出，如有一篇文章题为《我的好朋友》，它的开头是："我的好朋友郑小川，矮矮的个子，圆圆的脸，那双水灵灵的大眼睛，闪烁着快乐机灵的光芒。"一下笔就触及到要写的人物，给人印象。如果是议论文就应立即点出中心论点，如毛泽东同志的《改造我们的学习》开头："我主张将我们全党的学习方法和学习制度改造一下。"直接进入正题，开笔就让人知道论述的中心。如果是写说明文，就应落笔点出介绍的对象。总之，不论何种文体，在时间紧张的情况下，单刀直入法都适用且能节约时间，切忌啰嗦地复述材料，更不能不着边际地乱扯。

再谈结尾。结尾是文章不可缺少的组成部分，犹如赛跑的最后冲刺，若随随便便，掉以轻心，就可能功亏一篑，若全力以赴，跑好最后一程，就会取得好的成绩。评卷中，评判作文的标准之一就是看"结构是否完整"，考场中由于没有把握好时间无法结尾而失分情况是常见的。那么，如何在即将终场的时间快速结尾呢？最好的办法是赶快结束中间部分的内容转入结束全文，下笔要干净利落，戛然而止，切忌拖沓。如记叙文《一道难题》的结尾：

草稿纸在写字台上一张一张地堆放着，我还是不停地用圆规和直尺画着图。画着想着，想着画着，想着画着……呵，原来关键在这里！我终于攻下了这道几何难题。我伸伸腰，看看时钟，那长短针刚重合在 12 上。

这一结尾事完即止，不再添尾巴，构成自然作结，显得干净利落。这种结尾简单、方便。

如果是议论文，就可回应一下标题或中心论点。如《骄必败》一文的结尾：所以说：骄必败。可以说是非常干净利落的。这种戛然而止的方法既易做到又保持结构的完整，是在紧急情况下快速收尾的常用方法。

总之，考场上，不管时间多紧，宁愿删减中间部分材料，也一定要完成结尾，以保持结构的完整性，不要给自己留下一个永久的遗憾。

课例点评篇

教师需要专业成长，促进教师专业成长因素很多，其中最重要的就是在观课中学习，在观课中思考，在议课中进步。不少老师由于条件限制，无法更多看到名师现场课，而弥补这一缺陷的最好途径就是揣摩名师课堂实录，看看同行的评点，从中去感悟，去体会，去对话，去比照反思，从而提升自己教学能力，升华自己的教学境界。这里选的课例有一定的代表性。从地域上看，有北京的、浙江的、江苏的、四川的；从涉及的文体看，有记叙文（散文）、议论文、说明文、童话；从教学视角看，有抓关键句突破的、有抓关键词突破的、有批判性阅读的、有训练想象的、有生活化渗透的；从授课者身份看，有大学教授、中学正高级教师、特级教师、教研员。从这里大家可获得丰富而多层面的思考。

优化教学路径，共生教学智慧

——四川师大李华平教授《老王》教学实录及点评

李华平教授是一位善于思考和勇于实践的人，他的课有其自身的特点。《老王》这堂课看点很多，让我们一起走进他的思想，揣摩他的教学艺术，感悟他的课堂灵性。

【课堂实录呈现】

《老王》课堂实录

四川师大教授　李华平

一、检查预习，探测学情

（师生问好）

师： 今天我们学习杨绛先生的《老王》。同学们课前都预习过吗？

生：（众）预习过。

师： 你们怎么预习的？

生 1： 我是先把课文看几遍，然后再把一些不认识的字注音。其实就是熟悉课文。

师： 哦，熟悉课文，把生字勾出来并注音。你有什么字认不得？

生 2： 我觉得是那个伛（yǔ）。

师： 伛，几声啊？

生 2： 三声。

师： 哦，三声，这个你把它勾出来了，非常好的习惯。

生 3： 我就是先把课文看了几遍，然后再把内容理解了。

师：哦，读课文，理解内容，你做了这么多事情。理解什么内容了？

生 3：理解了文中的老王十分平凡，做的这些事却让我十分感动。

生 4：我看了课文前方框里面的要求以及课后习题。

师：哦，课文前的要求、课后的习题都看了，这个习惯很好。还有么？除此以外，还做了什么事情？

生 5：我先是看文学常识。本文的作者是杨绛，她的著名作品是《我们仨》，她的丈夫是钱钟书。

师：哦，钱钟书，钱钟书是谁？知道不？

生 5：就是杨绛的丈夫。

（众生笑）

师：知道钱钟书有个著名的作品是什么？

生：（众）《围城》。

师：好吧，我们一块儿看一看有关杨绛的比较全面的介绍。

（ppt 显示杨绛、钱钟书一家三口的照片，以及杨绛的生卒年，对其作简单介绍）

师：同学们觉得这个课文好懂不好懂？

生：（众）好懂。

师：认为好懂的请举手。

（大部分学生举手）

师：哦。这么多同学都认为好懂。认为不好懂的请举手。

（少部分学生举手）

师：（面向一个举手的学生）你读了几遍？

生 6：三遍。

师：三遍？你读了三遍还没读懂。你还有什么没读懂？

生 6：不知道老王为什么有一颗金子般的心。

师：有没有同学能帮他解释一下？他不知道老王为什么有一颗金子般的心。

生 7：老王是一个善良的人。

师：哦，这个金子般的心是指老王心地善良。好，请同学们在旁边批注一下。看来同学们还是挺懂的啊。

二、拈精撮要，暴露矛盾

师：那么，同学们觉得，要读懂这一篇文本，哪一句话特别重要？

生 1：我认为，在最后一个自然段，“那是一个幸运的人对一个不幸者的愧怍。”

师：找到这句话的请举手。

（众生举手）

师：大家挺不错的嘛。那么，这个句子和文本的其他句子在表达上有什么不同？位置上又有什么特点？

生：这篇文章前面几乎都是叙述，只有这个句子是议论句，而且位置在文末。

师：所以这句话最关键。看来，同学们很会读书，很善于抓关键。我们一般将这样的话称为什么句呢？

生：（齐）中心句。

师：非常好，请同学们在旁边做好笔记，“中心句”。我们读一个文本，常常抓住这样一个中心句就能够迅速地从整体上把握这个文本。大家把这句话读一遍。预备，起！

生：（齐读）那是一个幸运的人，对一个不幸者的愧怍。

师：看来同学们抓取关键句的能力非常强。学习就要善于抓住这些关键地方。现在同学们已经抓住了这句话，但是要理解这个句子却不是那么容易的。这个关键句里面，需要我们理解的关键词有几个？

生：三个。“幸运的人”“不幸者”“愧怍”。

师：一个是“幸运”，一个是“不幸”，一个是“愧怍”。好，同学们把这三个词圈出来。好！（ppt 显示关键词：“愧怍”一词）我们先看“愧怍”，是什么意思？

生：（众）惭愧。

师：下面注释里有是不是？惭愧的意思。我们平常惭愧过没有？

生：（众）惭愧过。

师：惭愧过，你在什么时候惭愧过？

生 2：冤枉了别人的时候。

生 3：逃脱了跟别人的约定。

师：哦，失约了，这个时候感到惭愧。总的来说是理亏的时候惭愧。还有什么时候惭愧呢？（众生：做了错事）哦！做了错事会惭愧。说得非常好，在旁边注明。

“愧怍”往往是指我们理亏的时候，做了错事的时候的惭愧。刚才我们是用生活经验来理解词语含义。这是非常重要的一种阅读方法。

我们接着看。这个“愧怍”在文本当中有个地方也解释了。大家看看是哪个地方解释的？我看看谁动作快？

生 4： 我觉得是这一句，“但不知为什么，每想起老王，总觉得心上不安”。

师： 最重要的是哪个词？

生 4： 心上不安。

师： 哦，“心上不安”。找到这一句的请举手。（不少同学举手）哦，挺好，我们班同学特别能干。现在我们对“愧怍”这个词的理解更加完整了。“愧怍”的解释就是惭愧，是在理亏时候、做了错事时候的心上不安。大家做得非常好，是把这个词语放到具体文本里理解。

我们继续看。（ppt 显示关键词：幸运？不幸？）“幸运”，“不幸”，这两个词好不好理解？什么叫“幸运”呢？

生 5： 我认为“幸运”应该是指生活上比较闲适，比较富裕。

师： 那“不幸”呢？

生： 命运多舛。

师： 在文章当中，“幸运”指谁啊？

生：（众） “我”。

师：“我”是谁啊？

生：（众）杨绛。

师：“不幸”是谁啊？

生：（众）老王。

师： 那同学们请看看，写老王“不幸”的是哪些自然段？

生：（众）二、三、四段。

师： 好，咱们在旁边批注上“不幸”。那么，老王到底有哪些不幸呢？可以概括为哪些方面呢？

生：（众）四个方面。

师： 第一个方面，生理上——

生：（众）有残疾。

师： 第二个，生活上——

生：（众）靠着活命的只有一辆破旧的三轮车。

师：再一个呢？

生：（众）孤苦无依。

师：再一个方面呢？

生：是个单干户，一个人干，没有人跟他一起干，没有组织。

师：这二、三、四段是写老王的不幸。好，一起读一遍，然后我们再来理解老王的不幸。"据老王自己讲"，起——

（生齐读第二、三、四段）

师：好，请同学们再回过头来看。"愧怍"就是"惭愧"，是指理亏、做了对不起别人的事儿而感到不安。但刚才同学们也说了，老王的"不幸"是什么呢？他有残疾，无生活来源，无亲人，无组织。

请同学注意，这里有了问题，出现了矛盾。发现什么问题没有？发现问题的请举手。

（无生举手）

师：作者说，"那是一个幸运的人对一个不幸者的愧怍"。请问，老王瞎了一只眼和"我"有什么关系？他的眼是"我"给戳瞎的么？（众生笑，摇头）不是！那"我"为什么要愧怍呢？

老王生活没有着落，是"我"造成的吗？（众生摇头）不是。那为什么也要愧怍呢？

老王没有亲人，是"我"造成的吗？（众生摇头）不是！那为什么"我"要愧怍呢？

老王是单干户，没有组织，是"我"造成的吗？（众生摇头）不是！那为什么"我"要愧怍呢？

发现问题没有？（众生重重地点头）发现了。像老王的那种情形，残疾，无生活来源，没有亲人，没有组织，当我们面对这样的时候，一般会是什么样的感情呢？

生：（众）同情。

师：是啊，我们都会同情的，我也会心生同情。一个正常人，面对老王的处境，内心深处的感情都应该是同情。但是作者却在文本末尾说，"那是一个幸运的人对一个不幸者的愧怍"。"愧怍"我们理解了，是因为理亏、做了错事而惭愧，心里不安。那很明显，上面所说这些方面都不是"我"造成的，我就不应该因此而惭愧，而心上不安。

（众生点头）

师： 由此可见，这一个句子里面的“不幸”，就不是我们刚才理解的那个层面的意思，而是另外一个层面的意思。老王的“不幸”到底跟“我”有什么相关？跟“我”相关的“不幸”，“我”才会“愧怍”。我们再把这句话重读一遍，预备，起——

生：（齐读）“那是一个幸运的人对一个不幸者的愧怍。”

师： 再读一遍。

生：（再齐读）“那是一个幸运的人对一个不幸者的愧怍”。

三、传授方法，解决问题

师： 请注意，我们理解一个关键句子里面的某一个词语，一定要把这个词放到句子当中来理解，正所谓“词不离句”。请在旁边做好批注——“词不离句”。理解这一个“不幸”，应是文本当中的理解，而不是一般意义上的我们所理解的那样去理解，一定要放到这个句子里面。“不幸”对应的词——

生：（众）“幸运”。

师： 好，这就是我们理解这个词的思路。就是说，要理解这个“不幸”，就要理解这个“幸运”。反过来，要理解这个“幸运”，也就要理解这个“不幸”。现在回过头来看，“我”的“幸运”是谁给予的呢？

生：（众）老王。

师： 那老王的“不幸”又是谁给予的呢？

生：（众）“我”。

师： 对了，也只有这样，“我”才能够说得上对老王愧怍。

现在思考一下，老王做了哪些让“我”感到幸运的事儿呢？找一下，并在旁边做好批注。

（众生读书，批注）

师： 前后左右交流一下，看看老王有哪几件让“我”感到幸运的事？同学们交流交流。学会合作，学会交流。主动交流。

（学生前后左右交流讨论）

师： 好，给大家说一下，老王有哪些事情让“我”感到幸运？

生 1： 送冰价格减半。

师： 请同学们在旁边做好记录，“送冰价钱减半”。老王他没有生活来源，靠着活命的就是一辆破旧的三轮车，从这个意义上说，老王缺钱。但是他给我送冰，却价钱减半。这就怪了。这是第一件事。还有哪些方面让“我”感到“幸运”呢？

生 2： 老王帮我把丈夫送去医院。

师： 哦，送默存，也就是送我的丈夫去医院。

生 2： 还有，不要钱。

师： 哦，还不要钱，送“我”丈夫上医院不要钱。在旁白做好批注。刚才我们已经明白了，老王他最缺钱。但是送“我”丈夫上医院却不要钱。这个事情就怪了。再继续看，还有没有其他事情让我感到“幸运”？

生 3： 还有给我们家送鸡蛋和香油。

师： 哦，送鸡蛋、送香油。同样，你们在旁边做好批注。送鸡蛋送香油依然不要钱。一个最差钱的人，他面对“我”，却不要钱，所以让我感到怎么样？（生齐：幸运）“幸运”，非常好。请注意哟，老王送香油、送鸡蛋是在他什么时候？

生：（众）临死。

师： 临死的时候，送香油、送鸡蛋给我们。香油和鸡蛋在我们现在算不了什么，但老王却非常——

生 4： 老王本身非常贫穷。却送了一大袋鸡蛋……

师： 你觉得这鸡蛋是怎么来的？

生 4： 老王攒了很久的钱才买来的。

师： 你这是推断出来的，非常好。鸡蛋、香油是老王攒了很久的钱买来的。在他临死的时候送给“我”，所以让“我”感到了“幸运”。

请同学们继续思考，那为什么说老王就“不幸”呢？这个问题有点难度。为什么从老王的角度，就是“不幸”呢？也就是“我”做了什么对不起老王的事情？

（一生高高举手）

师： 哦，你找到了？这么快？先稍等等，稍等等，看看其他同学找到没有？

（众生翻书，凝神）

师： 好，前后左右交流一下，学会合作、学会交流，主动合作、主动交流。“我”有哪些方面对不起老王？

（众生交流讨论）

师： 好，你最先举手，你说。

生5：哦，我觉得，文章的最后一段有揭示出来。她说，“因为他来表示感谢，我却拿钱去侮辱他”。

师：哦，你觉得是“我”拿钱侮辱了他。但是请你注意，文本中是怎么说的？“因为吃了他的香油和鸡蛋？因为他来表示感谢，我却拿钱去侮辱他？都不是。”作者说得多清楚，“我”心中不安并不是因为拿钱侮辱了他。那到底是为什么呢？“我”到底做了什么对不起老王的事？哦，你看，这个问题，尽管你第一个举手，但是答案却没有在你手上。（另一生举手）好的，你来。

生6：我觉得应该是这样的吧，第一段，“我常坐老王的车”，因为也许平时别人都不愿意坐他的车，因为他的一只眼睛是瞎的。

师：“我”这是照顾你生意啊，怎么“我”反倒对不起你了？

生6：只有“我”坐他的三轮车，平时别人都不坐他的车，因为他的一只眼睛是瞎的。

师：那你的意思就是“我”也不坐，那就对得起你了，是这个意思么？

生6：不是。

师：不是，那又是什么意思呢？

生6：他是……因为，嗯……因为他有个哥哥，死了，有两个侄儿，“没出息”，他就是孤孤单单的一个人。

师：那你的意思是，“我”应该给她找几个亲人。

（众生大笑）

生6：不是的。

师：不是的，那又是什么？

生6：我的意思是，“我”长期坐他的三轮，和他说闲话，他就把我当作了亲人，那我照顾他，他也来照顾我。

师：但是“我”为什么对不起他呢？

生6：因为他把“我”当作了亲人，他来照顾“我”，送“我”东西。然后……

师：我明白你的意思，但是我现在不给你说出来啊。好，先把机会给这个没发言的同学。（一生举手）你来——

生7：老王去世前一天给我们家送了鸡蛋和香油，我没有请他坐一坐或是喝口茶水。还有一个就是，老王去世了我还不知道，是听别人说的。

师：好，请同学们注意啊。我们在最开始上课时就强调，要理解这个词的意思，你应该把这个词放到这个句子当中去理解。“那是一个幸运的人对一个不幸者的愧怍”，要理解这个“不幸”，一定要跟这个“幸运”结合起来。从“我”

的“幸运”，倒过来又可以理解到老王的“不幸”。

老王到底有什么不幸？面对老王，“我”的幸运在于老王给我送冰价钱减半；送“我”丈夫上医院他不要钱；临死的时候还送“我”香油送鸡蛋，他也不要钱。这是“我”的“幸运”。怎么我的“幸运”就成了老王的“不幸”呢？（一生举手）好，这位同学举手了。好，给她递一下话筒。

生8：因为“我”十分关心老王，而老王又是十分善良的，他加倍地回报了“我”，这样使他本来就艰难的生活更加艰难了。所以“我”的“幸运”就相当于他的“不幸”。

师：哦，也就是说老王本来就缺钱，结果呢，给“我”送冰他少收了钱，他送“我”丈夫上医院他不要钱，临死的时候还送“我”香油送鸡蛋，他也不要钱，这就加剧了老王的差钱。这也就使我感到不安。是这样吗？

（众生茫然）

师：请注意，我们思考一下啊。老王最缺的是钱，但他却给我送冰价钱减半；送丈夫上医院不要钱；临死送香油送鸡蛋，也不要钱。正如刚才有位同学所说，他这是把我当成了什么了？

生：（众）亲人。

师：是啊，他把“我”当成了自己的亲人。那倒过来，“我”呢？

生：（众）我没有把他当亲人。

师：老王送冰的时候价钱减半，我是否让他减半？老王送“我”丈夫上医院不要钱，我给钱没有？老王送香油送鸡蛋不要钱，我给钱了吗？

生：（众）都给了。

师：给了，都给了。面对老王的这番心血，“我”怎么做的？一概没有领受，只是把这些事当成什么？

生9：当成交易。

师：对了，当成交易——等价的交换，你给我做事情，我就给你钱。老王的不幸就在这里，他把“我”当成朋友，甚至亲人，但是“我”却没有把他当成朋友，更别说亲人。请同学们在旁边注明。

（生做批注）

师：“不幸”的含义到这个时候我们才理解到——老王把“我”当成朋友甚至亲人，而“我”却没把他当成朋友，更别说亲人。若干年过去之后，“我”渐渐明白，“我”觉得自己理亏，觉得做了对不起老王的事，所以感到——（众生：愧怍）愧怍，心上不安。

四、课时小结，总结方法

师： 咱们这节课抓住全文最后一句话，也是全文最关键的一句话，通过理解三个关键词来理解这一句话。这样的一种阅读方法，希望同学们今后可以学习运用，也就是抓住关键词句理解文本。请同学们在标题上边做好记录，第一句话“抓住关键词句理解文本”。

（生做批注）

师： 理解词句含义，可以借助生活经验，但又不能停留在生活经验的层面，更不能够停留在一般意义上理解词句的含义，一定要把对词语的理解放到这一句、这一段甚至这一篇的语言环境中。请大家记下第二句话“在语境中理解词句”。

师： 我再强调一下，我们千万不能够脱离具体语境去理解词句含意。上课之初，我们不少同学就犯了这个错误，是不是？如果说老王的不幸是因为他有残疾等原因，那“我”是没有必要对他愧怍的。

（众生恍然大悟状）

师： 在这儿，我再给大家留下一个问题。既然“我”的愧怍不是因为老王有残疾，不是因为老王生活无着落，不是因为老王没有亲人，不是因为老王是单干户，那为什么又要写前面这四个自然段呢？

这个问题留给大家下课后思考，思考后相互交流，把结果告诉我们班的任课老师。好不好？

生：（众）好。

师： 今天我们就上到这里，谢谢同学们，下课。

生：（鼓掌，鞠躬）老师再见！

【课堂实录点评】

本文仅从李教授抓的几个角度来看看他教学的“点”上功夫。

一、教学突破点：牵一发而动全身

教无定法，说的是教学没有固定的方法或路径，但是面对不同的教学对象，教是有法可寻的，不同的方法会带来不一样的教学结果，不同的方法会给人不同的感受，自然会显示出教学的高低之别。李老师在《老王》教学的切入时，没有走常规路线，而是另外寻找教学的突破口，而突破口的寻找不是李老师直接说出，而是在老师引导下学生去抓取，这就是——“那是一个幸运的人对一个不幸者的愧怍”。这一句是开启解读这篇文章的钥匙，可以起到“牵一发而动全身”的效果。李老师抓住这篇文本的“魂”，抽丝剥茧——以此为教学突破口，教学活动由此生发开去，围绕着“幸运”“不幸”和“愧怍”，尤其是围绕“老王”并不是我的什么人，我为什么还要“愧怍”进行探讨，带领学生真正走进文本深入研读，由此走进作者心灵，让学生去明确这句话的内涵，体会蕴含在文中的情感。教学的突破点选得好，起到了事半功倍的效果。

二、教学增值点：师生共生思维

课堂教学的看点在哪里？不同的人站的角度不同则答案不一样，看点也很多。虽然这样，但有一个重要的看点，就是在教学推进过程中，根据课堂教学实际和学习情景生成新的教学内容，对师生共同探讨、共同作用、共同促进产生价值，具有阅读共生、思维共生、情感共生的特点，体现出共生教学的特点。共生教学强调的是教学内容的生成性和过程的生长性，在过程中体验、发现，促进思考，灵活地学习，在促进学生发展时，教师也在提升。

在李老师执教的《老王》这堂课上，我们看到了共生教学价值的体现。这里没有过多的预设，也没有将内容硬性植入学生头脑，而是根据课中需要，在师生交流中推进教学进程，在推进中生成新的问题，引起学生新的思考和讨论。比如，李老师用“要读懂这一篇文本，哪一句话特别重要？”引出关键句“那是一个幸运的人对一个不幸者的愧怍”，在师生共同作用下生成后面众多的问题，激活了学生思维，让学生一步一步走进文本，理解逐渐从表面走向深入，从肤浅走向深刻。

教师在教学这篇文章前是有思考和预设的，但是没有将这种预设僵化、固定，而是随着课堂的生生之间、师生之间的交流状态，师生相互的作用，将问题一个一个螺旋似生成，让学生在高强度问题的驱动下，思维不断地被激活，这种教学设计理念，就是一种生成的、发展的、流动的教学理念，在生成中不断优化教学内容，体现了黄厚江老师所说的“活的内容，活的过程，活的教，活的学，活的课堂”，在不断地发现、探究中“共生共长”。

三、教学着眼点：细嚼慢咽知“文味”

要深入理解文本，走进文本，走进作者内心，必须细细品味。“品”就是对重点内容或重要词语琢磨、感受和体验，就是要“咬文嚼字”。犹如吃饭，狼吞虎咽、囫囵吞枣是无法感受到真正美味的，只有细嚼慢咽才能品出美之滋味。

傅庚生在《中国文学欣赏举隅》说：“创作者之深情，渗透于作品中，出其至诚，映现于文字。欣赏之者，亦宜细细咀嚼，然后乃可得之。”教散文，要抓住文中的重点语句和词语深入其中，反复地体会，细细地揣摩，才能对散文理解得更深刻，更透彻。

教学中，李老师抓住“那是一个幸运的人对一个不幸者的愧怍”这一句中“幸运”“不幸”“愧怍”三个词语，进行细嚼慢咽。

比如，引导学生对“愧怍”先从生活经验的角度去理解词语含义，即“惭愧”，这是常规意义。若仅停留于此，还不能很好理解文中特有的含义，于是李老师又让学生从文本中去品味其意义，抓住文中“但不知为什么，每想起老王，总觉得心上不安”中“心上不安”一词去理解。这样，学生对“愧怍”的理解就更加完整，更加准确，“是在理亏时候、做了错事时候的心上不安”。这样品读，比只看注释的概念化理解更有价值，更能走进文本。在对“愧怍”品读后，李老师用更多时间，引导学生对文中“幸运”“不幸”的内涵进行深度品读。比如，对“幸运”的品读，认为不是“我”的生活状态比“老王”好，而是遇上了老王这样一个把“我”当成朋友甚至亲人的善良的人：为“我”送冰价格减半；送“我”丈夫上医院不要钱；临死送“我”鸡蛋、香油依然不要钱。这就让“幸运”落到了实处，依据建立在文本中，避开了宽泛地用生活经验代替了文本解读。又如对“不幸”的品读，李老师引导学生抓住“我”对“老王”的行为处理是“当成交易”，只是等价交换，你给我做事情，我就给你钱，他把“我”当成朋友甚至亲人，但是“我”却没有把他当成朋友，更别说亲人。这是不对等的，这就是“老王”的“不幸”，致使“我”感到“愧怍”。这一下就抓住了关键，学生就明白了。这样学生获得了对语言文字的深度理解，思维得到了较好的训练。

李老师借助细嚼慢咽，让学生走进文本深处，走进作者内心。从送冰价格减半、送“我”丈夫上医院不要钱、送鸡蛋、送香油等几件小事中咀嚼出了“老王”的善良美德，品出他平凡朴实背后的人性之光；同时咀嚼出了文中“我”对于老王的自责、愧疚。透过作者的“愧怍”，更让学生感受到作者勇于暴露自己不足的那份真情，勇于解剖自己的精神。这样的教学，真正品出了文中的味道，咀嚼出人间的真情。

四、教学细节点：点滴处理见用心

教学细节，可以看出一位教师的用心，可以看到一位教师的教学品质，可以反映出教师的教学理念。李老师《老王》这堂课的细节处理，体现了教师的教学功底和教学用心。限于篇幅，在这里只谈两个细节。

细节之一，李老师注重读书做批注。在整个教学活动中，李老师根据师生交流情况，对关键的词语和结论，多次提醒学生在书上进行批注，这实际上是对学生读书良好习惯的重视。比如在第三个“传授方法，解决问题”环节，在处理一个关键句子里面的某一个词语，一定要把这个词放到句子当中来理解时，提醒学生“请在旁边做好批注——词不离句”。在分析“老王做了哪些让‘我’感到幸运的事儿呢”时，又让学生“找一下，并在旁边做好批注”。在教学中，李老师不断强化这一意识，说明这不是课堂临时的行为，是长期的教学习惯，是对学生批注学习方式的重视，体现了在教学的点滴行为中对学生良好习惯培养的责任意识。批注是阅读的一种方式，也是听课的记录方式。如果老师们都重视这一点，我想学生独自阅读或听课时，都会自觉地养成批注的习惯，为后续学习打下良好基础。

细节之二，李老师课堂上重视其他同学反应状态。学生在学习过程中，反应快慢是有差别的，思考层次是不同的。如果教师不注意这一点，处理教学问题比较急，无耐心，就可能只照顾了一部分人的学习。李老师在这一方面很细心，注意了学生之间的反应差距。比如，在“传授方法，解决问题”环节，探讨“也就是‘我’做了什么对不起老王的事情”这一问时，当一个同学举手后，李老师说：“你找到了？这么快？先稍等等，稍等等，看看其他同学找到没有？”这里，没有因为个别学生的快速举手就忽略了其他同学，老师想到的是这一环节中其他同学目标达成的情况怎样，没有急于往前走，而是慢下来，给了更多学生阅读和思考的时间，这一细节的处理，体现了教师的教学“耐心”，体现了李老师对全体学生参与效果的关注，更体现的是教师心中有学生的理念。

教学中的细节看似在整个过程中不显眼，却反映的是教师细节处理背后的教学用心，反映的是教师的教学品德，教学的特有魅力。

五、教学落脚点：缘途寻径在“懂你”

读懂文本是阅读教学的核心所在。而目前学生存在的困惑是无法真正读懂文本，不能走进文本里层，不少教师对突破的路径缺乏招数。李老师这堂课可以给我们很多启示。

李老师这堂课教学落脚点在学生如何读懂这篇文本，把握文本内容，理解作者情感，把握“那是一个幸运的人对一个不幸者的愧怍”这一关键句子的含义及其在文中的作用。因此，李老师把大量时间放在读懂上。在具体如何读懂上，除了上面涉及到的抓关键句子、细致品读等外，另一重要方法就是教会学生“词不离句”，“在语境中理解词句”。在最后“课时小结，总结方法”环节，还专门强化了这一意识，实际上是在教会学生拿到一篇文本如何去读，去读懂，去读准确。

另一读懂的方法，就是层层追问。追问是助推学生思维发展的一个重要途径，也是走进文本深处的一个重要方法。李老师在引导学生理解文本时，根据学生的理解，生成一个一个的追问，不断去思考。比如，在“拈精撮要，暴露矛盾”环节，在“老王”的“不幸”究竟与“我”有没有关系时，连续地追问：“在老王瞎了一只眼和‘我’有什么关系？他的眼是‘我’给戳瞎的么？”“老王生活没有着落，是‘我’造成的吗？不是。那为什么也要愧怍呢？”在引导学生探讨“幸运”与“不幸”的关系时追问：“怎么我的‘幸运’就成了老王的‘不幸’呢？”

李老师借助追问，促进了学生深层思考，让学生的思维从现有思考层面向前推进了一个层面，有助于学生思维更好地展开；教师的追问，“逼”着学生往前走，这样就能一步一步走进文本，进而读懂文本。

以上仅就几个方面谈了自己的感受。当然，从优化的角度看，有的地方还可进一步思考。比如，有时教师接话过早。在探讨“‘我’为什么对不起他呢”一问时，学生回答“因为他把‘我’当作了亲人，他来照顾‘我’，送‘我’东西。然后……”学生还没有说完，老师就接过话说：“我明白你的意思，但是我现在不给你说出来啊。好，先把机会给这个没发言的同学。”这里没有让学生说完就过早接话，将回答机会交给了其他同学，使前面学生发言没有得到完整表达就中断了。这里老师处理急了一点，应让学生把话说完，根据说的情况进行引导和推进教学。另外，有的地方老师的评价定位显得过早。比如在“拈精撮要，暴露矛盾”环节，当一个学生在回答老师“这个句子和文本的其他句子在表达上有什么不同？位置上又有什么特点？”一问后，老师马上说：“看来，同学们很会读书，很善于抓关键。”这是一个宽泛的肯定，下结论显得早了一点，因为不一定每个都会读书，应在更多学生交流后再评价，得出的结论就更准确一些。

总体上，李老师《老王》这堂课很有特点，教学设计的理念、教学内容的选择、教学推进的方式、学生思维的提升等方面都给我们很多启示。教学路径的优化，共生出的教学智慧，使本堂课极具学习价值。

用心细读寻突破　巧妙设计活思维

——北京清华大学附中特级教师王君《事物的正确答案不止一个》课堂实录及点评

相同的文章怎样去解读、怎样去设计、怎样去落实，不同的老师有不同的理解和教学设计的思路。而不同的理解和设计思路都会给我们带来多样的感受和收获。王君老师的《事物的正确答案不止一个》的课堂教学，就给我们不一样的感受和不一样的收获。在用心细读中寻找教学的突破口，巧妙设计，让我们体会到思维的力量。

【课堂实录呈现】

《事物的正确答案不止一个》课堂实录

北京特级教师　王君

第一部分：故事导入

（一上课，我就在黑板上写下了三个名字：苏格拉底、柏拉图、亚里斯多德。叮嘱学生抄写下来）

师：孩子们，记住，这是古希腊三位最著名的哲学家。他们是三代师徒。他们的思想对世界产生了重大影响。我来讲一下他们的故事啊。一天，苏格拉底在课堂上拿出一个苹果对学生们说：“请大家闻闻空气中的味道。”一位学生很快便举手回答说：“是苹果的香味。”苏格拉底走下讲台，举着苹果慢慢地从每位学生身旁走过，并要求大家仔细地闻一闻，空中是否有苹果的气味。这时已有半数的学生举起了手。苏格拉底回到讲台，又重复刚才的问题。这一次，除了一名学生外，其余的学生都举起了手。苏格拉底问那位没举手的学生说：“难道你真的什么气味也没有闻到吗？”那位学生肯定地说：“我真的什么气味也没闻到！”这时，苏格拉底对大家宣布：“他是对的，因为这是一只塑料苹果。”

这位学生就是后来大名鼎鼎的哲学家柏拉图。

（众生笑）

师：再讲一个；柏拉图是亚里斯多德的老师。曾经，柏拉图讲述自己对人的含义的定论："人是没有羽毛的两脚直立的动物。"于是，亚里士多德便想出了办法来推翻老师的谬论。他将一只公鸡的毛全部拔光立于众人面前，和他的老师开了一个玩笑："这就是老师的'人'！"有人说亚里斯多德对老师不尊重，亚里斯多德就说："吾爱吾师，吾更爱真理。"

（师板书。请学生抄）

师：其实类似的话我们的古书中也有。比如尽信书则——

众生：不如无书。

师：那好。记住这些话。这是我们学习的原则。现在请大家谈谈对《事物的正确答案不止一个》的初读印象。

第二部分：课文"体检"

生1：我觉得主题很好，这篇文章能够拓宽我们的思路。

师：同感。这篇文章在思想上对我们很有启迪作用。

生2：比较吸引我的是开头，很精彩。

生3：我读了这篇文章，觉得很受教育，他讲的观点我赞成。

生4：我觉得这篇文章有点儿杂乱。

生5：我觉得也是。开头说事物的正确答案不止一个，但写着写着好像又不是写这个的。

……

（师板书：杂乱）

师：看来大家有褒也有贬。褒的是文章的主题，贬的是写法。那这样，我们来给文章做个体检。体检懂吗？

众生（笑）：懂！

师：我们体检可以检查出身体的问题，课文也该体检。它们是不是好文章呢？不一定哟！怎么体检？一个最简单的方法是理清各个自然段之间的关系。

师：现在咱们做第一个事情。弄明白这文章到底想讲什么问题？请读题目。

（生读）

师：文章是在讲事物的正确答案不止一个的问题吗？先看文章开头的这个

例子，用了四个段落，很长的，什么地方做总结了？找出来。

生 5：三自然段的最后一句和四自然段。

生 6：三段末尾，读……

（众生读）

师：关于不满足于一个答案的问题，后文还提到了吗？找！

生 7：没有！没有！

师：这就怪了。读第四段——

师：这个小段落的核心句是哪句？读——

（众生读：创造性思维又有哪些必需的要素呢？）

师：这叫做议论文的“中心论题”。请勾画批注。

师：看来，这篇议论文的中心论题并不在题目中。我们进一步，为了对这个中心论题进行论述，作者从哪些方面进行了阐述呢？我们一般可以在哪里去找？

生 6：结尾！

师：聪明！一般来说，写文章也好，做报告也好，演讲也好，辩论也好，正常的情况下，作者都一定会在结尾进行梳理性的总结。看结尾。读！

（众生朗读）

师：谁告诉我，分论点有几点？文段中有什么标志没有？

生 7：三点！两个分号就是标志。

师：聪明！聪明！现在我要请一个更聪明的孩子，把这三点归纳提炼出来，用四五个字。概括是语文能力中的高层次能力，很难。谁来？

生 8（基础比较好）：第一点是经常保持好奇心。

师：你把这句话读一遍，再说。

（生 8 读：关键是要经常保持好奇心，不断积累知识）

生 8：哦哦哦，该归纳为“积累知识”更好。

师：为什么？

生 8：“积累知识”是目的，“保持好奇心”是原因。

师：这就是优秀学生，自我调整的能力很强！赞赞赞！

生 8：第二点是运用知识！

师：好！

生 8：第三点是……

师：这个句子字数多，归纳很难。教你一个方法，可以把各个分句中的关键词提取出来进行整合。

生8：发展小灵感！

师：漂亮！漂亮！

（师板书：积累知识、运用知识、发展小灵感）

师：好，我们继续体检。现在分别找出和这三个小分论点相对应的段落。

生9：讲“积累知识”的是第五自然段。

生10：讲“运用知识”的是六、七、八自然段。

生11：讲“发展小灵感”的是九段到十二段。

生12：六段和九段是承上启下的段落。

师：非常好。请把“承上启下”这四个字旁批在这两个段落的旁边。

（师板书；叮嘱学生不要写错）

师：读第六自然段，告诉我，哪一个词提醒我们这个段落要承上启下，但主要任务是“启下”呢？

（众生齐读）

生12：“但”字！

师：好！理一理，对于启下，作者有几个方面的意思？

生12：两个方面。一是要有活用知识的态度和意识。二是持之以恒地进行尝试。

师：好。那请静静地读七、八段，这是两个事例论证段，你来评价一下，这两个事例能够证明第六段中的分论点吗？

（众生静静读）

生12：我觉得能证明，挺好的！

生13：我觉得这两个例子都只能证明“要有探求新事物，活用知识的态度和意识”，并不能够证明“要持之以恒地进行各种尝试”。

生14：我也觉得是这样的。罗兰·布歇内尔的例子甚至还说“此后不久”，难道他没有持之以恒地进行尝试吗？

生15：这两个例子有点重复，可以举出不同性质的例子出来。

师：同意！最严重的问题是观点和事例不能完全呼应。作者对事例的阐释重心略微偏离了。如果强调“持之以恒地进行尝试”，那么，段落与段落之间就更加严丝合缝了。这是杂乱的原因之一啊。

师：我们再看第三点。第三个分论点讲的是“发展小灵感”的问题，但请同学们找找，课文到底是从哪一段开始才讲这个问题的？

生 16： 是从第十一段的末尾最后一句才开始的。

师： 那九段、十段、十一段在讲啥呢？

生 16： 讲的是“是否存在富有创造力和缺乏创造力之分”的问题。

师： 你怎么看作者这么安排？

生 16： 我觉得跑题了。不好！

生 17： 我认为这是我们感觉“杂乱”的原因所在。作者好像悄悄改变了论题，扯了半天才扯了回来。

师： 我的感觉也是这样。就好像我们在一条主轨道上跑步，跑着跑着，跑没了，跑到另外一条道上去了。玩了半天，又回来了。这叫啥？叫跑偏了。

（师一边表演一边说，全班同学狂乐）

第三部分：总结

师： 好了，孩子们，大家很聪慧，现在我们总结一下。通过体检，我们发现这课文确实有些毛病。我们可以给作者开出药方，建议作者作如下修改：（1）缩短“开头的引子”，努力三言两语即可，不要喧宾夺主；（2）调整第二个分论点的表述或者调整两个事例的表述，使其对应；（3）重新考虑九、十、十一段的位置。或者删去；（4）重新拟标题。

师： 好，那现在我们给课文重新拟一个标题。作为议论文，标题直接就是论点或者点明论题是比较合适的。

生 1： 怎么才能成为一个有创造力思维的人

生 2： 创造性思维有哪些要素

生 3： 创造性思维要素探幽

……

师： 希望这节课给大家一些启示。有一位大诗人说，孩子们，你们不要完全相信你们的课本，因为这些课本是从老课本那儿抄来的。而老课本又是从更老的课本抄来的……记住亚里斯多德的话——

生： 吾爱吾师，吾更爱真理！

师： 记住，尽信书——

生： 不如无书！

师： 下课！

（课中花絮：当我讲到“塑料苹果”的时候，陈一戈使劲举手起来指瑕，

说古代不可能有“塑料苹果”。全班大笑。我也大笑。改之。不是塑料苹果，乃蜡苹果也）

【课堂实录点评】

《事物的正确答案不止一个》一文的课堂实录和现场观摩看了很多，王君老师的教学却独具一格，体现新意，具有思辨力。下面从几个方面谈点感受。

一、巧妙设计开头，凸显教学特点

开头是一堂课的起点，不一样的开头会带来不一样的效果。王君老师设计的《事物的正确答案不止一个》的开头就有特有的价值。

王君老师的课堂开头别开生面，不是直击课文，让学生整体感知，而是以古希腊三位最著名的哲学家苏格拉底、柏拉图、亚里斯多德师生之间的故事引入，体现了以下几点价值：一是营造了一种轻松的学习氛围，让学生能够很快且轻松地进入学习状态；二是给学生松思想包袱，不要迷信权威，不要迷信课本，敢于读出自己的问题，读出自己的见解，较好地营造了一种“心理的安全”和“心理的自由”的课堂平台，让学生不紧张；三是为后面的教学作铺垫，借名人的故事让学生能像他们那样去做，勇于思考，敢于挑战，从后面教学的效果看，故事引入达到了老师期望的这一效果。这样的开头，为学生进入文本打下了一个良好的思考基础，彰显了设计价值。

二、着眼文本思辨，走向思维深度

一堂课思维的含金量越高，教学的价值越大，教学的效益越好。王老师的这堂课就具有较高的思维含金量。在教学中注重了文体特点，即对文章议论说理特点和结构的探究，但是教学的着眼点侧重于借助文本教学达到两个主要目标：一是借助文本阅读和探究，训练学生严谨的思维；二是借助文本批判性阅读，培养学生质疑的精神。引导学生在阅读中去发现文中的问题，进行思辨。比如对文本中议论的不严密，前后论述的内容有疏漏等方面进行质疑和剖析，在细读、比较、探究中引导学生深度思考。在辨析修正中提升了学生的思维。这种教学内容的选择和角度的确定，有助于引导学生的思维向深度发展，有助于培养学生的创新精神，体现了当前提倡的核心素养教学价值观。

三、教学环节处理，重在“体检”祛病

王老师的课不是按照常规的板块环节推进教学步骤，而是彰显特点。主要采用对课文“体检”的方法来推动对文章的学习和质疑。为了能够让学生明白这一方法，首先从我们通过体检可以检查出身体的问题，类推到课文也该体检。同时用“它们是不是好文章呢？不一定哟！”这样的话语，让学生放下心理包袱，为后面的勇于质疑打下了基础。在此基础上，就怎么体检提出了“一个最简单的方法是理清各个自然段之间的关系”。后面的学习环节就是在老师的引导下学生对自然段内容进行梳理，师生共同交流、探究各自然段之间是否衔接、对应。在“体检”文章的推进中，老师又引导学生去发现有的事例与观点不够吻合，也为开头发现文章“杂乱”找到了支撑点。这种对文章“体检”的教学过程，既是一种新的教学尝试，也为学生怎样去阅读议论文拓展了一条思路，同时为学生带着批判的眼光去质疑开辟了一条路径。

这堂课还值得一提的是将写作与阅读有机融入结合。阅读是吸收，写作是输出。在课标里面第一次提出“要重视写作教学与阅读教学、口语交际之间的联系”。这说明在阅读中恰当地将写作融入进去，利用课文顺势引导，将会充分发挥课文中写作的价值。王老师这堂课充分调动学生在阅读中对写作的思考，并根据探究之后发现的问题提出了修改意见，同时引导学生重拟标题。这样读与写结合，有效地调动了学生的思考。让学生在阅读、思考、写作中提升了思维的层次，在思维的宽度和深度上均有收获。

四、师生共生效果，教学价值彰显

不一样的教学构思，不一样的教学方式，会取得不一样的效果，带来不一样的教学价值。

王君老师的教学设计不停留在注重对文本的一般理解上，其价值更多体现在引导学生勇敢质疑、会质疑、不迷信权威上。在课上，开头和结尾两次强调“尽信书则不如无书”，这是对常规教学的一种打破，需要一种勇于面对学生质疑的精神。为学生的大胆的质疑营造了良好的学习氛围。

学生通过这样的学习，获得了新的思维，新的角度。在今后的阅读中，将会带着思考审读文章，带着批判的眼光去解读文本。这样的引导，学生获得的不仅是知识，更重要的是获得了思维的方法。这种设计理念和教学行为，体现了新课标提倡的探究价值，培养了学生的问题意识和创新意识。同时，这样的

教学理念又与文本提倡的做一个创造性的人相吻合。

王老师这堂实录课优点是明显的，教学思想是突出的。如果从优化的角度考虑，还可以进一步思考。

第一，教师用语应进一步注意分寸。比如，王老师在引导学生讨论分论点时说："谁告诉我，分论点有几点？文段中有什么标志没有？"当学生回答"三点！两个分号就是标志"后，老师马上用"聪明！聪明！现在我要请一个更聪明的孩子，把这三点归纳提炼出来，用四五个字。概括是语文能力中的高层次能力，很难。谁来？"这里用"我要请一个更聪明的孩子"的话语，无意中是对前面回答的孩子的一种伤害。老师没有让这个孩子具体归纳，就认定了这个孩子没有后面孩子聪明。这种话语对鼓励孩子积极参与不利。因此，教师课堂上的用语要恰当、有分寸。

第二，教师评价定位不宜过早。在探讨文中有的事例不能证明有的观点时，当有的同学提出"这两个例子有点重复，可以举出不同性质的例子出来"时，教师马上说"同意！最严重的问题是观点和事例不能完全呼应。"这里教师直接端出了问题点，没有让学生思维充分化，应借助引导让学生在理解基础上自己说出问题所在，比如说"按照你们的分析，作者在这里存在了一个什么样的问题？"，这样更能体现教师的引导价值，同时也能发展学生的思维，将学生思考的层次提升一个台阶，更好地训练学生的思维能力。

在第三部分"总结"时，教师开出的药方也是老师直接建议。如果这里让学生能根据上面的分析针对看到的问题进行讨论修改并提出具体修改意见，比教师提出更有价值，对学生严谨的写作思维训练更具有实际意义。

从总体上看，这堂课是用心细读巧妙设计的结果，在巧处理中，给我们带来不一样的收获。在质疑思辨中，活跃了学生的思维。认真品读，细细揣摩，冷静思考，我们将获益匪浅。

在读中悟法　在练中提升

——浙江省正高级教师金戈《童话续写》课堂实录及点评

《童话续写》是浙江省温州市外国语学校校长、正高级教师、特级教师金戈在全国第二届“三新”作文教学研讨会上为大家献上的一堂课。这堂课立足续写，着眼于想象，将读与写结合，给我们带来了很多启发。

【课堂实录呈现】

《童话续写》课堂实录

浙江省正高级教师　金戈

一、导入

师：孙悟空有 72 变，青蛙变成了王子，还有美人鱼为爱而变形。变形是童话的魅力，今天我们走入一则关于变形的童话。

二、阅读原文（原文上半部分）

（原文为童话《驴家族》）

师：看一下发给你们的材料，请找出第一次变形在哪一段。好，请说。

生：第一次变形在第二段，是这样写的：我的眼睛因为总是斜着看人，慢慢地，就变成了斜视；我的耳朵因为总是渴望听到秘密，而越长越长。到我十五岁那年，我变成了一个斜眼，还长着一对又尖又长的驴耳朵。

师：非常好。这个细节，很有想象力，写出了“我”变形的一个过程。这在现实中存不存在？

生：（齐）不存在。

师：不存在。在童话里，它就存在。童话是什么？童话就是写一种可能。大家记一下：童话就是写一种可能。童话很有想象力，它写出了可能。

板书：想象有力，写出可能

师：到底是怎样扭曲的心，使我变形呢？

（生朗读）

我开始怀疑：也许我根本就不是我爸爸妈妈亲生的，只有这个弟弟才是他们的亲骨肉。我越想，越觉得只有这样才能解释为什么他们那么喜欢他。

师：如果你概括一下，应是一种什么心理？

生：缺乏爱。

师：缺乏爱的心理。缺乏爱，所以才会渐渐变形。还有补充吗？

生：嫉妒。

师：哦，他说是嫉妒，嫉妒谁？

生：嫉妒小弟弟能得到父母的爱。

师：嫉妒小弟弟能够得到父母的爱。现在有一个流行语叫“羡慕嫉妒恨”，嫉妒弟弟。还有补充吗？为什么她会变形？

生：就是恨她的爸爸妈妈，不喜欢她，而喜欢弟弟。

师：哦，恨她的爸爸妈妈有点偏心，是吧。她骨子里嫉妒她的弟弟，恨她爸爸妈妈偏心，她这样想，所以才会导致变形。这种变形是很符合儿童的心理，“其实童话就是写人的什么？”

生：人的心理。

师：心理，好的童话就是写心理。这很重要。到底是什么变形呢？我们认为这是心理变形。好，老师今天跟大家探讨的第一个，在现实里面不存在的变形，在童话里面存在，童话写出一种什么啊？一种可能。可能被写出来了，是不是？还有，刚才这个孩子讲，为什么会变形？因为她嫉妒，因为她恨。这种心理比较符合儿童的心理。想象、变形、心理，全部在细节中体现，所以第二个叫变形有据。

师：找出第二次变形。好，这个孩子来找第二次变形，说吧。

生：第二次变形是在第十六段。

师：大家看十六段。

生：第三句话。“我在山洞待了半个月，在这半个月里，我已经完完全全变成了一头驴子，如果不是我的耳朵上还戴着奶奶的银耳环，我想他们全部认不出我了。”

师：找得非常好。大家看一下，第二次变形，大家找到第十五段，我这时候，完全变成驴子。原来只是长出耳朵，眼睛只是斜视，这时候完全变形了。

在第二次完全变形之前，“我”做了一件什么事情？

（生朗读第八段）

每天晚上，当他们都熟睡了之后，我便悄悄起床，扛着一把十字镐，到山坡上去挖洞。我要挖一个洞，把自己埋起来。

师：把自己埋了起来，是吧。为什么对自己这么狠？为什么要把自己活埋？

生：因为她觉得她得不到父母的爱了，心里觉得非常难过，然后才活埋自己。

师：得不到爱而难过。有不同意见吗？有补充吗？

生：就是长了驴耳朵，感到羞耻。

师：羞耻，所以我要活埋自己。这是羞耻说，第一个孩子的回答是得不到爱说，你呢？好，这个孩子。

生：我觉得呢，因为她每天都为自己所想的那些问题困扰，那些问题沉重，她觉得很累，所以才要把自己埋起来。

师：她觉得活得很累，所以要把自己活埋了。还有不同意见吗？这个孩子。

生：第九段，最后一句话：“我不想再离开我的洞穴，我不想再见到我的家人。”还有就是第十一段：“我死了，我再也不用担心我的斜眼和我的驴耳朵了。我也不用再去想我究竟是谁，究竟是什么样的父亲母亲狠心地把我抛弃，让我在现在的这个家庭里长到十六岁。”她觉得她死了反而是一种解脱。

师：这是解脱说。其实还有一种潜在的什么心理。

生：她有潜在的自卑心理。

师：自卑说，潜在的，还有呢？她就这样走掉，她想干嘛？这样对待自己，同时这样决绝地对待她的家人，她想干什么？你说，大胆说。

生：报复！

师：潜在地报复她的家人。意思是让你们痛，让你们后悔，让你们伤心，你们为什么不对我好？我就这么决绝地报复。谁让她变成了毛驴？

生：她自己。

师：她自己。有个成语叫“自作自受”，她报复家人最终遭到了什么？

生：因为她要报复家人，所以她最终受到了惩罚。她完全变成了一头驴子。

师：她受到了惩罚，因为她的报复。这女孩有点可怜，这惩罚也来得太重了，竟然变成了驴子。

师：这里有一个问题，变形记，这个变形，为什么不一次到位？就直接写她变成驴子好了，为什么要从部分变形到完全变形？好，这个男孩子。

生：我觉得起了铺垫的作用。

师：铺垫。还有补充吗？好，这个男孩子。

生：有一个过程。

师：有一个变形的过程，是吧。他说有一个过程，还有吗？这个变形，同学们发现一个什么问题？她哪次变形更彻底？

生：第二次。因为她一开始报复心没那么强，后来变得越来越强，然后惩罚也就越来越重，最后变成了驴子。

师：随着她报复心的加强，她遭受的惩罚也就怎么样了？

生：越来越重。

师：孩子们，这在童话里，叫反复递进。报复心越来越重，加给她的惩罚也越来越重，童话经常会使用这种手法去推进它的情节，推动人的发展，明白吗？

第二次变形除了对“我”的惩罚外，从变形之后家人与“我”的反应中，我们还读出了什么？

生：读出了不管“我”是不是他们的孩子，他们真的非常非常爱“我”，哪怕我是斜眼，长着一对驴耳朵，他们也认为我是天下最漂亮的女孩。

师：概括说读出了什么？

生：家人非常爱我。

师：非常爱我。不管我长着驴耳朵，不管我的眼睛是斜的，他们认为我是天底下最美的女孩子。爱有什么特点？除了爱之外，还有什么？

生：我觉得从这里还可以看出她的悔恨，因为连续用了两个感叹号，她忽然明白家人真的非常非常爱她，她对自己的行为感到非常悔恨。

师：这个孩子真会读书，从这话里面，她读出了爱之深，悔之深，大家记一下。因为这么爱她，其悔恨是潜在的，这个孩子很厉害，读出了里面的第二种含义，就是爱之深，悔之深，它是成正比的。

当然斜眼了还是天底下最美的姑娘。爱还有什么特点？

生：写出了家人对她的包容。

师：非常好！包容！老师再补充一下，爱是不讲道理的，爱是被美化的，爱是可以变形的，爱人眼里出什么？

生：出西施。

师：爱是不讲道理的，还读出了什么？大家继续看。好，这个男孩子。

生：读出家人对我的深深思念。

师：家人对我的深深的思念，流泪了哦，思念。好，这个男孩子。

生：在第十八段，我看见他们在哭，我看见他们的眼睛里，泪水晶莹。我看见那些晶莹的泪水从他们的眼眶里流出来，流过面颊。她读出了家人也非常后悔。

师：非常好，读出了家人也很后悔。还有吗？对她弟弟的情感有没有变化？好，这位孩子。

生：她从以前的不喜欢她的弟弟，变成了第二十一所描述的：他的眼泪滴在我的光滑的驴蹄子上时，我的心有一种想要碎了的感觉，我现在想告诉弟弟，我爱他。

师：对，由恨到爱。孩子，这一段你们读出了很多，读出了爱与包容，读出了自己的一种觉悟，父母亲是如此爱我，读出了悔恨，读出了一种感悟，所以好童话的主题是多元的，不会只有一种情感，一种意思，而是很多很多，有丰富的内涵，关于爱，关于包容，关于觉悟，关于我在这一场泪水里的成长，泪水是我成长的一个洗礼。

三、续写童话

师：孩子们，你们已经吃了这道菜，接下去要你们开始做菜。老师给你几个指示或者温馨贴吧。童话就是写一种可能，刚才我们不是说过在现实里面变形是不存在的，童话里就可以存在。接下来，续写你认为的可能，前后关联，出人意料又在情理之中，选用下面的策略去写。第一，可选家人的角度，写出他们有什么变化；也可从“我”的角度来写，“我”有什么变化。有的同学说，我两个角度同时写，也可以，但最好选一个角度来写。第二，主题很多，可以写家人的爱、包容、牺牲与超越；也可写我的转变、行动、爱的回报、成长蜕变。

第一要有想象力；第二个是变形有据。可以有心理变形，可以自觉变形，我们学过一则童话，知道吗？她为了爱而自愿变形的，哪一则童话？《小美人鱼》。对！海的女儿——美人鱼。为了做人，为了爱王子，她自愿变成了人，她这个变形也是有代价的，什么代价？失去了声音，但是她愿意。

还有就是心理与细节，很重要哦，细节和心理非常重要，我们要在细节和心理中体现童话的魅力。

最后一个是风格，它的风格是温暖、细腻的，你的续写应该也是温暖、细腻的，明白吗？不能太现代哦。开始，写写接下来会有什么变化。

附续写策略指导：

童话是“可能”，接下来会发生什么，续写你认为的“可能”，保持前后的关联，出人意料又在情理之中，选用以下策略续写，200字左右。

创意续写策略：

1. 选择角度

从“家人”的角度续写，他们有什么“变化”；从“我”的角度续写，“我”有什么“变化”。

2. 选择主题

家人——爱、包容、牺牲、超越；“我”——转变、行动、爱的回报、成长蜕变。

3. 选择知识

① 想象有力（写出可能）；② 变形有据（心理变形；借力变形；自觉变形）；③ 儿童心理可信；④ 细节给力；⑤ 反复递进。

4. 风格借鉴

前面部分风格温暖、细腻，续写也应参照这样的风格。

学生写作文。

教师提醒：接下来有什么变化呢，哦，要有行动与心理。

四、现场点评

师： 好，差不多了吧。大家有一个任务：作者在读的时候，你们要竖起耳朵听，点赞或挑刺，明白吗？好的给他点赞，不足的给他挑刺，好，开始。

（生展示并朗读）

家人把我牵回了家，家人每天给我刷毛洗澡，甚至一口一口喂我吃饭，我感受到了，我真切地感受到了我的家人是多么的爱我，我想帮助他们，帮助他们做一些事，可我现在是一头驴，我什么也做不了，泪水一滴滴滑落我的脸颊，我是多么悔恨，多么想大声对家人说，我爱你们。这时，奇迹发生了，我的驴耳朵渐渐收回来了，我的尾巴不见了，眼睛也不斜了，慢慢地、慢慢地，我变回了正常的样子。家人不可思议地看着我的变化，我朝家人们跑过去，和他们拥抱在一起。

（生鼓掌）

师： 谁来点赞，谁来挑刺？这个作品交给你，不要客气，她做了菜，你们要品菜。

生：我挑刺哈，前面写到弟弟他常常告诉我说，他常常也会哭起来，续写要写到弟弟，要有细节。

师：作者要不要回应？你要不要解释？

生：我觉得他说得挺对的。

师：没有呼应，缺少了细节。还有吗？谁再补充？接着上面讲，如何变化？细节如何？心理如何？可以发挥，不要客气。

生：我是想点赞。我觉得她写得非常不错，她所写的变形，我们可以从中找到依据，是由爱感化的。

师：爱感化的，是吧！这个变形非常有依据。爱感化了她，有变形依据。在哪里呢？说得具体一些。

生：家人把我牵回了家，家人每天给我刷毛、洗澡，甚至一口一口喂我吃饭，我感受到了，真切地感受到，我的家人是多么爱我。

师：尤其哪个时刻？

生：呃。

师：有一个细节很感人，他是把它当孩子来对待，当自己孩子一样地疼。

生：甚至一口一口喂我吃饭。

师：这是爱的举动，他们还是把我当成了自己的孩子，所以细节是非常重要的，明白吗？爱有时是不需要讲出来的，爱在哪里？爱在细节中。

师：还有吗？哪个同学补充，继续给他点赞或挑刺。他是怎么变形的？这个孩子写变形的时候到底怎么变？还有没有补充啊？没有就过了，第一道菜，还有没有人品？好，你来补充。

生：还有一个细节就是，她在变化的时候是这样描写的："我的驴耳朵渐渐收缩回来，尾巴不见了，眼睛也不斜了，慢慢地、慢慢地，我变回了正常的样子"一个是这个地方有细节描写，一个是这就呼应了之前的那个变化。因为从斜着看人慢慢就变成了斜视，因为总是听到秘密，耳朵越长越长，然后，就变成了斜眼和长耳朵。这个地方我觉得细节写得非常好。

师：原来的自己，随着报复心加重，慢慢地，从部分变形到完全变形，从人变成什么啊？

生：驴。

师：是因为什么啊？是因为她的报复心理。这时候，什么被慢慢解除了？

生：她的报复心理，她的报复心理被慢慢解除了。

师：被谁解除了？

生：被家人的爱感化了。

师：对，她的恨，被散掉了，她的爱开始产生了。所以慢慢地、慢慢地就从驴重新变回了人。有一部电影叫《拯救大兵瑞恩》，她的家人在拯救谁？在拯救亲爱的孩子。用什么拯救？爱！一点一点加入，慢慢地就开始变形，最终变回了人。所以这是关于人的故事，关于心灵苏醒，关于人性回来的故事，是不是？曾经的怨恨消除了，慢慢地找回了一种爱，回归到相爱相容相知的轨道上来。所以这小说的变形很精彩，明白吗？放下恨，找回爱。谢谢你哈，提供了一道好菜！一道朴素的好菜，家常菜，但是很地道。

师：还有吗？还有同学自告奋勇吗？好，这位男孩子。

（生展示并朗读）

日复一日，年复一年，我与家人走过了许多的春秋，他们给我吃最新鲜的食物。有一次，妈妈还因此摔破了头，他们爱我，弟弟常和我玩，骑在我背上。春天，我带他穿过花丛；夏天，我带他到树荫下乘凉，望着天空数不尽的星星，他仿佛盼望着什么。渐渐地，我发现了我耳朵不那么尖了，眼睛似乎也不斜了，我第一次那么仔细地看着弟弟的脸，圆嘟嘟的，真可爱。我的驴蹄变成了双手，抚摸着弟弟的头，我竟然变回来了，我不再是那么丑陋的女孩，而是一位被爱感化的天使。

师：大家为她鼓掌。

（掌声响起）

师：老师这时候非常感动。哪个孩子给他点赞或者挑刺？要学会品菜，品菜是为了你自己更好地做菜。谁来？

生：我给她点赞。就是这个细节好，她说“妈妈还因此摔破了头”，细节描写得非常好。

师：你觉得好在什么地方？

生：写出妈妈对我的爱。

师：爱，有时候到了一个什么地步？爱可以使人奋不顾身，明白吗？这是真爱！如果有条件的、有选择的，就不是真爱，真爱可以奋不顾身。这时候她怎么对待她的弟弟？很精彩！它是一个呼应。

生：我觉得有一个细节写得很好，就是“弟弟常常和我玩，骑在我背上，春天，我带他穿过花丛；夏天，我带他到树荫下乘凉，望着天空数不尽的星星，他仿佛盼望着什么”。我觉得她从以前讨厌弟弟，揪他的耳朵，到现在容许弟弟骑在她的背上，对弟弟多了一份包容。

师：非常好，多了一份包容。她爱着弟弟的爱，她想着弟弟的想，这就是真爱！爱你所爱，是真爱，明白吗？她从恨到爱，跨越式的变化。还有其他精彩的地方吗？

生：还有就是“渐渐地，我发现了我的耳朵不那么尖了，眼睛似乎也不斜了，第一次那么仔细地看着弟弟的脸，圆嘟嘟的，真可爱。我的驴蹄也变成了双手，抚摸着弟弟的头，我竟然变回来了，我不再是那么丑陋的女孩，而是一位被爱感化的天使。”

师：原来看到弟弟时说什么？

生：傻瓜！离我远点儿！

师：这时候觉得弟弟就像小天使，因为她充满了爱意，爱可以使人变形。还有结尾，结尾她怎样了？

生：我不再是那么丑陋的女孩，而是一位被爱感化的天使。

师：天使！老师给你们一个词，这个词叫“救赎”，就是“爱的自我救赎”，她自己救了她自己。

师：有没有写家人的变化？从家人的角度，好，这位孩子。

（生展示并朗读）

过了十天，奶奶也无缘无故地消失了，大家都很着急，爸爸的头发雪白了，我耳朵上的耳环叮当作响，送我耳环的人却早已不见了。又过了几天，爷爷也消失了，只是，从深山中走出两头驴，一只牵着另外一头。它背上的拐杖分明是爷爷的，我几乎都要哭了，天哪！为什么我的错，还要让他们承担，那是我的错啊！老驴只是用那双饱含风霜的眼睛温柔地看了看我，大眼睛里分明是泪。

又过了两年，爸爸、妈妈也都消失了，弟弟急了，每天走得脚都磨出了泡，嘴里不停地念叨着爸爸妈妈，而驴圈里又多出两头驴，他们对我说：“孩子啊，我们都是驴，你弟弟不是，他是当初捡过来的，我们就想着能让他健健康康地长大，可现在……”我的眼眶润湿了。弟弟，我多想跟你说声对不起，可是，我只能发出几声驴叫，我再也不能与弟弟玩耍了，我们只能做两个世界里的生物了。弟弟，下辈子我们还要做姐弟。

师：她从家人角度，扣着家人的变化来写，谁来点赞或挑刺？你说吧。

生：她好的地方就在于，选点很新颖，跟我们从主人公的角度来写是不一样的。

生：她从家人变化的角度写的，这是独到的地方。然后，挑刺的话，我觉得她写得有一点，缺失了细节和过程，怎么说，我觉得写的有一点突兀。

师：她说你怎么会想到这个角度，还说你缺失了细节和过程，显得突兀，你赞同吗？可以发表观点。

生：这个角度应该是我看“我妈在医院住了一段时间，回来的时候，抱着一个弟弟”时就想到了，不可能在医院里面住了一段时间，就抱回来一个弟弟，这个弟弟有可能是假的，这是生物学嘛。（众人笑）后来呢，那个细节描写，确实有一些缺陷，我只是想出一个大纲，没特别细致描写他们当时内心是怎样的一个波动。

师：她自己的认识比较清醒，理解也比较到位。她这个构思非常好，但细节与过程缺失了一些。给他们看一下原作吧。

五、对照原作

（发放材料下半部分，学生阅读）

师：你们有没有发现？这个同学所写与原作惊人地相似，这同学很厉害。原作比她写得好的地方在哪里，你知道吗？

生：在于细节、心理和过程。

师：爷爷、奶奶的变形，属于哪一种变形？为什么而变形？

生：为了爱而自觉变形。

师：自觉变形。先后变形，前赴后继，前后呼应，这位同学也呼应了。

生：原作还好在爸爸妈妈的出走，是为了照顾不是亲生的弟弟，因为他不会变形，很感人。

师：你看得很明白，这是原作的高明之处，那个孩子的作品，所有的人都变成了驴子，留下孤孤单单的弟弟多可怜。

这个童话超越一般童话的魅力，一个是结尾，一个是主题。哪个孩子说，它是怎样的结尾？一般童话是怎样结尾的？公主经过磨难，最后和王子幸福地生活在一起，这叫什么结尾？

生：圆满式结尾。

师：这个童话的结尾，是什么结尾？好，我们把结尾读一下，感受一下。

（生齐读）

我一直和爷爷、奶奶住在乡下，每到黄昏，我会站在竹林里，望着门前的小路，等待着爸爸、妈妈回来。他们也许会回来，也许不会。但我的心里，对他们充满了温柔的思念。

师：这是什么式结尾？

生：悬念式结尾。

师：对！这个孩子很厉害！悬念式结尾，有没有结果？（没有）这个结尾有没有闭合？（没有）这还是什么结尾？你说。

生：开放式结尾。

师：非常好。我们班同学很厉害！开放式的结尾，悬念式结尾，这个结尾不得了，你可以自己去感悟，自己去想。这个主题是关于爱，关于理解，关于救赎，还有就是关于牺牲，关于超越。谁知道？牺牲什么？超越什么？

生：牺牲是爷爷奶奶，因为害怕她自己不能照顾好自己，所以爷爷、奶奶也变成了驴。

师：不能照顾她自己，是吧？

生：怕她自己不能照顾自己，为了爱，然后就变成了驴，去照顾她，陪伴她。

师：不惜把自己降格为什么啊？（驴）非常好，这是一种爱的牺牲。还有呢？

生：爸爸、妈妈是善良的，竟然愿意为了一个非亲生的小孩离开，去照顾这个小孩子，我觉得这是人性的超越。

师：太厉害了！大家为她鼓掌。

（热烈掌声）

六、布置作业

师：厉害哈！牺牲！超越！理解！救赎！最后一个作业：回去写一篇童话，题目叫《变形记》，运用今天所学的内容，所学的知识，讲述“我”是怎样变形的。要有内涵，有细节，有想象。下课！

附作业：作文《变形记》

借鉴选择：（1）想象有力（写出可能）；（2）变形有据（心理、惩罚、借力、自觉变形）；（3）儿童心理可信；（4）细节给力；（5）反复递进；（6）前后呼应；（7）结尾开放；（8）主题多元（单一亦可）。

要求：500字左右。

【课堂实录点评】

一、内容选择：基于当前作文教学存在的问题

在教学中，内容的选择很重要，关系到教学价值，也关系到教学的针对性

和实效性的问题。金老师选择童话续写，是基于他对当前语文教学存在的问题的思考。他认为："现在的写作教学（内容），缺失两样东西，一是想象力，二是心灵。"教学中对想象力的培养重视不够，而"想象力的缺失比思辨能力的缺失来得还要命"。在这一认识的基础上，金老师，选择了"童话续写"，因为童话续写不仅有助于对学生进行想象能力训练，而且童话与童话教学还"关注内心与人性"。这种基于问题教学是有价值的。

二、认知原点：童话就是写一种可能

童话究竟写什么，不同的人有不同的理解。金老师有自己的理解和诠释，把它定位在"写可能"上。初中学生对童话写什么是模糊的，不清晰的。为此，金老师在课堂开始时，引导学生从文本语境中认识现实与童话的不同，告诉学生"童话就是写一种可能"，而"可能"学生是容易理解的。学生对童话有了一定的了解，明确了童话应该写什么。从这一认知出发，本堂课进行童话续写就有了基础。

三、课堂聚焦：借助续写训练想象能力

金老师的整个教学过程都聚焦在续写想象上，没有游离训练点。想象是初中阶段一个重要训练任务。金老师认为："我们应该在初一阶段让学生完成有来由的想象，超越小学阶段的童话习作，即合理的深度的想象写作，即用想象介入现实。"基于这些认识，金老师用心设计了这堂课，借助童话续写，着眼于想象能力训练。怎样来达成这一效果？这堂课借助汤素兰的童话作品《驴家族》的阅读进行续写，老师引导学生阅读，从不同角度去思考去续写"家族"成员"可能"发生的事，在"家族"人员"变形"的分析中，将想象融入其中，充分调动了学生的思维，在学生后面的写作训练中，无不充满想象的内容。

这堂课从表面上看，前面的内容似乎直接体现主题不够，但是认真体会，教师教学的每一步实际上都是走向想象训练这一主题的。学生对文本的自我阅读感受，老师引导学生去感受文本的写法特点，全班的交流讨论，都是为了让学生走进文本，把握文本内容，体会文本中的"人""驴"关系，为后面的想象续写打基础。后面出示的创意写作策略以及写作体验，都聚焦在童话续写上的，这就为训练的针对性、有效性提供了一定的保证。这样的课堂教学的聚焦，不仅有助于学生对童话产生更大的兴趣，进一步了解童话特点，更重要的是能激发学生参与的热情，调动其思维，在一定程度上加强了学生的想象能力的培养。

四、读写桥梁：方法指导下的体验

方法是解决问题的钥匙，方法是写作得以落实的桥梁，是走得更远的前提。教学中，方法的恰当介入很有必要，尤其是针对初中起始年级的学生。教学中，金老师将方法穿插在读与写的引导中。比如在引导学生对文本报复心理的分析中，顺势引出了“反复递进”的写法，这种在阅读中悟方法，在引导中析方法，学生易于理解，易于接受，也易于把握。金老师教学的有效并不停留在此，而是在方法的引导中，及时让学生进行体会。比如，在引导学生探讨文本后，出示了创意写作策略：“选择角度、选择主题、选择知识、风格借鉴。”并提醒：“前面部分风格温暖、细腻，续写也应参照这样的风格。”这就强调了学以致用，然后让学生在方法指导进行体验，这个写作的体验过程给了学生较多的时间，给学生动脑和动手的提升提供真实的空间，增强了体验的教学效果，为本堂课借助童话进行续写训练的目标达成提供了保证。

五、实效达成：生生互评完善优化

如何让学生在这堂课的写作中具有更好的效果，训练目标得以达成，除了切实的写作体验外，金老师在“现场点评”环节，采用生生互动、师生互动点评的方式让学生的写作得以完善、优化。学生写作体验过后，不是自己马上评价写得怎样，而是提供一个互动交流的平台。金老师在学生读自己的童话续写片段后，要求同学们“点赞或挑刺”，“好的给他点赞，不足的给他挑刺”。学生在老师的鼓励下，放开自己的思维，针对同学的写作，从自己的角度谈看法，既有肯定，也有对问题的探讨并进行优化，体现了思维的交锋和碰撞。这个过程促进了学生思考，拓展了学生的思维宽度，又有助于提高学生的语言运用能力。

六、原作对照：强化对比，比较差距

金老师这堂课另一个教学特点，就是学生续写的部分不是童话的结尾，而是放在童话作品的中间。学生续写后，拿出童话原文要求学生对照，看看优劣，找出差距。比如原作的细节、心理写得非常精彩，值得同学们在对比中去琢磨、体会。这一教学环节不仅加强了学生对自己写作的反思，更在于与原作的对比中，去感受原作的语言特点，想象的恰当运用，从而找出自己的差距，促进自己思考，优化自己的文段，这样更有助于学生写作思维的培养。

作为一种探究课，在精彩的同时，也会有遗憾。从优化的角度看这堂课，还可以进一步思考。下面限于篇幅，选择几点谈谈不成熟的看法。

1. 课堂容量：注重“度”的把握

一堂课能承载多少，学生能接受多少，要根据学生的认知能力和本堂课具有的时间来决定。这堂课教给学生的方法点较多，虽然都与如何写好童话的续写有关，但一堂课给出的方法太多，要想在一堂课中落实有难度，达到一定的体验深度有困难。比如，在“续写童话”环节给出的写作策略中，“选择知识”就涉及了以下几点：① 想象有力（写出可能）；② 变形有据（心理变形；借力变形；自觉变形）；③ 儿童心理可信；④ 细节给力；⑤ 反复递进。在第 4 点还有“风格借鉴”。虽然老师要求可以选用，但学生在有限的时间里要去思考、判断、选择，然后运用，难度比较大。老师可以根据这篇文章的特点和借鉴价值，以及学生的实际情况，给出一两点适量的要求，力求学生在悟法体验上有一两点上突破，立足于落实和训练的达成，让训练更聚焦，便于学生运用，便于学生深度体验，也便于在交流中能集中训练点检测达成情况，其教学的效果也许会好一些。

2. 语言表达：力求严谨

教学中要进一步注意语言表达的严谨性。在开头，老师告诉学生“童话就是写一种可能”，随后在与学生讨论“我”“变形”心理后，又提出“其实童话就是写人的什么？”“心理，好的童话就是写心理”。这里“其实”二字有一定的排他性，强调的是写心理。好的童话是不是就写人物的心理？另外，前面说童话就是写可能，“写可能”与“写心理”是一种什么关系，是对等，还是有差距，抑或是融入？没有给学生交代明白，从这个点上说，学生对童话究竟是什么，可能有些模糊。另外，在“现场点评”环节，在对第一位同学写作片段交流后的总结中，金老师说：“曾经的怨恨消除了，慢慢地找回了一种爱，回归到相爱相容相知的轨道上来。所以这小说的变形很精彩，明白吗？” 这里突然出现了“小说”的概念，与前面只涉及童话不够对应，小说与童话是有区别的。因此，在表达的严谨上还应该注意。

作为课例研讨，以上仅仅是从一定的层面和角度谈了自己粗浅的看法，意在抛砖引玉。我相信，只要大家用心去看，用心去思，用心去辨，用心去设计课堂教学，在阅读中引导学生体会方法，在写作体验中提升作文能力，我们的作文课堂就会更加精彩，更有收获。

让生活化语文融入文本教学之中

——江苏省特级教师董旭午《景泰蓝的制作》课堂实录及点评

说明文是一种最难教的文体之一，教师教起来缺乏激情，学生学起来感到枯燥。像《景泰蓝的制作》这样的说明文，说明的顺序很清楚，工序的介绍也清晰，不少老师也觉得没有什么可教的，即使教也教不出什么味道，因此，有的老师处理这篇文章时，或者老师提示一下，或者让学生自读，效果不够好，没能充分挖掘这篇文章的教学价值。而董老师在教学这篇文章时，却教出了味道，教出了自己的体会，教会了学生品读，体现了他所倡导的“生活化语文”的理念。

【课堂实录呈现】

《景泰蓝的制作》课堂实录

江苏省特级教师　董旭午

课前： 同学们自读课文，了解课文基本内容，把握景泰蓝制作的步骤和过程。

师： 今天这节课我们一起来学习《景泰蓝的制作》这篇课文。同学们都读过课文了。请问，《景泰蓝的制作》这个文题中谁是中心词？

生： 制作。

师： 这个“制作”在这篇课文里是什么意思？

生： 应该指景泰蓝的制作过程。

师： 景泰蓝的制作过程分几步？

生： 六步。

师： 哪六步呢？

生：“制胎”“掐丝”“点蓝”“烧蓝”“打磨”“镀金”。

师：景泰蓝的制作过程的总的特点是什么？

生：全部是手工操作。

师：你从哪里看出来的？

生：课文的最后一段。

师：一点儿也没有机械的参与？

生：作者说，“只有待打磨的成品套在转轮上，转轮由马达带动的皮带转动，算是借一点儿机械力”，但是具体打磨时还得靠手工，尤其是起瓜楞的干脆就不能由皮带带动，只能靠纯手工。

师：尽管如此，毕竟还是有一点点儿机械的参与呀，就不能称为全部用手工啊。

生：我认为，作者后面的补充说明就是为了强调几乎全是手工，是为了使自己的话讲得更严密。

生：我认为，“全部工作都是手工”这句话还是有问题，不如改为“全部工作几乎都是手工”更严密。

师：大家都来看看，如果我们把最后一段的第一句话改为“全部工作几乎都是手工”可不可以？

生：可以。这样讲更严密，无懈可击，后面的话正好又证明了这个结论。

师：很好。我也认为这句话有点儿不够严谨。同学们勤于动脑，分析得也很到位，应该鼓励。（学生鼓掌）现在，我再来问一个问题：景泰蓝的制作过程有“六步”，那么作者在介绍这“六步”时是平均用笔墨的吗？

生：不是。“掐丝”“点蓝”这两步写得很详细，尤其是“掐丝”这一步。

师：为什么这两步写得这么详细呢？

生：重要呗。

师：怎么个重要法？

生：景泰蓝是精美的手工艺品，它的精美可全靠这两步做得如何了。

师：很好。还有补充的吗？谁再来说说？

生：（沉默）

师：景泰蓝那么精美，它到底是怎样造出来的呀？哪些步骤很不容易被外人见到啊？或者说是一般人不大清楚的？

生：（恍然大悟）那当然是最精密的“掐丝”和“点蓝”了。

师：所以要详尽地向读者介绍啊。还有，景泰蓝是十分贵重的手工艺品，它的“贵重”也体现在这两步上。这两步做得不到位，那做出来的景泰蓝也一定是个次品，所以还必须得详细说说，以让读者了解它的价值。下面，请同学们做课堂笔记，把刚才我们说的几个理由整理出来。（师适当提示）

（生做课堂笔记）

（优秀笔记展示：详写的理由：（1）这两道工序最复杂、最精细，详尽地体现了景泰蓝制作的精细、操作的繁复和手工制作的特点；（2）这两道工序是景泰蓝制作所特有的，十分精密，不是一般的人所熟知的；（3）这两道工序最重要，直接决定着景泰蓝质量和价格的高低。）

师：说明文常常用来说明事物的特征、过程和关系，主要的东西常常要写在前面，就像街上卖苹果的，总是把大的漂亮的放在上面。那么，在这篇文章当中，作者怎么就没有把“掐丝”和“点蓝”放在最前面来说明呢？谁来说说？

生：这篇文章是专门介绍景泰蓝的制作过程的，所以必须按照制作步骤的先后来说明。

师：很好。谁还补充？

生：（沉默）

师：其实，这样写也符合人们认识客观事物的规律，人们总是按照事物发展的先后来认识事物的。请同学们再做课堂笔记，把刚才所强调的这两点理由整理出来。

（生整理笔记）

（优秀笔记展示：（1）按照“六步”的先后顺序来说明，是由作者专门介绍景泰蓝的制作过程的写作意图所决定的。（2）这样介绍景泰蓝的制作过程符合人们认识客观事物的规律，即按照事物的发展过程来了解和认识事物。）

师：都说说明文语言平淡，清汤寡水，没有什么情感。这篇说明文可不是这样的，字里行间蕴含着作者的情感。请同学们再默读一遍课文，尤其是介绍“掐丝”和“点蓝”这两部分，勾画出蕴含着作者情感的语句。

（学生默读课文，勾画有关语句）

生：我勾画出了这样几个语句：

（1）掐丝工人心里有谱，不用在铜胎上打稿，就能自由自在地粘成图画。

（2）他们简直是在刺绣，不过是绣在铜胎上而不是绣在缎子上，用的是铜丝而不是丝线、绒线。

（3）且不说自在画怎么生动美妙，图案画怎么工整细致，单想想那么多密密麻麻的铜丝没有一条不是专心一致粘上去的，粘上去以前还得费尽心思把它曲成最适当的笔画，那是多么大的工夫！

（4）咱们的手工艺品往往费大工夫，刺绣，刻丝，象牙雕刻，全都在细密上显能耐。

（5）大概是熟极了的缘故，不用看什么图样，自然知道哪个格子里该填哪种色料。

师：这些句子都流露出了作者怎样的情感？你们能说说吗？

生：这些句子有的赞美制作工人技术的熟练，如第 1 句和第 5 句；有的赞美制作工人技术的精湛，如第 2 句；有的赞美景泰蓝制作工艺的精密，如第 3 句；有的赞美传统手工艺品制作的细密，如第 4 句。

师：很好。作者压抑不住自己的激动的情绪和赞叹的情感，自然而然地就流淌于字里行间了。所以以后写说明文时，还请同学们不要死守“清规戒律”，认定说明文不宜抒情的死理儿，还要看具体情况而定，只要自然而然就好。别的句子我就不说什么了，同学们分析得很好，只是“咱们的手工艺品往往费大工夫”这一句我情有独钟。这句话中，哪个词最有抒情味道？谁来说说？

生：“咱们”。

师：为什么？

生：“咱们”表达了一种自豪感，这种自豪感又属于咱们大家的。

师：很好。“咱们的爸妈”和“我们的爸妈”有什么不同？

生：“咱们的爸妈”就把别人都带进来了，而“我们的爸妈”强调是我们大家的爸妈，把“你们”和“他们”排除在外了。

师：很好！这里也套用一下叶圣陶先生的说法，咱们的景泰蓝，太棒啦！下面，我们来做一次课堂阅读思辨训练。

请同学们认真阅读《云南白药牙膏说明书》（师播放课件）：

云南白药品牌享誉中外，是中国止血愈伤、消炎消肿、活血化瘀类产品的百年品牌。云南白药牙膏是以牙膏为载体，借鉴国际先进口腔护理、保健技术研制而成的云南白药口腔护理保健产品。它内含云南白药活性成分，具有迅速抵制牙龈出血，修复口腔溃疡，改善牙龈肿痛，祛除口腔异味的作用，同时具有防止牙龈炎，牙周炎、牙龈萎缩等问题的作用。它选用高档软性硅磨料和高级润湿剂，膏体细腻，清新爽口。在日常刷牙中，即可使牙周、牙齿和口腔其他组织得到专业的护理、保健，令口腔更健康，牙齿更牢固，是新一代口腔护理、保健的理想产品。

牙周病（包括牙龈炎和牙周炎）是口腔常见疾病，它是导致缺牙的主要原因。据统计，我国牙周病的患病率远远高于龋齿的患病率，特别是30岁以上的人群中，牙周病的发病率是龋齿发病率的近2倍。资料显示，成年人中牙周病的发病率高于80%。牙龈组织是牙体赖以生长发育的基础，有健康的牙龈、牙周、牙体才会得到良好充分的营养供给，也才有坚固的组织支撑。

口腔粘胆膜病中最常见的是口腔溃疡，呈周期性复发，严重影响患者的饮食，并导致心理焦虑。口腔溃疡呈小圆形或椭圆形，边缘整齐，中心凹陷，一般持续7～14日。遇刺激性食物，如酸、热、辛辣之品等，疼痛加重，位于舌尖者常影响说话和进食。因此成年人的口腔护理，必需改善牙龈、牙周微循环和口腔黏膜微循环，提高牙周和口腔黏膜组织养分供给，增强牙龈、牙周、牙齿和口腔黏膜的抗病能力。

（学生阅读《云南白药牙膏说明书》）

师：说明书的第一段写了什么内容？

生：写云南白药牙膏的活性成分、制作机理、特点、作用和用法等。

师：既然是这样，为什么要最先介绍云南白药呢？

生：因为云南白药牙膏含有云南白药成分，取名就叫云南白药牙膏。

师：那就直接说牙膏里有云南白药这种药物成分不就可以了吗？这到底是为什么呢？谁再来说说？

生：云南白药是传统名牌啊。

师：有道理。谁还能补充？

生：想表示这种牙膏什么不一般，出身名门啊。

师：你们俩的意思差不多，就是说最先介绍云南白药是为了突出这种牙膏不一般，身份和地位很高。这当然是有道理的，但同学们再想想，牙膏终是要卖给消费者的呀。

生：用名牌来吸引消费者眼球，引起他们的重视，他们才舍得花钱买。

师：对头。现在的很多商品为什么都愿意讲自己是老字号啊？为什么非得找名人做广告啊？就是这个意图。同学们，这第一段的前几句话，看似寻常，实则用心良苦啊。写完第一段，说明书就写完了，但是却又写了两段。这两段写的是什么？

生：介绍了一些口腔疾病知识。

师：这与牙膏本身有关系吗？

生：没有什么关系。

师：那就没必要再写了。

生：还是有一些必要。让消费者了解一些口腔疾病，这对提高消费者的思想认识，进而认识到使用云南白药牙膏的重要性和必要性。

师：很好。现在我们都在提倡人文关怀，这个小小的说明书也充分体现了现代企业的人文关怀理念。课下，请同学们自主整理笔记，把我们这次阅读思辨的主要结论概括、整理出来。整理到作业本上，而后交给老师批阅。

同学们，说明文是很有实用价值的，接触新技术需要它，介绍新产品还需要它。毫不夸张地讲，说明文将陪伴我们一辈子。生活中处处都可以见到说明文，还请同学们做生活的有心人，把说明文学活，把语文学活学好！咱们的“景泰蓝”，真棒！

下课。同学们再见！

【课堂实录点评】

董老师这堂课有以下几个特点。

一、恰当选择教学内容

一篇文章，教学的内容是很丰富的，怎样选择教学内容，反映了老师的教学理念和教学的功底。《景泰蓝的制作》这篇文章并不短，所涉及的面也比较多，但是董老师在设计教学内容的时候，不是面面俱到，平均用力，而是根据文章所写内容抓住几个核心点，从景泰蓝制作过程特点、详略的处理等几个方面进行教学，并通过整理笔记、思辨训练等方面体现学生学习的效果。

二、借用追问引导学生走进文本

追问是一种很好地教学方式，有效地运用它，可以将学生思维层次从一个台阶上升到另一个台阶。在本堂课的教学中，董老师很注意运用这一方式。比如，在开头把握景泰蓝的制作过程的总的特点的时候，围绕景泰蓝的制作过程是不是“全部是手工操作”，老师用“你从哪里看出来的”一步一步地追问方式，引导学生进一步去细读课文，不断将学生的思维提升一个层次。在追问中，借对制作过程的总特点的把握来强调说明文语言表达的准确性，通过比较分析，让学生对用词的选择有了新的认识。在整个引导过程中，多处运用了追问的方式，体现了追问带来的效果。

三、将写作渗透在讲读中

在董老师主张的生活化语文“说写历练生活化”系统中，其中一点强调“学文悟写生活化”，主张“让学生学着课文作者的样子依情据理去遣词造句，布局谋篇，运招用技，写好作文”。董老师在具体的教学行为中，这一点意识是比较强的，根据课文的特点，将写渗透在引导分析中。比如，对景泰蓝的制作过程“六步”的详略安排上，借重点介绍“掐丝”“点蓝”这两步以及整理理由，将如何在选择的材料中处理好详略得当的关系凸显了出来。同时，通过对“掐丝”和“点蓝”顺序的安排，又让学生明白了，材料安排的先后又与写作的对象有关（符合景泰蓝自身制作过程的特点；符合人们对景泰蓝这一客观事物的认识规律）。这样的引导，就自然与写作有机地结合起来。在师生的对话中，“学文悟写生活化”就得到了体现。

四、注重与生活的链接

董老师在教学中，没有局限于课文的教学，而是由课文扩大到生活中，引进与课文文体一致，同时与学生的生活紧密相关的文章进行训练。如，在引导学生分析课文之后，董老师引出《云南白药牙膏说明书》，而牙膏说明书对学生来说并不陌生，生活中随时都能接触到。老师设计这一内容，让学生既能感到说明文在我们身边随时都可能遇到，又能运用上面所学的方法来体验，还能反馈学生学习了《景泰蓝的制作》的学习效果。同时，有助于学生更加有意识地留心生活中的各式各样的说明书，提高阅读的兴趣，拓展阅读的视野。

五、注重整理习惯的培养，养成良好的读书动笔的习惯

比如，在对文章为什么要详写“掐丝”和“点蓝”两道工序后，要求学生写读书笔记，整理理由；在讨论《云南白药牙膏说明书》之后，又要求学生对阅读思辨的主要结论进行概括整理。这样的教学安排，让学生在整理过程中，既能清晰阅读的思路，又能明其学习收获，还能养成良好的动笔习惯。

从反思的角度看，有的环节要求与达成意识还可进一步加强。比如，在“下面，我们来做一次课堂阅读思辨训练”一环节。思辨训练的材料是《云南白药牙膏说明书》。从后面的推进过程和师生对话看，“思辨”二字体现还不够，还应引导学生加强，使要求与目标达成一致。另外，结尾“咱们的‘景泰蓝’，真棒！”这句话显得突然，前后衔接不够紧凑。

这堂课对文本的处理主要采用的是选点教学，抓住了关键，节约了时间，进行了拓展。为了把握学生对文本的理解情况，在教学处理上，如果设计一个反馈环节，让学生质疑，老师就能更好地把握学生对文本的掌握程度，并根据学生的反馈情况进行及时处理，在此基础上拓展，效果就更好。

在这篇课例中，融入了董老师“生活化语文”的理念，让学生不仅学课文，了解相关知识，而且引导学生处处感受语文，树立在学语文中感受生活，在生活中用好语文的意识。这样的教学，学生得到的收获更多。

巧选教学突破口　生成推进活思维

——成都市教科院黎炳晨《阿长与〈山海经〉》课堂实录及点评

《阿长与〈山海经〉》一课是黎炳晨老师于 2017 年 7 月在江苏无锡举办的第十一届“语文报杯”全国中青年教师课堂教学大赛的参赛课。黎老师以其新颖独特的视角，灵动自如的课堂驾驭，扎实的教学功底，轻松愉悦的对话，生本的教学理念，赢得了评委老师和听课老师的好评，获得了一等奖。

【课堂实录呈现】

《阿长与〈山海经〉》课堂实录

成都市教科院　黎炳晨

一、课堂导入

无锡有一个名人叫“阿炳”，我是来自成都的“阿炳”。（听众笑）很遗憾，无锡的阿炳没有一双明亮的眼睛。我们学习课文不能留遗憾，我们需要找到这篇文章的“眼睛”！

师： 让我们一起来看题目：阿长与《山海经》。三个词语当中，你在预习的时候，最关注的是哪一个词语呢？

生： 阿长，因为她是这篇文章的主人公。

师： 哦，你关注的是题目中提示的文章主人公。还有其他看法吗？

生：“《山海经》”，因为它最能表现阿长对作者的情感。

师： 你觉得《山海经》凝聚了阿长对作者的情感。大家注意到没有，我们对这个题目中当中有一个词语，忽略了？

生（齐答）：与。

师： 既然大家都没有关注，那我们今天就从这个“与”字出发，看能不能走进这篇文章，走进“阿长”。

二、概读课文，把握情感起伏："与"字连接了一个怎样的故事？

师：同学们，让我们快速地阅读课文，看一看这个"与"字连接了一个怎样的故事？能不能用一句话来概括一下？

（学生自由阅读）

师：阿长与《山海经》之间到底有一个怎样的故事？

生：阿长送《山海经》给迅哥儿。

师：哦，原来"与"字连接的故事是"阿长送《山海经》给迅哥儿"。这篇文章只写了这个故事吗？

生：不是，还有其他事。

师：哦，还有其他事。那为什么题目不叫"阿长与长毛""阿长与福橘""阿长与'大'字"，而偏偏要叫着"阿长与《山海经》"呢？大家思考过这个问题没有？

生：我觉得因为"买《山海经》"这个事情让阿长不再被作者憎恶了，同时让作者对她产生了新的敬意，所以作者用这个题目。

师：你是单独地就这个事件来进行分析的，但是作者在这篇文章里不止写了有关阿长的这一件事情。没有比较就没有结论，还是让我们先看看作者写的其他有关阿长的事情吧。

屏幕展示：

① 称呼的由来。

② 喜欢切切察察，打小报告。

③ 睡相不好，摆成"大"字。

④ 规矩太多，元旦硬塞福橘。

⑤ 一肚子繁琐的道理。

⑥ 讲长毛的故事。

⑦ 谋害了我的隐鼠。

⑧ 给我买《山海经》。

师：我们可以看到，明明有关"阿长"的内容有八个方面，作者偏偏选择了"阿长与《山海经》"作为文章的题目。这里很值得探究哦！

请大家再次进入课文，用"读到一个________的________"句式来分别归纳。后面的空格请在"长妈妈""阿妈""阿长"三种称呼中进行选择。

（学生自由阅读，讨论；教师巡视，参与学生讨论）

师：好了，刚才看大家讨论得非常热烈，有自己的结论了吗？我们来分享一下。

生：我从“一肚子繁琐的道理”读到了一个“质朴的阿长”。

师：你的关键词是“质朴”“阿长”，你是怎么读出来的？

生：因为“一肚子繁琐的道理”很多都是迷信的，农村里的人一般都比较相信这个，这表现了阿长质朴的一面，所以我用的是“质朴”。

师：你选择“阿长”的理由呢？

生：因为她迷信啊。

师：好的，还有另外同学分享其他吗？

生：“喜欢切切察察，打小报告”也可以看出一个“关心我的阿妈”。

师：“切切察察”不是作者“最讨厌”的吗？“打小报告”不也是我“不大佩服”的吗？怎么读出“关心”的？

生：她是农村的女佣，当时底层那些妇女都是那样。她“打小报告”，是希望我不要“顽皮”，本质上是“关心我的”。

师：好，你从事情的表面读到了本质。还有其他同学分享吗？

生：我从“规矩太多，元旦硬塞福橘”看出了这是“循规蹈矩的阿长”。

师：为什么是“循规蹈矩”的呢？

生：因为她要遵守那么多的过年的规矩，所以我觉得她是“循规蹈矩”的。

师：但是“我”是她的小主人，她却要硬塞给我福橘，让我不舒服，我觉得她“不懂规矩”哦！

生：她是想教给他做人的规矩。

师：是想教给他做人的规矩？还是让我们回到这一部分的内容，来看一看，阿长是否“循规蹈矩”，这里用“阿长”是否合适！

（学生齐读文章六到十一自然段）

师：我们从刚才的文字里，是否读出了阿长的“循规蹈矩”呢？同时这位同学选择的称呼是“阿长”，不知道大家关注到了没有：这篇文章作者对这位保姆有几个称呼？

生：三个。阿长，阿妈，长妈妈。

师：这三个称呼背后作者的情感一样吗？

生：不一样。

师：那不一样又在何处呢？他在什么情况下叫这位保姆为“长妈妈”？

生：他对她比较客气的时候，比如“讲长毛故事”“买《山海经》”的时候。

师：那什么时候叫“阿妈”？

生：平常的时候。

师：那什么时候又叫她“阿长”呢？

生：他讨厌她的时候。比如她“谋害了我的隐鼠”的时候，就是“让人讨厌的阿长”。

师：你用的词语是“讨厌”，文章里是这样说的吗？

生：文章用的是“憎恶”。（学生将“憎”读成四声）

师：找得很准确，作者用的是“憎恶”。（教师强调应该读一声）那你来说说，刚才那位同学将“规矩太多，元旦硬塞福橘”这部分内容的称呼选择为“阿长”，正确吗？这里表现了作者对阿长的憎恶吗？

生：我觉得应该是“阿妈”，这里就是日常的，没有憎恶。

师：那从这个部分的内容中，可以用“循规蹈矩”来概括吗？你如果来概括，你会用哪一个词语？

生：强人所难。

师：强人所难？那她为什么要“强人所难”呢？她做这些事情的目的是什么？

生：让“我”和她得到幸运。

师：她如此期待如此惶急如此郑重地做这件让我“不舒服”的事情，就是为了让“我”和她都得到幸运，一年“顺顺流流”。“强人所难”概括出的是事情的表面，如果从她做事情的目的来说，可以怎么概括呢？

生：爱“我”的阿妈，为“我”着想的阿妈。

师：好的，还有另外同学分享其他的吗？

生：我从“阿长买《山海经》”看到了一个细心的长妈妈。

师：嗯，用“长妈妈”是你读到了作者的一份敬意，那从哪里看出长妈妈的“细心”呢？

生：没有其他任何人关注到他喜欢这本书，长妈妈注意到了，还给他买来了，这是一份特别的“细心”。

师：好的，我们来听听其他同学的分享。

生：我从“睡相不好，摆成‘大’字”看到了一个“真实的阿妈”。我的理由是，在那个时代，女性往往被要求表现出最好的样子，所以她们会活得比较拘谨。我母亲提醒长妈妈也说得很委婉，但是阿长却没有在意别人的看法，而是活出了一个真实的自己。

师：所以，你用的是“真实”，活得没有那么多的框框条条，不虚伪，很真性情。那后面为什么选择“阿妈”呢？她摆‘大’字不是让我痛苦不堪吗？

生：我后面选择“阿妈”是排除掉了“阿长”，我觉得这个称呼背后是一种不尊重，但是这里只是一种“厌烦”。

师：你提到了有关文章一开头就写到的称呼问题。你从“阿长”称呼的由来，又读出了什么呢？

生：我读出了“不尊重”。

师：谁不尊重？为什么会不尊重她呢？

生：因为这不是她本来的名字，只是因为我们一家人习惯了原来女佣的名字，就强加给了她。

师：你说得很好，是“强加”，不是“自愿”。关键是这个名字，还有一点特别的地方，你发现了吗？

生：这个名字还不恰当。原来的女佣身材生得很高大，所以叫“阿长”，但是长妈妈却是一个“生得黄胖而矮”的人，主人随意就给了她这个名字，不尊重她。

师：“不尊重她”，随意地给她起名字，其实这些都表明长妈妈在我家、在当时身份地位如何啊？

生：很卑微，很低下。

师：从“称呼的由来”，我们可以读到一个“卑微的阿妈”。我们分享了这么多，但是有一部分内容，我们都没有谈到。

生：阿长讲长毛的故事。

师：那从这部分内容中，我们可以读出什么呢？

生：老师，我想先问一个问题，为什么长妈妈要给他讲长毛的故事？（听众笑，掌声）

师：我也正想问大家这个问题，那你告诉我，为什么长妈妈要给他讲长毛的故事呢？（听众笑）

生：（沉默）老师，我可以求助吗？

师：可以啊。

生：我求助下面的老师。（学生跳下舞台，来到评委席，询问其中一位评委）老师，为什么长妈妈要给“我”讲长毛的故事？（听众热烈鼓掌）

评委：这个问题提得非常好，还是请同学们先思考吧！（听众笑）

师：本以为这个皮球踢出去了，结果又被踢回来了。（听众笑）那让我们一起回到课文里这部分内容（文章第十三到第十七自然段）。要想知道为什么长妈妈要给作者讲长毛的故事，首先要搞清楚，到底长妈妈讲了有关长毛的什么故事。

生：讲了长毛杀门房掳小孩掳好看姑娘的故事。

师：作者对长妈妈讲这些事情是怎样的态度呢？

生：空前的敬意。

师：作者对长妈妈“空前的敬意”是来自这些事情吗？你从文章哪里看出来的？

生：哦，“空前的敬意”不是来自这些事。从文章第十四自然段可以看出，作者对长妈妈讲这些事情“似乎倒并不怕，因为我觉得这些事和我毫无相干的”。他应该觉得长妈妈讲这些事情和平常的“切切察察”一样，是当时下层人民的一种迷信和愚昧。

师：既然如此，那是什么事情让作者产生了“空前的敬意”呢？

生：脱裤子对抗敌军的大炮，作者没有料到她还有这样伟大的神力，所以对她产生了空前的特别的敬意。

师：这部分内容，是长妈妈本来就要讲给作者听的吗？

生：不是。

师：那是因为什么要讲的呢？

生：因为作者看不起她。

师：从哪里看出作者看不起她？

生：文章第十五自然段“‘那么，你是不要紧的。’我以为她一定是最安全了，既不做门房，又不是小孩子，也生得不好看，况且颈子上还有许多灸疮疤。”这里写出了作者觉得长妈妈长得丑。

师：长妈妈前面说长毛要掳好看的姑娘，作者认为她不会被掳去，你觉得是因为作者认为她长得不好看。请大家注意作者的用语，“生得不好看”，先天不足；“况且颈子上还有许多灸疮疤”，后天毁容。（听众笑）所以我们可以看出，小时候的作者内心是看不起长妈妈的，他觉得长妈妈长得不好看。那长妈妈的反应是什么呢？我们把相关语句读一读。

（生朗读）

“哪里的话？！”她严肃地说。“我们就没有用么？我们也要被掳去。城外有兵来攻的时候，长毛就叫我们脱下裤子，一排一排地站在城墙上，外面的大炮就放不出来；再要放，就炸了！”

师：请大家注意，作者在这里使用了“严肃”这个词语。长妈妈是女佣，面对一个小孩子随口的话，竟然如此“严肃”，是因为她感受到作者认为她长得不好看吗？

生：不是因为作者觉得她长得不好看，而是她觉得自己被轻视了，她感受到小主人觉得她没有用。

师：换句话来说，她感觉到自己没有价值，没有存在感。虽然她很卑微，但是从这一反应可以看出，她也有自尊，她也希望得到别人的承认。

我们再来看，作者写长妈妈的回答，“哪里的话？！”用了一个问号，还用了一个感叹号；后面说“我们就没有用么？”用了一个反问句。这里可以看出长妈妈怎样的心理状态？

生：不服气，强烈地想证明自己的存在价值。

师：长妈妈还说“我们也要被掳去”，请注意这里用的是“也”，读一下，可以读出怎样的感觉？

（生读）

生：有一种骄傲感。

师：被掳去，非但没有恐惧，反倒有一种骄傲，为什么？

生：想证明自己有价值。

师：作者说的是“她”，她回答的却是“我们”，很显然她把自己归为哪一类？

生：前面提到的“好看的姑娘”。（听众笑）

师：鲁迅笔下有许多的像长妈妈这样的小人物，他们同样身份卑微、地位低下，但是这个长妈妈却有些不同，她人虽卑微，却很质朴，依然渴求着被别人尊重，也希望活得有存在感。

师：（小结并引导）我们分析了这八部分的内容，可以看到一个身份卑微、表现粗俗，甚至有点愚昧，但是内心却很善良，并且还渴求尊重的底层妇女形象。我们也发现，作者所写的八部分的内容中，有两件事情是可以冠以“长妈妈”这个称呼的，一件是“讲长毛的故事”，一件是“买《山海经》”，两件事情都让作者产生了“敬意”，两件事情都让作者感到意外，那这两件事情又有什么不同，让作者最终选择用“买《山海经》”来作为课文的题目呢？

生：不一样。虽然都是产生了“敬意”，一个是“空前的”“特别的”，一个是“新的”，但是两件事情的性质不一样。

师：怎么不一样？

生：长毛故事带来的敬意逐渐淡薄了，并且作者知道她谋害了自己心爱的隐鼠之后，敬意就完全消失了。而“买山海经”带来的敬意一直存在，并且将“谋害隐鼠”带来的怨恨，从此消失了。

师：你注意到了作者在这两件事情之后的情感变化。还有什么不同吗？

生：长毛的故事是作者觉得长妈妈有神力，作者很惊异；买《山海经》，却是让作者遇着了一个霹雳，全体都震悚起来，是带给作者内心的温暖。

师：刚才的同学关注的是事情之后的变化，你关注的是事情带给作者的心理感受。原来，作者把最能体现长妈妈优秀品质的事情作为了文章的题目，也带给我们启示，写人物一定要抓住她的典型事件。让我们一起来走进这个故事。

（教师要求学生自由朗读文章第十九到二十六自然段有关“长妈妈买《山海经》”部分，并勾画作者直接描写长妈妈的文字）

师：大家朗读之后，找到作者直接描写长妈妈的语句没有？我们来看看，作者是如何在这典型事件中刻画“长妈妈”这一形象的？

生：我找的是文章第二十三自然段“她穿着新的蓝布衫回来了，一见面，就将一包书递给我，高兴地说道……”

师：你关注到了哪些词语？

生：“一见面，就将一包书递给我”中的“一……将……”。表明她回来立即就做了这件事。

师：告假回来，急不可耐做的第一件事情。

生：对。

师：这句话中，你关注了动作描写，还有其他地方值得关注吗？

生：还有“高兴”。

师：作为底层妇女，迅哥儿家的女佣，长妈妈很少有“高兴”的时候，这篇文章写了长妈妈几次“高兴”？

生：两次。

师：除了这里，还有哪里写到长妈妈的“高兴”？

生：在元旦“我”给她说恭喜的时候。

师：两次写的“高兴”一样吗？

生：……

师：让我们一起来比较一下，大家分别将表现这两次“高兴”的文字朗读一下。

（生朗读两处文字）

师：我们一起来看一下作者的表述，你们发现两处“高兴”有什么不同？

生：元旦“我”说恭喜的时候，长妈妈是“十分欢喜似的，笑将起来”，而这里是“高兴地说道”。

师：除了文字表述的不同，大家能看出背后的不同吗？

生：元旦“我”说恭喜的时候，长妈妈并不是真高兴，给“我”买《山海经》是真正地高兴。

师：小主人给自己祝福，只是“十分高兴似的”，给小主人买《山海经》，却是真正的高兴。或许，她期望得到的祝福仅仅是一种渺茫的希望罢了，而给小主人买到他期盼已久的《山海经》才是实实在在的开心。其实，小时候的作者已经可以感受得到，或许还不够明晰，直到三十多年之后，愈加地明白和懂得了长妈妈带给他的这份慈爱。

师：关于对长妈妈描写的文字，大家还有另外的发现吗？

生：我从长妈妈的话里，读到了一个慈爱细心的长妈妈。

师：你能把这句话按照你的理解读一遍吗？

生：（朗读长妈妈的话）哥儿，有画儿的“三哼经”，我给你买来了！

师：你从哪里能够感受到长妈妈的“慈爱细心”？

生：长妈妈是一个底层的不识字的妇女，她连《山海经》的名字都会说错，可以想象她如何千辛万苦买这本书。“我”那么喜欢《山海经》，旁人却没有关注，唯有长妈妈关注到了，并且费心地帮我把这本书买到。

师：但是如果是我来概括的话，我从这句话中读到了一个“傻傻”的长妈妈，这是一个多好的机会啊，她应该告诉迅哥儿，我是多么的关心你，我是多么辛苦花了大价钱才买到这四本“三哼经”……这样说，才符合一个底层保姆的感觉啊，她为什么不这么说呢？（听众笑）

生：这里的话是让人觉得长妈妈傻傻的，但是这样的话更让人感受到她的淳朴，“我给你买来了！”后面用的是感叹号，表明她给“我”买到这四本书，内心是非常激动的。

师：这位同学的回答非常准确和深刻，更重要的是，她为我们提供一条很好的分析语句的思路，那就是关注标点符号。“我给你买来了”后面感叹号表现了长妈妈内心的无比激动，她为什么而激动？

生：为“我”买到了心爱的书。

师：不是为自己激动，而是为小主人终于获得最爱的书而激动。这份慈爱背后的淳朴让人难忘，也让人感动。“我”那么厌烦她，细心的长妈妈应该会感受到，但是她依然随时随地地将我的一切看在眼中，放在心中，这份慈爱让鲁迅先生产生了新的敬意，谋害隐鼠的怨恨也就完全消失了。

师：（小结）这份慈爱不是一般的慈爱，而是来自一个卑微的被忽视生命的真诚内心，无论作者如何对待阿长，阿长一如既往地用关心呵护作者，所以难能可贵，让作者深深怀念。

三、细读课文，再悟作者情感：“与”字隐含了一份怎样的情感？

师：原来“与”字连接了一个作者记忆中有关长妈妈的一件最为典型最带给他温暖也最能表现长妈妈品质的事件，怪不得他要将其作为这篇回忆文章的题目。老师有一个疑问，既然如此，那为什么题目不叫“阿长买《山海经》”，而将“阿长”与“《山海经》并列放在一起呢？”

生（前面跳下讲台求助评委的学生）：我也有同样的疑惑。

师：哦，那这一次你不能转移问题了。（听众笑）我很想听听你当初有这个疑惑时是怎样思考的。

生：我觉得“买”只是表示一种行为，而作者将“阿长”与“《山海经》”放在一起，他们之间应该有什么关系，应该包含了作者对他们情感……

师：你的回答带给我们一些启发，“与”字将“阿长”与“《山海经》”并列在一起，表明他们在作者心目中同等重要，寄托着作者的某种情感。那我们一起细读课文，看看到底这个“与”字背后隐含了作者一份怎样的情感？

（PPT展示问题）

师：那我们先来细读有关“《山海经》”的相关段落。

（教师要求学生自由朗读文章第十九到二十一，二十七到二十九自然段）

师：从以上文段里，我们找一找，看看作者是怎样描述这四本《山海经》的。

生：刻印十分粗拙，纸张很黄，图像也很坏，甚至于几乎全用直线凑合，连动物的眼睛也都是长方形的，但那是我最初得到，最为心爱的宝书。

师：和后来作者拥有的书比起来，这本书太粗拙了，但是在作者的心中，这本书确实最为心爱的宝书，听起来好矛盾哦，为什么作者这样认为呢？

生：因为《山海经》是长妈妈慈爱的化身，所以作者珍惜。

师：你认为这书之所以是宝书，是因为书里凝聚了长妈妈的爱。除了这个之外，还有另外的原因吗？

生：我觉得《山海经》是他小时候日夜想着的，长妈妈帮他实现了这个愿望，他们都带给了他快乐。

师：带给了他快乐？什么快乐呢？让我们一起再读一下文章第二十八、二十九自然段。

（生齐读二十八、二十九自然段）

师：这本粗拙的书，带给他的快乐是什么呢？

生：从前面第十九自然段可以看出，这本书是他的叔祖说给他听的，那些神奇的内容让他无比渴慕，长妈妈买回来的书虽然粗拙，但满足了他小孩子的好奇，激发了他读书的兴趣。

师：说得很好，非常善于前后勾连。老师想问一下，当时的鲁迅先生是怎样的一种生活状态？

生：我觉得是生活在非常战乱的年代。（听众笑）

师：非常战乱的年代？文章里哪些内容告诉你的这个信息？头上亮着灯，千万别说瞎话。（听众笑）我们分析文章，一定要有理有据。我们一起来读读作者渴望得到《山海经》的部分，在哪里？

生：第二十自然段。

（师生共读文章第二十自然段）

生：从“压岁钱还有几百文”可以看出他小时候生活还是不错的。但后面说他想买，又没有好机会，“我一年中只能在正月间去玩一趟”，可以看出家里人把他管得很紧。

师：家里人将小孩子管得紧，意思是没有自由，最好玩的年纪，对外部世界很向往，但是却办不到，所以他会对那本充满神奇的《山海经》如此向往。

生：《山海经》恰好弥补了他对外部世界的向往。

师：说得好，打个比方来说，《山海经》打开了他走向外部世界的窗口。长妈妈是最能够帮助鲁迅得到《山海经》的人吗？

生：不是。

师：那谁是呢？

生：他远房的叔祖。

师：他远房的叔祖怎么就比长妈妈更容易得到《山海经》呢？

生：我觉得作者使用了对比，他叔祖本来就有，只是“疏懒”去找。

师：你从哪里看出叔祖“疏懒”？

生：文章第二十自然段开头“我很愿意看看这样的图画，但不好意思力逼他去寻找，他是很疏懒的”。

师：哦，叔祖是因为疏懒，不愿意去找；长妈妈是连书名都记不清楚，千辛万苦去买。大家还注意到前面那个词“力逼”没有？“力逼”是怎样的？

生：拼命去要求。

师：那说明我向叔祖请求过找一找这本《山海经》没有？

生：请求过，并且不止一次，只是不好意思再强烈要求他去找了。这里和长妈妈又有对比。

师：叔祖这边，我是一求再求，却没有音讯。

生：长妈妈那边是向来没和她说，她却看在眼里，记在心上。

师：作者自己是怎么说的？

生：别人不肯做，或不能做的事情，她却能够做成功。她确有伟大的神力。

师：更何况作者这里说的“别人”，都是比长妈妈地位更高，与自己关系更亲的人。这里又提到了“神力”，和“讲长毛故事”的“神力”一样吗？

生：不一样，前面是作者的调侃，这里是作者由衷的敬佩。

师：关于对叔祖的这段文字有些奇怪，文章明明是关于长妈妈的，结果还写了那么多和中心“无关”的内容，比如叔祖爱种花木啊；他太太正好相反，曾将晒衣服的竹竿搁放在珠兰的枝条上；叔祖是个寂寞的老人，爱和小孩子来往……作者写这么多看似莫名其妙的内容干嘛呢？

生：叔祖是一个很有生活情趣但是活得很寂寞的人。

师：很有生活情趣，那就更应该懂得“我”的渴望啊；他也是寂寞的人，就更应该懂得“我”的孤单啊！但是，他懂得吗？

生：不懂。

师：他是怎么排解寂寞的？

生：和我们孩子们往来，和我们“小友”谈话。

师：他倒是通过这样的方式排解了寂寞，对于“我”的寂寞和对《山海经》的渴求，他却视而不见，即使求他，他也疏懒去找。原来鲁迅先生的这些闲笔，其实大有深意。

生：是更加衬托出长妈妈的慈爱和纯善。

师：（小结）童年时的鲁迅，生活在一个被约束、不自由的环境里，《山海经》打开了封闭世界的一扇神奇之窗，让我感受到自然世界的神奇，而长妈妈又给了他寂寞童年少有的温暖。他们对于“我”的人生都有积极而长远的影响，温暖了我的一生。作者将二者并列在一起，这个“与”字隐含了作者怎样的情感呢？

生：怀念，敬重，感动。

师：这份怀念、敬重和感动伴随了作者三十多年，直到长妈妈过世三十年后，作者依然难以忘怀。前面的叙述是从三十多年前的小孩子的角度来写的，那长妈妈过世三十年后的作者又表达了怎样的情感呢？

（生朗读最后两个自然段）

师：如果你读过鲁迅另外的作品，你会发现这两段文字的表述非常特殊，因为在鲁迅其他的作品里，如此直抒胸臆非常少见。让我们一起再读一遍。

（师生齐读最后两段）

师：鲁迅很少写到他的母亲，但是在《朝花夕拾》这本回忆性的散文集中，就有四次写到“长妈妈”，并且还为她单独写了一篇。一个没有名字的、一个身份低微的、一个外在粗俗的、一个本性纯善无比却经常被误解和忽视的长妈妈带给了他真挚的慈爱，浸润了他的人生，让他的未来岁月时时想到，时时温暖。

这篇文章写于 1926 年，我们来看看写这篇文章时的鲁迅先生的生活状态，可能更能够让我们理解他为什么会对长妈妈如此怀念。

（PPT 出示鲁迅先生 1926 年前后的生活状况）

1925 年，“女师大风潮”进一步升级，鲁迅因支持进步学生正义斗争被教育总长章士钊免除佥事职务，同年，鲁迅向平政院状告章士钊。因为肺结核，再次住院。

1926 年 4 月，鲁迅作《死地》《记念刘和珍君》等抨击段祺瑞政府屠杀学生的罪行，遭追捕。

1926 年 8 月，赴厦门大学任国文系教授。

1926 年 12 月，辞职。

师：从这里可以看出，1926 年的鲁迅先生，人到中年，多病，事业受挫，流言攻击……在人生最困境的时候，他想到了质朴纯善的长妈妈，想到了长妈妈带给他寂寞童年的温暖和慈爱。难怪长妈妈过世三十年后，他对她的感情还如此浓烈。不过，老师有一个问题，既然感情如此浓烈，为何还要用最贬义的“阿长”做题目？

生：“阿长”更能代表她的保姆身份。

生：长妈妈过世三十年后，作者用这样的称呼是想提醒自己的年少无知。

师：作者获得的让他一辈子难以忘怀的这种仁爱发自一个被忽视的、孤苦而卑微的底层生命，具有更强烈的震撼力，这样的题目更充满了作者的遗憾自责之意。

四、研读课文，体会人性之美："与"字带给我们一点怎样的思考？

师：今天我们通过一个"与"字了解了长妈妈和作者之间的故事，也通过这个"与"字感受到作者蕴含其间的情感。作者用这个"与"字来串联起"阿长""《山海经》"真是别具匠心。以后大家还会接触到鲁迅另外的作品，还会认识鲁迅笔下许多的小人物，通过比较，你会更加明白"与"字连接的长妈妈非同一般，与众不同。

我们先来看一段福建师范大学孙绍振教授读了这篇文章的感受。

PPT展示孙绍振评价《阿长与〈山海经〉》文字：

鲁迅在小说中写过一系列的农村下层人物，受到他歌颂的很少。但是长妈妈却享此殊荣，从这里可以看出，鲁迅对于下层小人物，尤其是被侮辱、被损害的小人物，也并不仅仅是"哀其不幸，怒其不争"所能概括完全的，至少在特殊的情境下，鲁迅还为下层小人物所感动，似乎可以用"欣其善良"来补充。

师：长妈妈不同在哪里？

生：善良。

师：（小结）在这篇文章里，鲁迅不再是一个激昂的斗士，而是一个温情脉脉的孩子。阿长质朴的爱和人性中善良的光辉闪耀在鲁迅的灵魂深处，让他在回顾四十六年人生历程时呈现给读者一个真实真切的阿长，也呈现了一个真挚真诚的自己。让我们一起再朗读一下文章的最后两个自然段，感受四十六岁的鲁迅怀念长妈妈的深情。

（师生共读最后两段）

（铃声）

师：下课，同学们再见。

生：老师再见。

【课堂实录点评】

这堂课看点很多，下面仅谈几点。

一、教学视角：新颖而有张力

教学怎样抓点，显示出教师对文本的解读功力。教学的视角的确定又反映了一个人的教学理念。黎老师在这样一篇老课文教学思考中，通过反复的阅读、解读，有了新的发现。避开常规的教学角度，抓住标题——《阿长与〈山海经〉》，在“阿长”“与”“山海经”上着力，尤其是教学中教师和学生最易忽略的“与”字，将“阿长”与“山海经”串联起来，引导学生探究“与”字连接了一个怎样的故事，“与”字隐含了一份怎样的情感，“与”字带给我们一点怎样的思考。李老师借助这一视角来带动全文的学习，不仅新颖，而且具有学习的张力，找到了一个教学的突破点，具有探究的价值，避免了老生常谈，取得了良好的教学效果，给听课者不一样的思考，同时也反映出了教师具有较高的专业素质。

二、教学推进：问题驱动

教学如何让学生真正走进文本，走进作者的情感，是需要花一番工夫的。教学推进的设计就显得非常重要。这堂课教学的设计是很清晰的，逐层深入，难度逐渐加大：用“概读—细读—研读”串起文章的阅读走势。这一路径实际上只是表面的标志，而真正的关键之处和价值之点，却是问题任务的驱动推动了教学的进程。而问题能否推动，设计问题就是关键。在整个过程中，黎老师巧妙设计了相关问题，自然地推动了教学的进程。

比如，在“概读课文”部分，探讨“与”字连接的故事环节，当学生回答“与”字连接的故事是“阿长送《山海经》给迅哥儿”后，教师顺势问道：“这篇文章只写了这个故事吗？”当学生回答“不是，还有其他事”时，老师马上设置了一个问题：“为什么题目不叫‘阿长与长毛’‘阿长与福橘’‘阿长与“大”字’，而偏偏要叫着‘阿长与《山海经》’呢？大家思考过这个问题没有？”这个问题带动了对文本的阅读，这个任务的驱动，学生走进了文本，进行了积极的探讨和热情的交流。

为了学生更好地走进文本，把握人物“阿长”，黎老师以“‘读到一个______的______’句式来分别归纳”的阅读任务来驱动，将理解融入阅读思考中，体现在句式中，较好地带动了文本的阅读，学生围绕这一问题进行了多向交流，同时借助“分别归纳”的任务驱动，又很自然地进行了语言训练。

在“细读课文”部分，黎老师又设计了这样一个学习任务：“老师有一个疑问，既然如此，那为什么题目不叫‘阿长买《山海经》’，而将‘阿长’与‘《山海经》'并列放在一起呢？"这一学习任务驱动，又将对文本的学习推进了一步，深入到文本中寄托着作者对"阿长"与"《山海经》"在心中的情感轻重的探讨，"与"字背后隐含作者一份怎样的情感的把握。

整堂课就是在学习任务不断地驱动下，学生从阅读的表层走向里层，从理解的肤浅走向深入。

三、教学特点：对话生成教学内容

看一堂课，角度是多样的。但不管怎样多角度，其中一个重要看点，就是看课堂上教师是否关注了学生，是否视学生为学习的主体，是否带动学生真正走进了文本，是否引导学生在阅读、咀嚼中发现了问题，是否在老师与学生的共同阅读对话中生成有价值的教学内容，从而看到学用的效果。

从整个教学过程看，黎老师是有基本思考和设计的。但是黎教师在具体的教学推进中没有受到预设的局限，而是引导学生走进文本，根据学生阅读体验、领悟和课堂上的回答，在师生对话中不断地生成有效的教学问题，进而生成新的教学内容，体现了生本理念。这正是本堂课教学的突出特点。请看下面的师生对话片段：

师：我们从刚才的文字里，是否读出了阿长的"循规蹈矩"呢？同时这位同学选择的称呼是"阿长"，不知道大家关注到了没有：这篇文章作者对这位保姆有几个称呼？

生：三个。阿长，阿妈，长妈妈。

师：这三个称呼背后作者的情感一样吗？

生：不一样。

师：那不一样又在何处呢？他在什么情况下叫这位保姆为"长妈妈"？

生：他对她比较客气的时候，比如"讲长毛故事""买《山海经》"的时候。

师：那什么时候叫"阿妈"？

生：平常的时候。

师：那什么时候又叫她"阿长"呢？

生：他讨厌她的时候。比如她"谋害了我的隐鼠"的时候，就是"让人讨厌的阿长"。

师：你用的词语是"讨厌"，文章里是这样说的吗？

生：文章用的是"憎恶"。（学生将"憎"读成四声）

师：找得很准确，作者用的是“憎恶”。（教师强调应该读一声）那你来说说，刚才那位同学将“规矩太多，元旦硬塞福橘”这部分内容的称呼选择为“阿长”，正确吗？这里表现了作者对阿长的憎恶吗？

生：我觉得应该是“阿妈”，这里就是日常的，没有憎恶。

师：那从这个部分的内容中，可以用“循规蹈矩”来概括吗？你如果来概括，你会用哪一个词语？

生：强人所难。

师：强人所难？那她为什么要“强人所难”呢？她做这些事情的目的是什么？

生：让“我”和她得到幸运。

师：她如此期待如此惶急如此郑重地做这件让我“不舒服”的事情，就是为了让“我”和她都得到幸运，一年“顺顺流流”。“强人所难”概括出的是事情的表面，如果从她做事情的目的来说，可以怎么概括呢？

生：爱“我”的阿妈，为“我”着想的阿妈。

师：好的，还有另外同学分享其他的吗？

生：我从“阿长买《山海经》”看到了一个细心的长妈妈。

师：嗯，用“长妈妈”是你读到了作者的一份敬意，那从哪里看出长妈妈的“细心”呢？

生：没有其他任何人关注到他喜欢这本书，长妈妈注意到了，还给他买来了，这是一份特别的“细心”。

师：好的，我们来听听其他同学的分享。

这里学生对文中“阿长”的细读和理解，是在不断的对话中获得的，没有这个对话，学生只能停留在原有的理解层面，达不到现有的宽度和深度。

在“细读课文”部分，探讨“‘与’字背后隐含了作者一份怎样的情感”问题时，扣住文本描写“《山海经》”的相关段落，围绕文章第十九到二十一、二十七到二十九自然段，通过师生的一系列对话，不断生成思考内容，让学生对“阿长”，对“阿长”买《山海经》的心理有了更为深入的理解，同时对“我”对此的情感有了准确地把握。

这些生成的教学内容又是紧扣文本进行的，只是在老师的引导下，不断地深入，不断地深化，让学生真正走进文本去探讨，去咀嚼，去领悟，从而把握住了文章的内涵，领悟了作者蕴含文中的情感。这样在学生与老师、与文本的对话中生成，在生成中探讨，在探讨中理解的课堂教学，是有价值的，体现了新课程提倡的生成理念。

四、背景材料：适时穿插

背景材料用不用取决于对文本理解是否需要，什么时候用，取决于教师的教学理念和教学设计意图。根据需要恰当地穿插背景材料，有助于学生对文本的深度理解。

在教学中，黎老师设计了背景材料的运用。其材料不是放在开头，而是放在“细读课文”教学环节，放在理解最需要之处。因为在鲁迅的作品里，很少写到他的母亲，但是在《朝花夕拾》这本回忆性的散文集中，就有四次写到“长妈妈”，并且还为她单独写了一篇。“一个没有名字的、一个身份低微的、一个外在粗俗的、一个本性纯善无比却经常被误解和忽视的长妈妈”，作者为什么要单独写她？由于此处内容远离现在学生的生活体验，独立理解有一定的困难，教学中黎老师适时地出示了鲁迅先生 1926 年写作本文时的前后的生活状况：

1925 年，“女师大风潮”进一步升级，鲁迅因支持进步学生正义斗争被教育总长章士钊免除佥事职务，同年，鲁迅向平政院状告章士钊。因为肺结核，再次住院。

1926 年 4 月，鲁迅作《死地》《记念刘和珍君》等抨击段祺瑞政府屠杀学生的罪行，遭追捕。

1926 年 8 月，赴厦门大学任国文系教授。

1926 年 12 月，辞职。

结合这一材料，学生对作者的情感探讨有了一定的基础，理解逐渐到位。

联系这个材料，就会让学生体会到，作者在人生最困境的时候，他想到了质朴纯善的长妈妈，想到了长妈妈带给他寂寞童年的温暖和慈爱。这样学生就更能够理解作者为什么会对长妈妈如此怀念，为什么会饱含如此的深情，这样对文本的理解就更到位，有一定深度。教学中，恰当地运用背景材料，不是可有可无，而是有其独特价值的。

五、教学效果：多层面收获

教学有没有效果是课堂教学评价的一个重要指标。不同的教学内容和教学方式会有不一样的效果。黎老师所上《阿长与〈山海经〉》一课，以其自己的教学特点和方式，带来了较好的教学效果。在语言训练、标点符号应用等方面都给学生多层面的收获。限于篇幅，这里仅谈两点。

一是促进学生思维层面的提升。教学中，教师根据课堂学生生成的情况进行相应的追问，让学生在原有的思考层面上向前推进了一步。比如在探讨关于对长妈妈描写的文字，黎老师问“大家还有另外的发现吗？”当学生回答“我从长妈妈的话里，读到了一个慈爱细心的长妈妈”后，教师不是马上进行肯定或否定，而是用“你从哪里能够感受到长妈妈的‘慈爱细心’”进行追问。在追问中，“逼”着学生阅读，“逼”着学生思考，让学生的思维在一定层次上得以提升。二是让学生习得阅读的方法。在本课教学中，标题的突破，让学生习得了阅读文章的另一方法——抓标题，不仅抓关键词语，还要抓易忽略的词语（“与”），同时悟得怎样根据词语去走进文本的里层，怎样借助层层的追问获得对文本深度的理解，进而获得作者写作的深意。这样的教学，从整体上看，有助于学生阅读素养的培养。

从整体上看，这是一堂优质课，给我们很多的思考。如果从反思、优化角度考虑，这堂课还可进一步思考。

一是有的环节学生的活动还应充分。比如“概读课文”环节，“有关阿长的事情”主要是由教师出示出来的，缺少学生的思考和概括。这可能是因为课文篇幅过长老师不得已而为之。

二是时间分配还可优化。前后教学内容的时间分配的合理性上还可考虑。比如最后的“研读课文，体会人性之美：‘与’字带给我们一点怎样的思考”部分因为时间紧，主要由教师来完成，学生在“研读”二字上体现不够充分，收尾略显仓促。因此，在教学时间的分配上还可优化，第一部分时间可适当缩减，让后面“研读”的价值得以较充分的体现。

以上仅就《阿长与〈山海经〉》一课从几个方面谈了粗浅的看法，仅是个人之见。

后 记

我从知青下乡开始，工作四十年，从教近三十八年，一路行来，摸爬滚打，送走十一届学生，体验过不同层次的四个单位，经历也算丰富。在教学教研经历中，有一些感悟，也有一些思考，在全国中文核心期刊及其他省级报刊上发表过 100 余篇文章，主编或参编过多本书籍，但遗憾的是没有一本自己的专著。几年前，同行朋友多次提出希望我出一本专著，对自己的工作做一个总结。但当时我并没有动心，一是因为单独出一本书对我似乎意义不大，二是我以前的资料和部分教学思考都存放于原来的电脑中，然而电脑已坏，很多东西已经丢失，专著一事就此搁置。

2017 年在一次外地教师培训后，一位老师说能否把我自己的书赠送给他一本，或者他购买也行。听了这话我很惭愧，我虽然主编了不少书，但是却没有一本真正属于自己的专著。老师的话触动了我，加上同行朋友的一再“鼓动”，2017 年暑假，终于下定决心：出一本属于自己的书。于是借用暑假时间，对现有的材料和思考进行了梳理，书稿初步形成。有了书稿，取什么名字呢？回顾自己的工作经历，总是离不开语文。从小读书，语文伴随我长大，在教学一线，教语文，做教研员，仍然与语文打交道，到退休也无法割断语文，即使退休，也会在阅读中老去。可见，一生与语文有缘。为了这份缘，书名定为《行走在语文路上》。

《行走在语文路上》一书由“理念篇”“教师发展篇”“课堂篇”“作文篇”“课例点评篇”五个部分组成。“理念篇”着重从新课程改革背景下的教学理念、教学思考进行了一定阐述；“教师发展篇”结合自己的成长经历，就教师（个体的和团队的）成长的路径进行了一定探讨；“课堂篇”着重从课堂教学行为、提升课堂教学效益等方面进行了思考；“作文篇”立足于作文训练思想、作文教学序列、新时期下的作文教学路径、命题作文和自由作文的双翼发展及作文实例，表达了自己的观点；“课例点评篇”选择了不同身份的教师（教授、特级教师、正高级教师、教研员）、不同风格的教学、不同文体的课例进行点评，意在从不同教者身上获得多样的思考。

本书在编写过程中，得到了西南交通大学出版社领导、编辑同志及自己学生的大力支持，从而使得本书能够顺利出版。同时，本书得到了中国教育学会中学语文教学专业委员会理事长顾之川先生的耐心审读，并为之作序。在书中，笔者引用了一些专家、学者的观点和部分课例。在此一并致以诚挚的谢意！